云南省哲学社会科学学术著作专项经费
云南师范大学学术著作出版基金 资助出版

纳税
信用体系研究

NASHUI XINYONG
TIXI YANJIU

陈 新 著

人 民 出 版 社

责任编辑:陈鹏鸣
封面设计:肖 辉

图书在版编目(CIP)数据

纳税信用体系研究/陈新 著. -北京:人民出版社,2008.5
ISBN 978 - 7 - 01 - 006975 - 3

Ⅰ. 纳… Ⅱ. 陈… Ⅲ. 税收管理-信用-研究-中国
Ⅳ. F812.423

中国版本图书馆 CIP 数据核字(2008)第 044803 号

纳税信用体系研究
NASHUI XINYONG TIXI YANJIU

陈 新 著

人 民 出 版 社 出版发行
(100706 北京朝阳门内大街 166 号)

北京瑞古冠中印刷厂印刷 新华书店经销

2008 年 5 月第 1 版 2008 年 5 月北京第 1 次印刷
开本:880 毫米×1230 毫米 1/32 印张:11.5
字数:264 千字 印数:0,001 - 3,000 册

ISBN 978 - 7 - 01 - 006975 - 3 定价:25.00 元

邮购地址 100706 北京朝阳门内大街 166 号
人民东方图书销售中心 电话 (010)65250042 65289539

目　录

前　言

　　据新华社报道,我国加入世界贸易组织后第一宗被外国提起的反倾销案以信义玻璃(深圳)有限公司和深圳奔迅汽车玻璃有限公司胜诉而告终。据信义公司的负责人说,加拿大海关总署和税务总署反倾销调查组为查实"成本是否真有这么低",在公司调查了7天,有5天是在财务部核查。如果公司平时没有接受税务局、社会中介机构在财务上的监督,如果公司有偷税漏税行为,要赢这场官司很难,要吃大亏。从他这番话中我们不难看出纳税信用对一个企业的重要性。

　　纳税信用是衡量经济主体信用的重要指标,健全的纳税信用体系能够向纳税信用信息的需求者提供所需要的经济主体的信用状况,减少交易的风险。税务机关可以针对不同纳税信用等级的纳税人采取不同的管理,进行有重点的监察,降低征税成本。有关纳税人的纳税信用状况的信息可以通过有效的途径传播,向信息需求者公开,使守信者得到更为广泛的认可,失信者寸步难行,大大增加不诚信纳税人的失信成本,促使企业和个人自觉依法纳税,维护自身的纳税信用。近年来,企业故意偷逃、拖欠税款、个人隐瞒收入、不自觉进行纳税申报等失信现象突出。纳税信用体系的不完善,给税务机关的税收征管工作带来了很大不便,大大增加了征税成本,影响国家财政收入,进而影响了国家宏观调控的能力。

因此,构建纳税信用体系已是迫在眉睫的事,需要社会相关机构共同努力加快建设的进程。

纵观近几年来的纳税信用体系的研究成果,大多是微观研究多,宏观研究少;定性分析多,定量分析少;规范分析多,实证分析少;单一研究多,综合研究少。总的来看,对纳税信用体系缺乏全面、系统和综合研究。本书正是基于这种背景,选择纳税信用的层次结构这一研究主题,借鉴国内外已有的研究成果,力求以更广、更宽的视野,运用规范分析与实证分析相结合、理论与实践相结合的方法,对纳税信用问题进行综合分析和研究,以丰富我国纳税信用理论,并为当前的税收征管改革提供理论指导及政策建议。

如果经济领域的失信现象向社会领域扩散,将会危及到社会的公平公正、道德伦理与和谐稳定。信用的缺失不仅会扰乱市场经济秩序,影响经济增长速度,而且会极大地扭曲人与人之间的正常关系,使广大公众对文明社会的美好信念产生动摇。如果人们对制假售假、坑蒙拐骗等失信行为见怪不怪,习以为常,甚至与之为伍,势必导致社会发展在一定程度上偏离人的最终价值目标,使个人和社会产生迷茫、沮丧和压抑之感,造成不合理的痛苦代价,丧失人之为人的根本价值尺度,动摇社会发展的根基。

推进我国纳税信用体系的建立,应当以层次结构为基础,通过纳税信用等级制度的确立,以健全、完整、配套的纳税信用法律体系和监督信用管理体系为保障,以建立科学实用的纳税信用评估机制为手段,以纳税信用服务市场化经营模式为补充,充分发挥政府的推动和引导作用,从实际出发,循序渐进,有重点、分步骤地推进纳税信用体系建设。市场经济框架下的纳税信用体系建设,必然要从以公平为中心向以效率为中心过渡。注重效率,是纳税信用得以建立和持续发展的前提,效率优先将成为主流。但是,长期以来,在同一体制安排下,由于纳税信用缺乏道德支撑,纳税信用的立法尚未健全,纳税信用管理不规范等诸多方面的原因,造成市场经济健康发展的障碍和瓶颈,而且,这一趋势随着市场经济体制的推进日益明显。

建立纳税人激励机制,培养纳税人税收遵从意识,优化税收环境,对减少税收流失,促进依法纳税,提高征管效率具有重要的意义。在税收管理中,激励问题变为税务机关怎样才能使纳税人在达到自身利益最大化的同时,实现税收管理的目标。更进一步讲,就是税务机关如何使纳税人从自身利益最大化出发,自愿或不得不选择与税收管理目标相一致的行动。为实现这一激励目标,需要正激励和负激励两种手段并用。正激励是指采取积极的或正面的选择性刺激,如"税收定期减免"、"税收返还"等。负激励即指建立一套严密的征管机制,其中最重要的是建立惩罚约束机制,以使纳税人违反税法的成本大于遵从税法的付出,从而促使纳税人依法纳税,减少偷逃税款的行为,抑制税收流失,提高征管效率。纳税人激励机制的研究是运用委托代理理论和博弈论来研究非对称信息下如何建立激励相容约束机制,以保证纳税人遵从税法,减少税收流失。税收博弈作为一种非对称信息博弈,在制度设计上,一方面要满足个人的"激励相容约束",建立有效的纳税人信用搜寻机制;另一方面要有强有力的实施机制,使纳税中的违约成本高于违约收益。从而促使纳税人依法诚实纳税,同时营造符合激励机制要求的社会环境,增强服务观念,切实保障纳税人权利,激励纳税人依法纳税。

税收遵从(Tax Compliance)是西方国家流行的一个术语,目前已为各国财税界人士所关注。税收遵从的理论状态是:按要求进行税务登记;及时进行纳税申报并按要求报告有关税务信息;及时足额缴纳或代扣代缴税款。研究纳税人的税收遵从心理,有利于我们完善税收法制,优化税收环境,提升税收文化,以提高纳税人的税收遵从度,从而提高税收征管效率。税收遵从理论 20 世纪70 年代初就开始出现了,纳税人的税收遵从意识表明纳税人对税收法律制度的认可,这种认可是税收法律实施的重要支撑。只有当税收法律规范内化为纳税人自觉的价值追求和行为准则时,良好的税收法律秩序才能得以实现。只有纳税人具有良好的税收遵从意识,能够自觉地按照税法规定的要求,准确计算应纳税额,及时填写申报表,按时缴纳税款,税款的征收才能顺利实现,纳税人的奉行成本和国家的征管成本才能有所降低。提高纳税人的税收遵从意识水平主要措施有:一是通过简化税制、公平税负,建立和完善纳税服务体系,加强税收宣传,实施信息公开制度,建立有效的税收遵从衡量体系及重塑政府形象等以求优化纳税心理、改善纳税态度。二是通过建立非正式约束机制,树立正确的税收观,坚持税务行政的公开、公正、公平,营造轻松办税环境,发展社会化、综合性的税务代理服务等以完善税收征管社会环境。

通过建立纳税信用制度,将道德约束与法律法规约束结合起来,增强依法纳税意识的自觉性,从体制机制上最大限度地减少税收流失,做到应收尽收,确保财政收入稳定增长。2003 年 7 月国家税务总局公布《纳税信用等级评定管理试行办法》,正式拉开了纳税信用体系建设的序幕。国家税务总局已要求各税务局逐步建立由专门机构负责处理的纳税评估工作,进一步要求掌握并积累资料,建立科学、实用的纳税评估模型,尽早形成依托信息化手段的新型纳税评估工作体系。两年多来,许多地方的国、地税局联合起来,共同开展纳税信用等级评定工作,有力地推动了纳税信用体系的建设。

　　由于作者水平有限,书中难免有不妥和错误之处,敬请读者批评指正。

陈　新

2007 年 6 月于昆明

第一章 导 论

第一节 问题的提出及选题的意义

一、问题的提出

早在 1999 年,国家税务总局就开始进行税收信用体系建设的探索与实践。特别是 2001 年 5 月新《税收征收管理法》颁布实施之后,根据其立法精神,总局酝酿了纳税信用等级评定工作,在起草上报由国务院通过实施的《征管法实施细则》中作了明确规定,并随即在部分地区进行了试点。2003 年 7 月,国家税务总局颁布《纳税信用等级评定管理试行办法》,正式拉开了纳税信用体系建设的大幕。全国各地按照总局的统一部署,统一内容、标准、方法和程序,积极开展了纳税信用等级评定工作。在评定过程中,建立了国、地税局之间的工作联系制度,实行国税局、地税局共同评定,对拟评 A 级纳税人实施公示制度,接受社会监督,并对评定结果予以公告或查询。同时,对信用等级实施动态管理,原则上两个年度评定一次。评定注重维护纳税人的合法权益,纳税人对税务机关做出的纳税信用等级评定有异议的,除可申诉外,还可依法申请税务行政复议。截至 2006 年,全国税务系统共评定出纳税信用 A 级纳税人 59211 户,B 级 165.5 万户。纳税信用等级管理的实施,有力推动了纳税信用体系建设,提高税法遵从度和税收征管效率,对塑造依法诚信纳税的良好社会氛围产生了积极的作用。

税收作为市场经济的重要组成部分,既要有税收法律体系的约束,也要有税收信用这一道德基础。在由计划经济向市场经济的转轨过程中,由于相关法制跟不上形势的发展需要,导致纳税人长期拖欠税款、偷税骗税等失信现象比较突出。纳税信用是建立在税收法律关系中,表现和反映征纳双方相互之间信任程度的标的,是由规矩、诚实、合作的征纳行为组成的一种税收道德规范。纳税信用在一个行为规范、诚实而合作的税收征纳群体中产生,它既促进税收征纳双方共同遵守规则,改善征纳关系,也能在潜移默化中提高征管主体成员的素质,在相互信任中转化成合作关系。

可见,纳税信用是税收信用的重要组成部分,它是指纳税人是否主动、自觉按照税法规定履行纳税义务。近年来,在我国经济建设过程中,税收信用问题较多,其中纳税信用问题尤为突出,企业故意偷逃、拖欠税款,个人隐瞒收入、不自觉进行纳税申报的失信现象突出。纳税信用体系不完善,给税务机关的税收征管工作带来了很大不便,大大增加了征税成本,影响了国家财政收入,进而影响了国家宏观调控的能力。① 而且,这一趋势随着市场经济体制的推进日益明显。产生这种状况的主要原因在于纳税信用体系的层次结构及其作用的吻合度很低。

所谓层次结构,是指一个国家在纳税信用建设中形成的信用教育层次、信用法律层次、信用评估层次、信用奖励层次、信用公示层次(含纳税信用信息发布)等结构性层次。即以信用教育层次为基础,以信用法律层次为保障,以信用评估层次为重点,以信用

---

① 梁俊娇、葛淑芸:《论构建我国纳税信用体系》,《中央财经大学学报》2006年第2期。

奖惩层次为环节,以信用公示层次为补充。纳税信用体系的层次结构,反映一个国家的纳税信用体系是一个复杂的系统,能够囊括道德、经济、法律、社会活动的诸多方面。研究纳税信用体系的层次结构直接影响我国纳税信用体系的稳定性、安全性,最终影响我国国民经济的增长与发展,甚至是社会的安全与稳定。因此,如何提高纳税人的纳税信用意识,摸清我国纳税信用缺失的原因,构建以层次结构为基础的纳税信用体系,树立诚信纳税之风,成为当务之急。

二、选题的意义

(一)纳税信用体系的建立有利于政府组织财政收入和经济宏观调控

首先,税收是国家财政收入的主要来源,而且,由于只有税收才能保证财政收入的充裕、及时、均衡入库,征税人诚信征税和纳税人诚信纳税有利于税款及时入库,也就保证了国家顺利组织财政收入。其次,由于税收调节经济具有统一性、针对性和灵活性等特点,税收已经成为国家直接掌握的一个重要经济杠杆。税收可以调节社会供应总量和需求总量;调节产业结构和生产力布局;调节市场供求;调节企业留利的使用,引导企业自有资金的合理安排;调节公民个人收入,实现收入分配合理化。但是,税收调节功能的条件是税法被遵从,如果税法不被遵从,何谈调控经济?所以,纳税信用体系的建设也是改善市场经济秩序促进经济稳定发展的内在要求。

(二)研究纳税信用体系在某种程度上可以降低纳税人税率

假设全社会都能做到诚信征税和纳税,在其他条件不变时,综合税率就可以降下来。这是因为,纳税人不诚信纳税、偷税逃税,征税机关不诚信执法,收入情税,必然减少政府财政收入。而政府财政支出在某些程度上则具有刚性,一方面政府财政收入减少,另一方面政府财政支出不降反升,必然形成收不抵支的问题。要解决这个问题,政府要么强化税收征管,从而加大整个社会的税收成本,要么在构架新税制时,把不诚信征纳税的因素考虑在内而提高综合税率。比如,本来按 15% 的综合税率,国家全年可以收税10000 亿元,但因为不诚信征纳税,可能有 30% 的税收不上来,为了收到预期的、能满足经常开支的这 10000 亿元税收收入,就必须将税率提高到 20% 以上。相反,如果整个社会都做到了诚信纳税和诚信征税,用于税收征管的人力、物力就可以大大减少,税收的征管效率就会大大提高。用经济学的话表述,就是整个社会税收的交易成本降低了,税收的效率提高了。于是,以 20% 的税率可以收到远高于 10000 亿元的税,这就可以降低综合税率,将考虑不诚信因素的 20% 以上的税率降低到 15%,照样收到 10000 亿元的税收。①

(三)研究纳税信用体系可以使企业提升竞争力

企业要树立信誉,诚信纳税就是企业树立信誉的开始。诚信纳税是衡量企业商业信誉、经营者道德品质,以及奉献国家和社会的一个重要标尺,是遵守市场竞争规则、维护商业道德的具体体现,同时也是企业最好的形象宣传。企业依法纳税,为社会做出贡献,就会被政府重视,给予优惠政策。如正在推进的企业纳税信用等级制度,对诚信纳税的企业给予一系列的优惠和奖励。同时,诚信纳税所形成的商誉和资信使企业在融资与投资渠道更宽,更易获得认可。经销商和消费者也认为诚信纳税的企业会是个负责任

---

① 张迪恩:《诚信纳税可以降低税率》,《中国税务报》2005 年 4 月 17 日。

的企业,因而产生信任,愿与之建立商务伙伴关系,愿意选用公司产品。例如,在浙江湖州市,金洲管业有限公司、浙江喜盈盈股份有限公司等 10 家年上缴国税局 100 万元以上的纳税大户,由于三年来没有税收违章行为,被当地国税局评为"诚信纳税十佳企业",税务部门免除了其税务登记证年检、增值税一般纳税人资格年检等各类检查。金洲管业有限公司也因诚信纳税的"金招牌"获得了很多好处。如今,金洲管业有限公司向杭钢、邯钢采购钢铁原材料时可以享受 5% 至 10% 的优惠,并且开具的银行承兑汇票很容易被供货商接受①。

(四)研究纳税信用体系有助于企业自身立足国际市场

我国加入 WTO 后,随之而来的反倾销诉讼让企业时刻承受国际市场的竞争压力,在竞争中按规则办事就显得尤其重要。任何偷税漏税的行为都将严重影响到反倾销官司的输赢。在财务制度与财务管理上建立健全合理、符合国际要求的体系,构筑良好的纳税信用体系,才能在国际市场上站稳脚跟。2002 年 8 月 1 日,深圳市信义汽车玻璃有限公司和深圳奔迅汽车玻璃有限公司在我国加入 WTO 后第一宗外国对我国提起的反倾销案中胜诉。加拿大海关总署和税务总署对我国企业开展反倾销调查,调查主要分为两部分:第一部分是与我国的有关国外经贸部门进行调查,以认定被指控公司是在市场经济还是非市场经济的环境下进行经营;第二部分则是派官员直接对企业进行调查,核查产品成本。假如信义公司在税收上有过不诚信纳税行为,如出现过虚增成本、少报收入等,这次就会在加拿大反倾销调查案中败诉。用直接参与应

---

① 崔砺金、田松:《浙江企业纳税受"优待"》,新华网(http://www. xinhua-net. com),2004 年 4 月 20 日。

诉工作的负责人的话来讲："这次胜诉得益于严格的税收监管。如果我们有任何偷税漏税的行为,这场反倾销官司就不可能打赢。"从表面上看,反倾销调查是查"成本是否真有这么低",与税务机关查账时持有的"成本是否真有这么高"原则相反,但实质上的要求却是一致的,就是要求企业财务处理要实事求是,经得起核查。①

(五)研究纳税信用体系有利于企业公平竞争

税制基本原则是公平原则,但是,不管税制设计得多么公平,如果税务机关不公正执法,再公平的税制也是空中楼阁。税务机关对每一个企业依法征税,公平对待每一个企业,这将保护依法纳税的企业。如果把企业的所有税款计入企业经营成本,那么,相对于依法纳税的企业,不依法纳税的企业就相应减少了经营成本,如果税务机关对这类企业睁一只眼闭一只眼,不履行自己的职责,不诚信征税,无疑这类企业在市场竞争中就处于有利地位,而老老实实缴税的企业的成本就相对提高。并且,税款是企业现金流量的绝对流出,在"现金为王"的时代这类企业相对于不依法纳税的企业必然处于竞争的弱势地位,形成了"劣企驱逐良企"现象。相反,要是税务机关对每一个企业都同样铁面无私,每一个企业在公平的赛场比赛,没有黑哨,优胜劣汰,强者胜出,企业的合法权益将会得到有效保护。

总之,研究纳税信用体系利国利民利己,诚信税收是一个良性循环。亚当·斯密曾说过,最商业化的社会,也是最讲究道德的社会。在多次、重复的征税和纳税过程中,制度越来越健全,经济越来越发达,信誉越来越成为人们生产、生活必不可少的条件,纳税

① 李怀今:《"诚信纳税帮了我们"》,《深州商报》2002年9月17日。

人就会越来越倾向于采取合作性竞争的办法,采取诚信的态度,实实在在地按税法纳税;征税人也就会更加合法合理,更全面周到地进行有效率的税收征管。当绝大多数人都做出同样选择,就会营造出一个人人受益的制度环境,即绝大多数人从自己的长远利益出发诚信纳税,形成整个社会诚信纳税,减少税收成本,从而有条件降低综合税率,使每个人都从这种社会环境中享受诚信税收的益处。国家就有充足的财政收入来优化经济发展环境,增强综合国力,为人民提供更健全更优质服务。所谓有国才有家,国家富裕强盛了,人民的生活才更殷实,大河溢小河满说的就是这个道理。

第二节 研究现状

从世界范围看,经济学家对税收制度的研究已取得了显著的成果,形成了比较系统的理论,而对纳税信用体系的研究则比较落后,不仅没有形成理论体系,而且成果的数量也比较少。

一、国外研究现状

关于纳税信用体系的研究,国外文献以西方资产阶级启蒙学者的社会契约论为基础,对税收的起源提出了所谓的"保险说"、"交换说"。如 18 世纪法国的梯埃尔(Tière)认为,人民向国家纳税,犹如投保人向保险公司缴纳保险费用一样,人民应依据所受保护的利益大小按比例纳税。英国著名资产阶级思想家霍夫斯(Hoffs)(1936)认为,"人民为公共事业缴纳税款,无非是为换取和平而付出的代价"。现代公共财政学说也强调国家财政的重要职能之一就是提供公共产品,满足公共需要。他们都从某一方面强调了纳税人、征税人(税务机关)、用税人(各级政府)之间的联系纽带。

威廉·配弟(William Petty)提出了公平、缴纳方便和最少征收费用等基本原则,认为过度的税收会影响臣民的投资和贸易,因而是一种浪费,但对无益于生产力的挥霍行为课税,并将其用于产业经营,则将加速生产力的发展。

德国官房学派的代表攸士第发展了威廉·配弟的思想,他指出,赋税的根本问题就是在国家征税时要使人民的负担最少,亦指出"臣民必须纳税"。攸士第提出了课税方法的六大原则,即(1)采用自发纳税的课税方法;(2)不得侵犯臣民合理的自由和危害工商业;(3)平等课税;(4)课税要有明确的法律依据;(5)选择征收费用最低的货物课税;(6)纳税手段简便,税金定期缴纳,时间安排得当。这些原则在某种程度上又是对专制国家长期实行的国库主义的一种排斥,是维护人民生活和财产的自由主义理论的表现,反映了新兴资产阶级的利益要求。在税收理论方面,重农主义的代表人物也多有建树。沃邦针对农民税收负担过重,以及分配与征税的方法不合理的现状于1694年向政府提出的人头税改革方案中,就提出了平等比例课税的思想。

布阿吉尔贝尔(Boisguillebert)也提出要整顿间接税,根据负担能力按比例课征直接税,避免对农业课税太重。桑福德(Sandford,1973)对欧洲一些国家纳税人所进行的调查表明,纳税人对税收制度持积极的态度,对违法行为抱否定态度,有助于控制逃税,增强公民纳税诚信度。西蒙·詹姆斯(Simon James,2002)通过研究认为,为减少避税和逃税而额外的政策措施、复杂性和其他费用会超过整个社会从中获得的利益,严格的法律约束、完善的纳税信用体系是诚信纳税最有力的保障。

在国外,对纳税信用的主要方面如偷税问题的研究,现代最早的研究当属美国经济学家卡甘（Cagan, P.），他在1958年发表的论文《与货币总供给相应的通货需求》（The Demand for Currency Relative to the Total Money Supply）中，首先运用现金比率法来测估美国由于存在地下经济活动和纳税人故意向国内收入署少申报应纳税所得而进行偷逃税的规模。经过研究测算，卡甘估计在第二次世界大战结束时美国因偷税而少申报的收入几乎占到向国内收入署所申报总额的23％。继卡甘之后，以古特曼（Gutmann, P. M.）为代表的一批经济学家继续对有关地下经济的各方面问题进行了更为深入和系统的研究。其中，因地下经济而导致的偷税问题一直是他们研究的一个重点，把偷税问题与地下经济问题结合起来研究，是这些学者进行研究的一个显著特点。

真正把偷税问题作为一个独立的研究范畴，最早在宏观和微观层次上展开理论和实证分析研究的，当属阿林厄姆（Alingham, M. G.）、桑德姆（Sandmo, A.）和斯里尼瓦桑（Srinivasan, T. M.）。在1972年的《公共经济学期刊》第一期上，阿林厄姆和桑德姆共同发表了名为《个人所得税偷逃税：一种理论分析》（Income Tax Evasion: A Theoretical Analysis）的论文，在他们建立的A—S模型中，假定纳税人的行为符合V.诺尔曼—摩根斯顿关于不确定情况下人的行为原则，纳税人的基本效用函数将所得作为其唯一的参数，假定边际效用总是正值，并严格递减，因而个人是风险回避者。在这样一些假设条件下，该模型分析了纳税人为达到预期效用最大化，如何在税率、被查获概率和罚款率的影响下，做出是如实申报纳税还是低申报所得偷税，以及低申报多少所得的选择。几乎在与阿林厄姆和桑德姆对个人所得税偷税行为进行研究的同时，斯里尼瓦桑也在进行类似的研究，他于1973年在《公共经济学期刊》第二期上发表了名为《偷逃税：一种模型》（Tax Evasion: A

Model)的论文,在假定一系列前提条件下,建立了分析个人是否偷逃税影响因素的预期所得最大化模型。阿林厄姆与桑德姆的A—S 模型和斯里尼瓦桑的预期所得最大化模型共同构建了国外对偷税研究分析的基本理论框架。在此之后,大多数经济学家和学者对偷税的研究都是建立在 A—S 模型和斯里尼瓦桑的预期所得最大化模型的基础之上的,并加以检验、扩展和深入。他们的研究大体上是沿着这样两条思路来进行的:其一,根据从现实生活中获取的各种经验统计数据,来验证阿林厄姆—桑德姆模型和斯里尼瓦桑的预期所得最大化模型的某些假设条件,使理论与现实生活更为接近。例如,蓬卡沃(Pencavel, J. H.)在论文《个人所得税偷逃税、劳动供给和非线性税制》(A Note on Income Tax Evasion, Labor Supply and Nonlinear Tax Schedule)中,分析了当考虑劳动力供给弹性或非线性税制的影响时,阿林厄姆—桑德姆模型所得出的某些结论是不能成立的。其二,是把偷逃税的概念和研究方法与经济研究的其他领域结合起来进行分析,并得出一些新的成果。例如,肖勒(Shaller, D. R.)在他的论文《减税但收入不减假设和古典宏观模型》(The Tax-Cut-But-Revenue-Will-Not-Decline Hypothe-siS and the ClassiaI Marcomodel)中,把偷逃税的有关观点和分析方法与供给学派的有关观点和分析方法结合起来,分析了偷逃税对拉弗曲线形状的影响。另外,随着对偷税问题的研究的深入和拓展,对有关避税问题、税收成本问题、税式支出问题的研究也得到了相应的发展,并出现了与偷税问题相结合来进行研究的趋势。例如,塞勒登(Seldon, A.)在 1979 年首先引入逃避税(tax evasion)这一概念,把避税(tax avoidance)与偷逃税(tax evasion)两个概念合二为一,将避税和偷逃税问题的研究结合起来进行。格罗斯(Cross, R.)和肖(Shaw, G. K.)在论文《偷逃税经济学》(On the Economics of Tax Aversion)中,探讨了当非法逃税与合法避税可以替换时,各种政策工具的有效性问题。而阿里·贝亚(Ali Bayer)和麦克斯·弗兰克(Max Frank)在他们的论文《不同税基的侵蚀》(The Erosion of the Different Tax Bases)中,则综合分析了偷逃税、税收低估(tax under-estimation)、避税和税式支出等对各税税基的侵蚀造成的纳税信用。①

简单地回顾国外有关纳税信用研究的状况,给人印象较深的有以下几个方面:一是虽然从词汇上看,很难找到与我们所使用的纳税信用在内涵和外延上完全一致的概念,但国外的研究也基本上覆盖了我们通常所说的纳税信用的主要范围,如偷逃税问题、避税问题等。二是国外大多数学者的研究都以发达国家的税制结构为背景,研究的重点是偷逃税问题,尤其是个人所得税的偷逃税问题,这可能主要与这些学者所在国家基本上是资本主义发达国家,税制结构以所得税为主,个人所得税收入在全部税收收入中占有举足轻重的地位有关。而对有关间接税的流失问题和发展中国家的纳税信用问题则研究得很少。三是从研究的方法看,有的学者注重理论研究,有的学者则主要进行实证分析和经验分析。作为理论研究,非常倚重数学分析方法,通过设立一些十分严格的假设条件,建立起精确的数学模型,通过严谨的数学推导,得出一些结论,具有很强的逻辑性和抽象性。但由于在设定假设条件时,为了模型的需要,往往由于抽象而简化了许多因素的影响,因此,这些模型在逻辑的完美和严格的假设后面,也暴露出远离现实、缺乏现实针对性的弊端。而实证分析和经验分析,主要是根据历史数据、

____
① 梁朋:《税收流失经济分析》,中国人民大学出版社 2000 年版,第 7—17 页。

问卷调查和模拟实验来进行,大多数成果是为了验证和解释理论模型,并在一定程度上加以修正。四是从研究的立场看,主要从纳税人的角度出发,考虑如何使个人在各种因素影响下达到预期效用最大化,或者从整个社会的资源配置考虑如何实现整个社会的效益最大化,而较少从政府收入的角度出发。五是由于研究的历史不长,在许多问题上还未能得出一致的看法。例如,税率对偷逃税的影响问题,偷逃税对财政收入的影响问题等等,都还存在不同的看法和争论。有的观点和结论还有待实践的检验和补充。

二、国内研究现状

在对国外纳税信用的研究成果和状况做了一个大致的介绍后,让我们来关注一下目前国内有关纳税信用问题的研究状况。纳税信用作为税收的异化物,是与税收相伴而生的。在改革开放前,我国实行严格的统收统支的计划经济体制,缺乏独立的经济利益主体,税收的作用被严重削弱甚至取消,税收实际上处于名存实亡的境地,纳税信用的存在和影响也是微乎其微的,自然也就没有人来关注和研究纳税信用这样的问题。改革开放之后,随着各种独立经济利益主体的出现,它们在利益机制的驱动下,为了实现自身利益的最大化,都存在通过各种手段减轻自己的税收负担的"动因",再加之我国的税收制度尚处于不断改革完善之中,税收征管水平较低,从而使得近 10 多年来,各种偷税、逃税、抗税、任意减免税、避税的情况愈演愈烈,纳税信用这一用来概括上述各种行为和现象的词汇也应运而生,关注和研究这一问题的专家、学者和实际部门工作人员越来越多,并取得了一些富有启发性的成果。

国内文献的焦点集中在税收信用体系的建立,纳税人诚信的判别以及纳税人信用等级的评定与管理等方面。高培勇认为让纳税人从自身权利与自身义务的对称中认识税收，让纳税人由纳税与征税、用税的关系中定位税收，让纳税人从依法缴纳税收与消费公共物品或服务的桥梁上体会税收，让纳税人在履行纳税义务的同时享有对政府提供公共物品的知情权、监督权，可能是在当前的形势下，提升纳税人的纳税意识，构建依法诚信纳税格局的必由之路。① 蔡德发、林吉双从纳税人隐瞒收入的博弈分析角度论述了诚信纳税的自身缺陷，并提出纳税人隐瞒收入存在"最优隐瞒收入比例"。② 王英、周伍阳应用多元统计判别分析方法，建立纳税人诚信判别函数，并收集实际数据作了实证研究，并对模型进行了参数估计和预测，证实了该判别分析是识别纳税人诚信的有效工具。③ 于凤丽从纳税环境的角度分析得出，只有通过加强法制建设，优化诚信纳税的法制环境，通过信用体系建设优化社会信用环境，方能实现纳税人的诚信纳税。④ 徐练军从税法宣传力度方面、优化纳税服务环境方面、完善监督制约机制等方面，得出强化诚信纳税，需要征税、纳税、中介机构三方共同努力，才可以营造一种税务机关依法征税、纳税人诚信纳税、中介机构监督维护的良好税收信用机制。⑤ 王景涛从税制优化中的激励机制建设和税收征管中的激励机制建设着手，通过借鉴日本等国的"信誉租金"制度，较

---

① 国家税务总局网 http://www. chinatax. gov. cn/ssxc/ssxc_view. jsp? code = 200504011631567164

② 蔡德发、林吉双：《从纳税人隐瞒收入的博弈分析论诚信纳税的自身缺陷》，《哈尔滨商业大学学报（社会科学版）》2004 年第 6 期。

③ 王英、周伍阳：《纳税人诚信的判别分析研究》，《电脑开发与应用》，2005 年 6 期。

④ 于凤丽：《优化环境：诚信纳税的必由之路》，《税务研究》2004 年第 4 期。

⑤ 徐练军：《建立诚信纳税机制》，《税务研究》2005 年第 8 期。

为详细地总结出我国诚信纳税激励机制的基本框架。① 但我国学者单独对偷税研究的人数并不多。

近年来的研究主要是从下列几个方面进行的:(1)我国的学者对偷税的研究主要是把它作为纳税信用的一部分加以研究,并把纳税信用问题与我国地下经济问题结合起来进行研究。在这一部分,许多学者侧重于我国的纳税信用的规模进行分析和测算,如有的学者估计我国在 1990 年因偷漏税而流失的税收收入大概在 150 亿元—200 亿元之间。② 有些青年学者通过建立回归模型测算,认为 1994 年我国的纳税信用已占实收税额的 55%—60%,达 2820 亿元—3077 亿元之间。(2)针对我国在税收实践中遇到的一些具体问题和案例进行的研究。如个人所得税、增值税、企业所得税、关税等税种的有关流失问题。(3)把国内外有关成果和分析方法结合起来进行研究。国内的一些学者尝试把国外分析研究纳税信用问题的一些思路、方法和具体的模型与我国的实际情况结合起来进行分析和加以论证,提出了一些新的观点,或对原有模型提出了修正意见和限制条件。如我国学者贾绍华在其《中国纳税信用问题研究》中对我国纳税信用产生原因及治理对策进行了系统地阐述。再者,梁朋在其《纳税信用经济分析》中,对我国纳税信用规模及纳税信用对我国的经济影响进行了分析。(4)从纳税人的角度出发,研究税收制度中的漏洞和不完善之处,从而达到减轻纳税人税收负担的目的。如谷志杰在其《避税论:合理避税的方法途径及其理论依据》中,介绍了如何合理避税的途径与技巧。(5)对我国的纳税信用的成因进行分析。如马栓友在《纳税

---

① 王景涛:《诚信纳税激励机制研究》,《公共经济评论》2004 年第 5 期。
② 胡鞍钢:《分税制:评价与建议》,《中国软科学》,1996 年第 8 期。

信用的制度考察》中,从制度的角度分析我国税收实现机制中的制度缺陷,提出以制度创新来治理纳税信用;如浙江大学经济学院博士生李建琴在《纳税信用的博弈分析》中,从博弈论的角度来分析我国纳税信用。

综观我国对纳税信用问题的研究,大体上包括以下几个方面:

(一)把纳税信用问题与我国的"地下经济"问题结合起来进行研究

所谓"地下经济",按照比较公认的定义,是指未向政府申报和纳税,政府无法实施控制和税收管理,其产值和收入未纳入政府统计的国民生产总值的所有经济活动。逃避政府的税收管理可以说是"地下经济"活动的一个主要目的和特征,因此,"地下经济"活动与纳税信用存在着天然的联系。目前,我国对"地下经济"的相关研究,大多涉及纳税信用问题,特别是偷逃税问题的研究。我国目前从事"地下经济"研究的,主要有中南财经大学经济研究所的一批专家、学者,并取得了一些富有创造性的研究成果,这些成果主要分析了我国"地下经济"的现状、产生的主要原因及其对劳动就业和货币供应量的影响,探讨了因"地下经济"而导致的纳税信用问题。但总起来看,我国对"地下经济"的有关研究还处于刚刚起步阶段。另外,从研究内容看,纳税信用问题与"地下经济"问题毕竟不能完全等同,有的纳税信用现象与"地下经济"紧密相关,有的则关系不大,还有的则是属于公开经济中的纳税信用现象。因此,对我国"地下经济"的研究无疑会促进有关纳税信用问题的研究,但并不能取代对纳税信用问题的研究。

(二)针对我国税收体制改革和税收实践工作中遇到的纳税信用问题所进行的研究

从我国目前纳税信用研究的情况看,研究范围十分广泛,基本上涉及了纳税信用的各个方面,如偷逃税问题、避税问题、税式支出和非法减免税问题、欠税问题、骗税问题等等,论及了我国现行几乎所有的税种,如个人所得税、增值税、企业所得税、关税等税种的纳税信用问题。研究的思路和方法是针对现行的税收制度或税收实际工作中遇到的纳税信用现象或存在的问题,分析导致纳税信用的各种原因,并提出了相应的对策和建议。研究的主要特点是现实针对性特别强,但理论性和系统性不够。所研究的问题都是我国税制改革和税收实践中遇到的问题。研究的目的是要解决工作中的实际问题和完善现行的税收制度,可以说是"从实践中来,到实践中去"。但正是由于所研究问题的具体性,使得这方面的研究大多都以具体的制度研究和案例分析为主,一事一议,很少对各种纳税信用现象的形成机制、流失规模、对国民经济及其他方面的影响做出较深层次的分析和研究。从研究成果看,显得理论性和系统性不够。

(三)把国内外有关成果结合起来进行研究

随着改革开放的深入,我国与国外学术交流活动不断加强,国外研究纳税信用问题的一些思路、方法和成果,被介绍、引进到我国,为我国的纳税信用问题研究注入了新的活力。国内的一些学者尝试着把国外分析研究纳税信用问题的一些思路、方法和具体的模型与我国实际情况结合起来进行分析并加以验证,提出了一些新的观点,或者对原有模型提出了修正意见和限制条件。但总的看来,这方面的研究只是刚刚起步,一方面表现为进行这方面研究的人员和成果都太少;另一方面由于国内外在税制结构、思维方式、研究分析问题的立场、观察问题的角度和具体方法的运用上都存在较大的差异,能把二者结合得很好的成果就更为少见。

（四）从纳税人或征管机构的角度出发进行的研究

研究现行税收制度中的漏洞和不完善之处并加以利用,从而达到减少纳税人的税收负担的目的。或者反过来,为征管机构提出防范措施和改进对策,以防止和减少这种纳税信用现象的发生。如有关避税与反避税的研究、企业税收筹划问题的研究等。总起来看,这方面研究的着眼点是放在纳税信用的微观层次上,主要是研究纳税信用的具体技术运用和各种方案的选择。

目前,我国纳税信用问题研究的特点是:(1)研究的范围很广,但由于对纳税信用所包括的范围还缺乏公认的界定,使得研究的范围不够明确,有的问题在某些人看来是纳税信用问题,而在另一些人看来则不是纳税信用问题。(2)比较注重定性分析,定量分析很少,对纳税信用规模的估计,一般都是凭经验进行猜测,方法简单,结果的随意性很大。(3)主要围绕如何完善税收制度、如何保证税收收入及时足额入库来进行,对于纳税信用如何影响经济的运行,对财政收入、劳动就业、收入分配、资源配置和宏观调控等存在哪些影响以及如何影响,基本上无暇顾及,或者言之甚少。(4)从研究的立场和角度看,绝大多数研究是从政府的立场和角度来分析纳税信用问题,从纳税人或者从全社会效益最大化角度来分析纳税信用问题的研究相对较少。

通过对国内外纳税信用问题研究状况的回顾,可以看到,国内外对纳税信用问题的研究差别很大,各有千秋。在研究的思路、分析问题的方法、研究的目的等方面,基本上是沿着两条不同的路子来进行,而它们各自又有不同的特点和优势。从研究的成果看,国内外有关纳税信用问题研究的成果相当丰富,但大多数是以论文的形式散见于各种学术刊物中,而且从内容上看,每一篇论文所涉及的只是纳税信用的某一、两个方面的问题,缺乏对纳税信用问题系统和综合的研究。因此,对纳税信用问题进行全面而系统的研究,还是十分必要和有意义的。

三、纳税信用问题研究中需要加强的几个方面

回顾前人所进行的研究,一方面是吸收和借鉴前人的思想和成果,为今后的研究储备所需要的养料;另一方面是通过回顾,发现前人尚未涉足或还未深入研究的某些领域和问题,为今后的研究确立主攻方向和目标,总的看来,笔者认为我国目前对纳税信用的研究,至少在以下几个方面还有待进一步加强和深入:

(一)关于纳税信用的概念和范围的界定问题

之所以提出这一问题,是因为我国目前无论是财税理论界还是实际工作部门,对纳税信用这一概念的使用都十分频繁,也十分混乱。对于纳税信用究竟应该如何界定,具体包括哪些范围,既没有认真地进行界定,也没有形成一致公认的意见。经济研究,首先应该建立在对所研究的问题的内涵与外延有着共同的认识与理解的基础之上。否则,由于个人所使用的概念的口径有大有小,研究的范围有宽有窄,用来进行判断的标准存在差异,自然就容易导致许多无谓的争论或得出大相径庭的结果。因此,对纳税信用这一概念的定义和范围的界定,是我们展开纳税信用研究的基础,也是我们研究纳税信用问题时首先要做的工作。

(二)关于我国纳税信用影响因素的分析

对于影响我国纳税信用的各种因素分析,目前国内许多研究成果已有所论及,其中也不乏精彩之作。但不可否认,对某些因素的分析还比较空泛和武断。可以考虑在国内外相关理论研究的基础上,结合一些典型案例和调查,从实践方面加以检验和修正,对各种影响因素进行更为系统、详尽的分析,并以此作为提出对策和

建议的依据。

(三)关于我国纳税信用的定量分析问题

从目前我国对纳税信用问题的研究看,有关定量分析的研究一直是相对薄弱的环节。这一方面与许多纳税信用项目如偷逃税、避税等本身具有极强的隐蔽性和不确定性,相关数据和资料的收集与测算十分困难有关;另一方面,测算的方法单一,对定量分析重视不够,也在较大程度上制约了对纳税信用问题的定量研究。从目前国内对纳税信用的判断看,大多数是凭经验猜测或简单的推算而得,再加之所使用的口径又往往因人而异,所得的结果也就大相径庭。可见,对纳税信用的测估,是一个十分复杂而艰难的问题,各国的专家学者对此已经付出了很大心血,但至今尚未找到较为满意的解决方法。如果在前人研究成果的基础上,通过各种不同方法的运用和比较,尝试对我国的纳税信用进行测算,是目前我国纳税信用研究中应着重研究的问题。

(四)关于纳税信用的经济影响分析

对于这一问题,应该说目前国内大多数的研究还处在一种"点到为止"的状况,一般谈到纳税信用的影响,大多只是进行纳税信用与政府财政收入、社会分配等的定性分析,具体到纳税信用是如何影响财政收入、如何影响社会分配,纳税信用对国民经济的各个方面的影响机制和过程又是怎样,没有进行深入的研究。然而,从国外的研究成果看,这方面的研究还是比较深入和有成效的。因此,在借鉴国外相关研究成果的基础上,结合我国的实际情况分析纳税信用对国民经济各方面的影响,既可以深化对纳税信用问题的研究,又可以促进和拓宽相关经济问题的研究。

(五)关于我国所面临的具体纳税信用问题及对策研究

经济学是一门致用的学问,进行经济研究的最终目的,还是在于能对现实经济问题的解决有所帮助。纳税信用问题的研究也是如此。我国是一个发展中国家，又是一个有着悠久历史文化和思想道德传统的大国，独特的国情使得我国的许多问题与国外同类问题相比，更具有独特的个性。就纳税信用来说，无论是纳税信用的原因、纳税信用的渠道，还是纳税信用的影响，我国与其他国家都存在较大的差异。因此，如何把理论研究成果与我国的税收实践结合起来，立足于我国的实际情况，研究我国纳税信用的原因和经济影响，并提出相应的治理思路和对策，是进行纳税信用问题研究的一个重点。

第三节　基本概念的界定与阐述

一、信用

信用的英文是 Credit，或者 Trustworthiness，最早是一个社会伦理的范畴。随着近现代经济的发展，信用逐渐增加了经济学的内容。信用也从处理人际关系的道德准则，发展为社会和经济活动的当事人之间建立起来的以诚实守信为道德准则的履约行为；从个人的道德准则和履约，逐步发展为人格化组织的诚实守信的行为特征。

根据《现代经济词典》①的定义，信用有狭义和广义之分，狭义的信用是指以偿还和付息为条件所形成的商品或货币的借贷关系；广义的信用也称作社会信用，是指行为主体按照法律法规和各种交易中的合约规定，履行相关义务和责任的行为状况，赢得他人

---

① 刘树成：《现代经济词典》，经济科学出版社 2005 年版，条目分别由国内经济学界知名专家编写。

对自己的信任。信用的广义和狭义还可以更加具体的区分,狭义的信用,主要是各种借贷关系中恪守承诺的给付行为(如信用贷款、信用担保、信用消费等等)以及各种给付形式(如信用证、抵押、担保等);广义的信用,即一般交往中的对承诺之事的如实履行以及对他人按照承诺之事行事的信赖。在汉语中,信用一词有三种解释:(1)谓以诚信任用人;(2)遵守诺言,实践成约,从而取得别人对他的信任;(3)价值运动的特殊形式(参见《辞海》"信用"条)。实际上,前两种解释对应于广义的信用,最后一条解释即对应于前述的狭义信用。长期以来,我国经济界对信用的研究多趋向于狭义的概念,似乎社会伦理方面的信用与经济没有多大关系。《中国大百科全书》对信用的解释仍然是狭义的,信用是借贷活动,以偿还为条件的价值运动的特殊形式。随着市场经济建设的进行,许多经济学者开始把信用的研究扩展到社会交易交往的各个方面。曾康霖在其所著《信用论》①中把信用定义为:以协议或契约为保障的不同时间间隔下的经济交易行为。广义的信用不单单指实务操作中的信用管理、信贷等活动,还包括所有合法的交易、交往活动。狭义的信用主要集中在经济学的研究领域,而广义的信用引起了诸如经济学、社会学、政治学、管理学、伦理学、心理学等多个学科的广泛关注。

本书所要讨论的信用是广义上的信用,具体地讲,即是如何保证个体在交往中恪守承诺并且相信他人恪守承诺。信用通常用于个人和组织。在涉及信用的交易活动中,行为主体至少包括双方当事人(授信方与被授信方,贷款方与借款方,买方与卖方,雇主与雇员,作者与出版商,原告或被告与律师,规制者与被规制者,等

① 曾康霖等:《信用论》,中国金融出版社1993年版。

等),他们之间往往构成具体的委托——代理关系,有时这种委托——代理关系不一定是单向的,也可以是交互的。守信是指信守合同、履行承诺、努力工作、不偷懒、不说谎等行为。失信则表现为说谎、违约、欺骗、赖账、造假、缺斤少两、偷懒等行为。信用既属于道德范畴,又属于经济范畴。说它是经济范畴是因为守不守信用是利益的衡量过程。说它是道德范畴是因为守不守信用是一种信念,是一种待己、待人、处事的原则,是一种道德约束。信用是行为主体的一个静态属性,即被他人信任的程度,守承诺的程度。也就是说,经济主体之间以谋求长期利益最大化为目的,建立在诚实守信基础上的心理承诺与如期践诺的意志和能力,诚实守信这种伦理精神在经济活动中的具体体现。从这个意义上,信用是一种主观上的诚实守信和客观上的偿付能力的统一。信用还是行为主体之间的一种行为关系。个人和组织具有信用观念和信用能力,是信用行为的前提条件。而信用还必然表现为一种行为过程。在这个过程中,交易主体、信用客体、信用内容在经济社会交往中一同构成信用的行为关系。信用的表现形式多种多样。根据主体的不同,分为政府信用、企业信用、银行信用和个人信用;根据信用在再生产过程中的作用不同,分为消费信用和生产信用;根据信用作用时间的长短,分为长期信用、中期信用和短期信用等等。

二、纳税信用

纳税信用是指纳税人在履行税务登记纳税申报、税收缴纳、发票使用、财务会计核算等义务方面,依法按时足额纳税,自觉遵守国家制定的财税、财务法律法规,财务会计管理制度完备,会计资料齐全,信息披露及时真实,无其他不良行为记录。纳税信用是社会信用的重要组成部分,是构建诚信社会、和谐社会不可或缺的一环。下面,我们要从信用最初的内涵、信用形式发展、税收的法律关系、市场经济的发展需要和社会进步的文明程度几个方面来探讨纳税信用的内涵。

（一）从信用最初的内涵看纳税信用

马克思最早在《资本论》中是从商品资本向货币资本的转化过程指出,商业资本家要承销生产资本家生产出来的商品,而商品资本家手中并没有足够的货币资本来承销大量的商品,这样客观上就需要生产资本家在一定的时间内将其所生产的商品以赊销的方式让其所有权让渡给商业资本家,以便生产资本以较短的时间实现商品资本到货币资本的转化。从信用的起源来看,至少它具备以下几个方面的内涵:

第一,信用是一种借贷行为,即债权人向债务人贷出货币或赊销商品,债务人必须偿还。

第二,信用是人类个体的一种心理现象,它的心理学特征是信任和安全感。当我们说某个人不讲信用时,意思是这个人不值得信任;金融机构发放"信用贷款"时,所依据也是该借款人肯定会到期还款。因而,信用行为的发生内在地隐含了行为的双方当事人是相互诚信的,否则基于借贷行为的信用就不会发生。即诚信内含于信用关系中,"诚即信,信即诚也"。对于民众而言,"信"的含义是诚实无欺,真实无妄,既不自欺,也不欺人。《大学》云:"所谓诚其意者,勿自欺也。"对于国家而言,"信,国之宝也。",荀子从国家强弱的角度,强调了诚信在政治生活中的重要性,曾说:"政令信者强,政令不信者弱",政令是统治者治国的措施,政令是否讲诚信是导致国家强盛与衰弱的重要因素之一。

第三,信用是一种人与人的关系,是由人类个体集结成人类社会的一个必要条件,信用的社会学和经济学意义在于它构成社会的信任结构。

第四,信用往往涉及时间间隔,也正是由于这种时间间隔性才导致了经济当事人对未来事件产生了不确定的预期,从而也需要信用制度对经济当事人加以必要的制度性约束。

第五,信用涉及法律上的"债"的概念,其不仅限于一般意义上的债务关系,只要有双方契约和承诺两个要素即可。

结合信用的上面的几种含义,我们来理解纳税信用这个特殊信用形式背后所蕴含的意义。税收是以国家政治权力为依托,强制、无偿地以货币或实物方式参与国民收入分配的一种工具。由于税收用于财政支出的无偿决定了税收征收的无偿性,由于税收和财政支出时间上的差异性,从而在一定的时间内,政府和纳税人之间形成了一种基于诚信基础上的契约关系,这是一种强制性的"债权、债务关系",在"征税——用税"时间内,政府是纳税人的债务人,而纳税人则是政府的债权人,政府一旦没有将纳税人的税款按纳税人的意图来安排财政支出,则一定程度上就表明了政府没有很好地履行契约。纳税人缴纳按照国家预先规定的征收标准向政府缴纳税收,是基于诚信,即相信政府会将其所缴纳的税款用于满足于其所要购买的"产品"上,于是并对政府产生了一种稳定的预期。关于这点,现代经济学的公共选择学派做出了很好的理论阐述,该学派认为,在财政上预算规模的确定,表明了社会和公众选择怎样的公共服务规模,愿意接受怎样的税收水平;在预算结构的选择上表明了公众对公共服务种类的选择。政府预算方案一旦确定,就代表了公众和纳税人对政府所提供的公共服务的规模和结构的接受程度,于是,纳税人在法律的框架内对日常经营活动形成了稳定的成本、收入预期。

(二)从信用形式的发展看纳税信用

随着商品经济的发展,信用形式也在发展,其种类不断增多,作用范围不断扩大,由于提供信用和接受信用的承担者不同,提供信用的方式也不同,形成了不同的信用形式。就以直接的借贷关系为内容来看,主要包括:商业信用(Commercial Credit),它是企业之间进行商品交易时,以延期支付或预付形式提供的信用。商业信用的具体方式很多,如赊销商品、委托代销、分期付款、预付定金、预付货款及补偿贸易等,归纳起来主要是赊销和预付两大类,这是信用发展的低级形式;银行信用(Banker's Credit),它是银行和其他金融机构以货币形式通过贷款、存款等业务活动提供的信用。银行信用是商业信用发展到一定水平时产生的,它的产生标志着一个国家信用制度的发展和完善;消费信用(Consumption Credit),它是指企业、银行和其他金融机构向消费者个人提供的,用于生活消费目的的信用。消费信用与商业信用、银行信用并无本质区别,只是授信对象和授信目的有所不同。从授信对象来看,消费信用的债务人是消费者,即使用生活资料的个人和家庭;从信用的目的来看,都是满足和扩大消费者的消费需求,消费信用主要有两种形式:分期付款和消费信贷;国家信用(Fiscal Credit),它是指以国家为主体,按照信用的原则筹集和运用财政资金的一种再分配形式。一方面国家可以运用信用的手段筹集资金,如发行国债、地方政府债券、财政统借统还外债等;另一方面国家可运用信用手段供应资金,如以有偿的方式安排的某些财政支出;除了上面四种基本信用形式外,为适应市场经济发展的需要,各种信用形式也应运而生,从以诚信、依赖、合作作为主要内容来看,社会信用、政府信用、税收信用、纳税信用等就是典型的形式。

从以上信用方式的发展来看,税收信用和纳税信用是在前面的四种基本信用形式的基础上适应经济发展而产生的,是整个社会信用体系中不可或缺的部分。因此,对纳税信用的理解我们不能割断信用发展的历史而单独地将纳税信用加以研究,只有当一个国家的信用体系较为发达时,纳税信用才能发挥更好的作用,特别是商业信用和政府信用对纳税信用的形成和发展起决定性的作用。

(三)从市场经济发展的需要看纳税信用

迄今为止,从资源配置的角度来说整个世界经济发展史证明了在现有的技术条件下市场对资源的配置是最有效率的。它主要依靠市场上各种灵活变动的信号,将有限的社会资源配置到效率最高的资源运用方面。而信用和信用体系在市场经济中的间接作用是降低市场交易中的无效成本,主要是可以降低以下三个方面的成本:一是制度性无效成本。造成制度性无效成本的原因是政府对人(包括法人)的不信任,为此采取审批、登记、公证等措施或制度,结果是效率不高导致未来成本(货币的时间价值)的加大,权力滥用导致现实成本(显性成本是收费、隐性成本是腐败)的加大;二是中介的无效成本。由政府派生或改制成的社会中介机构,由于没有走市场化途径,借助行政权力从事中介服务,加大了社会预防失信的成本;三是交易性无效成本。由于信息不对称,当事人自己采取了预防失信的成本和失信损失,以及信用恶化造成市场交易一律要求以现金方式,增加不必要的贷款利息支出等融资成本。在计划经济条件下,诚实信用与市场机制的结合没有基础,也无必要。

自十四大确立我国经济体制改革的目标是建立社会主义市场经济后,信用与信用体系的建立与完善就迫在眉睫了。信用体系的不完善会导致交易成本迅速上升,市场配置资源的效率大大降低。从前面的分析我们知道,纳税信用是整个社会信用体系的不可缺少的一个有机组成部分,它是社会信用的一个有效的标识码,纳税人的纳税信用的好坏可以直接或间接地反映出纳税人其他方面的信用状况,可以有效地降低其他交易人与该纳税人交易时的信息成本。

因此,纳税信用是市场经济发展一定阶段的产物,是维护市场经济秩序和降低整个社会交易成本的需要。

(四)从税收的法律关系看纳税信用

所谓税收法律关系,是指由税法确认和调整的、在国家税收活动中各方当事人之间形成的、具有权利、义务内容的社会关系。只有充分、本质地理解税收的法律关系后,才能形成正确的纳税信用评估的指导思想和方法。对税收法律关系应从以下的几个方面加以理解:

第一,税收法律关系的性质问题。税收法律关系性质研究,以前大部分学者都集中在"权力关系"上,这种理论还主要基于财政分配的"国家分配论"基础上;随着当代经济学的发展,特别是契约经济学和制度经济学的发展,经济学者们发现单纯地从国家分配论的角度出发并不能全方位地理解税收法律关系,而且也偏离了税收法律关系中内含的国家税收活动中各方当事人权利义务内容。因而提出税收法律关系中的"债务关系",指出在税收法律关系中,征纳双方互享权利和义务,并强调税收实体法律关系的重心是债务关系,税收程序法律关系主要以国家权力为基础,体现国家权力的性质。因此,应当将税收法律关系界定为一种公法上的债务信用关系。

第二,税收法律关系所包含的内容。首先,税收法律关系应当是一个具有三方主体,即纳税主体、国家、征税机关及其工作人员组成的多边法律主体,这是税收法律关系的主体;其次,税收法律关系的范围,包括税收征纳法律关系、税收行政法律关系和税收宪法性质法律关系,这三层税收法律关系都是在"税收利益"的流动过程中形成的。在税收征纳过程中,对纳税主体而言,税收利益表现为财产单方面转移;对征税机关而言,税收利益表现为税收收入的单方面的"无偿"取得,随后就产生税收行政法律关系。鉴于前面的两层法律关系,纳税主体获得了要求和享受国家提供公共产品的权利,国家也负有提供公共产品的义务,这便形成了税收法定主义基础上的税收宪法性法律关系。税收宪法法律关系可理解为,人民和国家就征税、纳税以及提供公共产品等事项,达成的"契约"表现形式。最后,从税收收益的流动过程看,税收征纳法律关系、税收行政法律关系构成第一层关系,是人们通常所认识的税收法律关系,税收宪法性法律关系构成了第二层关系,这里国家和纳税主体之间没有直接的关系,而是通过中间主体征税机关相互联系,是一种间接的税收法律关系,但是,也正是由于这层关系才深刻地反映了税收法律关系的本质。

第三,税收法律关系的本质。税收法律关系的本质是公平价值和平等原则,它们体现了契约精神,贯穿在税收法律关系中的各个层面上。要认清税法的本质,就必须要正确认识税收法律关系中,纳税人与征税机关和国家之间法律地位的平等性问题。税收法律关系界定为公法上的债务关系,也就不可避免地内含有"平等"的因素,因为法律关系来源于19世纪大陆法系民法学的基本范畴,自产生之初就带有"平等"的烙印,这就给税收法律关系的平等性提供了理论上的渊源。在西方现代行政法学领域,政府与公众之间的不平等的"命令与服从"关系,早已被平等的"服务与合作"的关系所取代,在税收活动中尽管税收有强制性,在税收征管领域以国家的权力为后盾,但在税收征管活动中更多地融入"服务与平等"的观念,不仅有利于国家行政管理体制的改革,也有利于形成纳税人与征管机关新的、良性的互动税收征管体制。在任何国家的税收宪法关系中,国家征税,也是为了能够有效地满足人们对国家提供的公共产品的需求,所以,纳税与征税在时间的逻辑关系应当是:人民先同意纳税,并进行授权,然后才有国家征税。通过考察税收从"取之于民"到"用之于民"这个流转过程,能看出权利和义务在其间的双向流动,平等原则在其中得到了体现。因而,经由宪法的形式,国家与纳税人根据税收法定主义,通过"税收法律"以及征税机关,建立了以征税和纳税为外在的表现形式,以要求和满足"公共产品"的需求为内在本质的权利义务关系,这一关系所内含的"契约精神",要求在调整纳税人与征税机关或国家之间的关系时,必须贯彻和体现"公平价值"以及"平等原则",认清税收法律关系的性质和本质,对于树立正确的纳税信用评估制度是十分必要的,也是重塑纳税人与征税机关关系的重要政府基础。

(五)从社会进步的文明程度看纳税信用

从前面的税收法律关系分析中,我们知道,国家与纳税人根据税收法定主义,通过"税收法律"以及征税机关;建立了一种"以征税和纳税为外在的表现形式,以要求和满足公共产品的需求为内在本质的权利义务关系",这一关系所内含的"契约精神",要求在调整纳税人与征税机关或国家之间的关系时,必须贯彻和体现"公平价值"以及"平等原则",这种"公平价值"和"平等原则"是社会进步的文明程度在税收领域内的具体体现。代议制的民主基本原则就是"一小部分人管理政府,这部分人对选举他们的选民负责,他们的权力都来自于选民"。税务部门只是委托征收税款、进行日常税务管理的一个具体的国家职能部门。他们的征税权力也是来自于选民,因此他们在进行税款征收和日常税务管理时,也必须要遵循平等观念,转变落后的税收观念(即把纳税人看作是一个被动的管理群体),而应该明确政府与纳税人之间的权利与义务也是一种信用关系。一般说来,纳税人消费了政府提供的公共物品就应依法纳税,纳税人要有纳税信用;而纳税人缴纳了税款,政府就应向纳税人提供纳税人满意的公共物品,政府要有税收信用。政府与纳税人之间既是法律确定的权利与义务的关系,也是经济利益上的信用关系。在现代市场经济条件下,在强化政府与纳税人之间的权利与义务关系的同时,也应强化政府与纳税人之间的这种信用关系。税收观念的转变,有利于纳税人树立诚信纳税观,也是社会文明程度提高在税收领域内的表现。

诚实地依法纳税既需要纳税人具有税收的权利和义务意识,又需要纳税人具有诚信的品德。诚信作为一种道德约束是比法律约束要求更高的一种约束,高素质的企业和个人对自身的要求标准就不仅限于法律。因此,具有诚信纳税的品德是保证依法纳税的重要前提,依法纳税与诚信纳税是相辅相成的,现实中应形成鼓励纳税人诚信纳税的机制,树立纳税人诚信纳税的品牌形象。政府用于提供公共物品资金主要来源于社会成员的纳税。实质上,纳税就如同人们购买消费品的一种付款方式,只不过这种购买方式是通过纳税的形式,购买的是一种特殊的消费品——公共物品。只是社会公众购买政府所提供的公共物品时,"交钱"和"交货"分成两个不同的过程,消费具有外溢现象。因此,人们要消费政府所提供的公共物品,就必须依法纳税,这是符合市场的交换原则的。由于公共物品的提供与消费分成了"交钱"与"交货"两个不同的过程,纳税与提供公共物品之间便形成了一种"信用关系",社会成员要按国家法律的规定依法纳税,其对应的是纳税信用;政府必须用社会公众所缴纳的税款诚实地向公众提供社会经济发展所需的公众物品,其对应的就是税收信用。因此,依法纳税是人们的诚信的一种表现,而税收欺诈则是消费政府提供的公共物品而不付费的行为。

因而,从以上分析中可以看出,税收信用要求政府相关的职能部门(包括征税单位和用税单位)遵守职业道德,税款的用项是符合民意的,能较好地满足社会公众对公共物品的需求,税款的拨付过程也是诚信的,税款的使用应是真实而有效的。纳税信用则要求纳税人合法地进行经济活动,客观、真实地记录经济活动,并保证会计核算的真实性,不做假账,以此为前提真实、全面地履行纳税义务。诚信纳税既要靠内在的养成又要靠外在的约束形成,内在养成应借助激励机制。表现在税收制度设计上,应使税收制度具有激励和惩罚相容的机制,促使纳税人不仅仅是面对严厉的处罚才有诚实纳税的积极性,也就是说税收制度的设计应鼓励纳税人说实话,诚信给纳税人带来的不是税负的加重而是税后利益的增加,会比不说实话得到更多的利益;如果纳税人说假做假,不提供真实的纳税资料,不仅不能够增加其利益,反而会减少利益,这样,纳税人就会从自身利益最大化的角度而选择诚信纳税。

社会主义税收的本质就是"取之于民,用之于民",社会主义民主是民主发展的最高形态,社会文明进步的较高程度要求纳税人诚实地纳税,也要求征税机关诚信征税,用税机关诚信用税,如果纳税人诚信纳税,而政府并没有诚信征税或诚信用税,那么必然会挫伤纳税人诚实纳税的积极性。

三、纳税人信用等级制度

纳税人信用等级制度是税务机关根据纳税人的纳税观念、办税质量、申报质量、税款交纳情况、财务核算水平以及发生的税务违法违章行为等情况,把纳税人分为若干信用等级,实施分类管理的一种制度。企业和个人的纳税信用等级不仅是企业自身履行依法纳税义务的重要凭证,也是该企业和个人回报社会、经营运作成功的一个非常重要的信誉标识。实行纳税信用等级制度,可以促进纳税人健全财务管理,加强会计核算,提高纳税申报的及时性和准确性,促进纳税人自觉纳税意识的提高,改善税收执法环境。

纳税信用等级制度在设计时应包括三个子系统,即纳税人信用档案、信用评价系统以及信用激励和失信惩罚机制。目前,我国仅在出口退税管理方面建立了税收信用管理制度,而在税务稽查信用管理和日常税收信用管理方面尚未出台规范性的制度。税务机关虽然也对规模大、信誉好的企业给予一定的照顾,如开设绿色通道等,但总体呈现出"单一、零散、杂乱"的态势,纳税信用建设尚未形成体系。

(一)纳税人信用档案

表1—1是纳税人信用档案应包括的主要内容,涉及纳税人会计核算、纳税申报、发票管理等诸多方面。

表1—1　重要信用档案部分内容一览表

类型	信用档案内容
企业	①有无长期拖欠税款未缴的记录证明 ②有无近期偷逃税款的记录证明 ③有无违法抗税甚至暴力抗税的记录证明 ④有无骗取出口退税的记录证明 ⑤有无发票违规处罚记录证明 ⑥有无长期未及时申报纳税的记录证明 ⑦财务会计资料的核算是否真实完整准确
个人	①有无隐瞒、转移收入逃避检查的记录证明 ②有无长期拖欠税款未缴的记录证明

资料来源:范瑷瑷:《我国纳税信用等级制度设计》,《当代财经》2002 年第 5 期。

除上表所列,还应将企业规模和社会影响力、企业高层管理人员和财务人员整体素质、企业纳税意识和态度等纳入信用等级评估的考核范围,并通过与工商、银行、海关等部门的合作来考察企业除涉税情况外,在生产经营的其他方面有无违法行为。

（二）信用评价系统

税务机关内部应成立专门的纳税信用等级评估机构,负责将纳税人信用档案汇总进行分析,确定各等级标准,在中介机构的参与下,综合评定出纳税人在办理各涉税事务中的信用等级。在划分信用等级时应注意以下几个问题:(1)为简化管理,节约征管成本,不宜设计过多的信用等级。根据现行的经验,可把纳税人的纳税信用划分为 A、B、C、D 四级。(2)定期通过纳税评估确定纳税人具体的纳税信用等级。最初纳税等级的划定并不是一成不变的,信用等级高的纳税人如果放松对自己的管理,可能会降低信用等级。而信用等级低的纳税人在加强管理、依法纳税之后,也可能获得升级的机会。纳税信用等级制度对所有纳税人都是一视同仁的。这点在信用激励和失信惩罚机制中会有详细的解释。(3)信用等级的确定应是对纳税人信用资料全面、综合的评定,而不只是对其中一个方面的认定,但也必须有一定的侧重。比方说,纳税人有无长期拖欠税款的记录,有无偷逃税的记录,这应是评价的重点,而把诸如企业规模大小、人员素质高低等作为评定时的参考因素。(4)需特别注意加强对中介机构的监督,防止出现造假事件,并要求中介机构在参与评定的过程中对其认定结果负相应的法律责任。

2003 年 7 月 17 日,国家税务总局正式下发了《纳税信用等级评定管理试行办法》,统一了纳税信用等级评定的方法,从而在全国范围内正式地开始了纳税信用评估体系的建设。这套试行的办

法,给出了纳税信用评估所要考虑的指标体系,计算纳税人的纳税
信用分值的计算办法,同时也给出了不同等级的优惠和处罚措施。
A、B、C、D 四个分类标准按照目前的纳税信用等级评定办法,根据
上面的指标体系计算出纳税人的得分。得分大于 95 的为 A 级,
得分大于 60 小于 95 的为 B 级,得分大于 20 小于 60 的为 C 级,得
分小于 20 的为 D 级。针对 A、B、C、D 四个等级的不同特点管理
办法同时给出了附加条款,明确了某个等级上哪些行为是被禁止
的。以上海市为例,2004 年 4 月,上海市国税局公布了新一轮的
纳税评估情况,参与纳税信用等级评定的企业有 32 万家,4631 家
企业被评为 A 级,占 1.44%;2269 家企业被评为 D 级,占 0.71%;
其余 97.85% 的企业处于 B 级和 C 级,占据着绝对多数。另外,共
有 418 家 A 级纳税企业未达到 A 级标准,其中 405 家被降为 B
级,12 家被降为 C 级,1 家被降为 D 级,有 823 家 B 级企业升级为
A 级。[①]

从上面的数据可以看出,绝大多数企业处于 B、C 级,本书在
相关章节通过分析,得出了这样一种观点,那就是税务部门应该把
更多的精力投入到 B、C 两类纳税群体中,这样可以更好地发挥四
等级分类办法的优点。另外,如果四个等级设置的合理,那么纳税
企业跨等级变化发生的概率应该非常低,尤其是由 A 级降到 C 或
者 D 级。这是因为,对于评估指标体系中绝大部分指标,纳税人
完全可以通过加强自身管理,来提高这些指标的分数,即使纳税人
经营业绩不好,他的纳税信用等级评分也不会下降很多。所以,如
果纳税人的等级出现了跨期下降的现象(如由 A 级降到 C 级),极
有可能该纳税人在其他方面出了问题,比如出现了违反税收法律、

---

① 数据来源:《中国税务报》2004 年 4 月 14 日。

行政法规的行为。

从上海公布的数据可以得出,在 A 类企业中,发生降级的企业占原 A 级企业总数的 9.81%,其中降到 B 级的企业占 9.58%,发生跨等级降级的企业占 0.22%。可以说,在预防跨等级降级这方面,目前的分类标准还是比较合理的。

(三)激励与失信惩罚机制

所谓激励和失信惩罚机制是纳税信用等级制度中最重要的内容之一,其作用是形成一种向诚实的纳税人倾斜的税收优惠,营造一种对诚实纳税人有利的社会环境,它是一种正面的激励机制,以期增加诚实纳税人的经济和社会收益。同时,运用经济手段和道德谴责,惩罚在纳税活动中有严重失信行为的纳税人。纳税信用等级制度一经划定就形成了一种既定的格局,激励和失信惩罚机制适用于所有的纳税人,但两者都有各自的倾向,激励主要是对信用等级较低的纳税人而言,而失信惩罚则更多地用于约束信用等级较高的纳税人。

考虑到企业和个人行为短期化,纳税信用等级制度的运转还要求建立强有力的失信惩罚机制。从效果上看,失信惩罚机制以震慑作用为主,力求将失信的动机消灭在萌芽状态。但对于形成事实的失信行为,必须在较宽的范围内受到较长时间的惩罚。第一,一旦纳税人在税收信用上有了不良记录,纳税信用等级评估机关即降低其信用等级,加强征收管理,加大稽查和监督力度,并规定在一定时期内不得再升级为信用等级高的纳税人,如果在此期间两次发生违反税收法律法规的行为从重处罚;第二,公开失信企业信息,供公众随时查询,接受全社会的监督;第三,加快税收信息化建设,实现税务机关内部纳税信用信息的共享。此外,我国在处理纳税失信事件时,还应将失信惩罚机制与社会信用挂钩,进行全方位的失信惩罚。一是与当事人有经济往来的单位可以通过媒介或互联网数据库进行即时查询，选择是否与之继续开展业务；二是工商、税务、海关、银行、保险、能源等政府管理部门也对其保持高度警惕，随时采取必要的防范措施，加强管理和限制，并进行一定范围的专业调查，以防该当事人继续出现其他失信行为。

对于 A 级纳税人，主管税务机关给予一系列优惠措施，包括：

（1）除专项、专案检查以及金税协查等检查外，两年内可以免除税务检查；

（2）对税务登记证验证、各项税收年检等采取即时办理办法，主管税务机关收到纳税人相关资料后，当场为其办理相关手续；

（3）放宽发票领购限量；

（4）在符合出口货物退（免）税规定的前提下，简化出口退（免）税申报手续；

（5）各地可以根据当地情况采取激励办税的服务措施。

另外，A 级纳税企业占整个纳税企业的比重很小，在市场上是一种稀缺资源，A 级纳税企业的称呼有着非常明显的广告效应，这在另一个方面很好地鼓励了纳税企业诚信纳税的积极性。

对于 B 级纳税人，主管税务机关除在税务登记、账簿和凭证管理、纳税申报、税款征收、税款退免、税务检查、行政处罚等方面进行常规税收征管外，重点是加强日常涉税政策辅导、宣传等纳税服务工作，帮助其改进财务会计管理，提高依法纳税水平，提升纳税信用等级。

按照目前市场的实际情况，B 级纳税人在整个纳税群体中占有很重要的作用，税务部门应该大力加强对于 B 级纳税人的管理，鼓励其诚信纳税，减少降级事件的发生。

对于 C 级纳税人，税务部门应实行更严格的管理，包括：

（1）严肃追究违法、违规行为的有关责任并责令限期改正；

（2）列入年度检查计划重点检查对象；

（3）对验证、年检等报送资料进行严格审核，并可根据需要进行实地复核；

（4）发票的供应实行收（验）旧供新、严格限量供应等办法；

（5）增值税实行专用发票和税款先比对、后抵扣；

（6）纳税人申报办理出口货物退（免）税时，应从严审核、审批；

（7）各地根据情况依法采取其他严格的管理措施。

按照 C 级纳税人的划分办法，其指标评分在 20 至 60 之间，在整个纳税信用等级评价体系中，分值已经处在较低的水平，税务部门加强管理有其必然性。但是，C 级纳税人和 B 级纳税人一样，也是数目比较庞大，税务部门在加强监管的同时，还应该积极扶持这部分纳税人，从正面来引导，使其诚信纳税，提升这部分纳税人的信用等级。B、C 两级纳税人，作为整个纳税信用等级分类中的绝大多数，应该成为税务部门监督和管理的重点，一方面可以提高整体的纳税信用水平；另一方面从整个市场体系来看，这样做可以极大地提高市场效率，减少纳税信用评级本身带来的效率损失。

对于 D 级纳税人，除可采取上述 C 级纳税人的监管措施外，主管税务机关还实行了进一步的监管措施，包括：

（1）依照税收法律、行政法规的规定收缴其发票或者停止向其发售发票；

（2）依照税收法律、行政法规的规定停止其出口退（免）税权。

对于 D 级纳税人，其纳税信用水平非常之低，税务部门工作的重点是严格监督和防范。如果纳税信用等级评估体系是在国家统一的体系之下建设的，那么对于 D 级纳税人来说，税务部门应该有给予曝光和向信用评估体系上报的权利,比如,如果纳税人被评为 D 级,税务机关应及时把信息反馈给信用评估机构;如果纳税人连续被评为 D 级,税务机关应该坚决予以曝光,严格控制纳税人的不诚信行为。

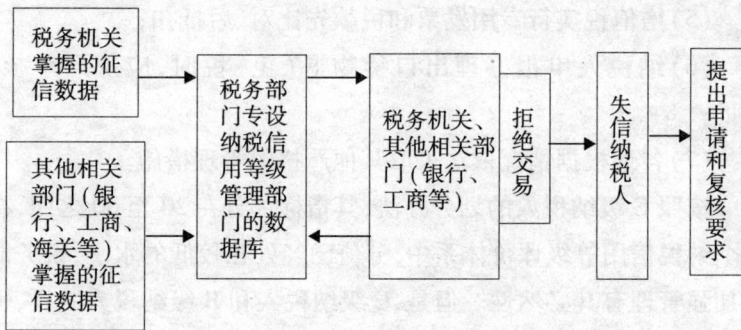

图1—1 失信惩罚机制的作用机理

资料来源:范瑗瑗:《我国纳税信用等级制度设计》,《当代财经》2002 年第 5 期。

第四节 研究的创新点、重点、难点及不足

一、创新点

与已有的关于纳税信用的研究成果相比,本书的创新之处在于:把纳税信用体系作为独立主题进行研究,全面系统地分析和研究纳税信用问题,拓宽了纳税信用问题研究的视野。过去的研究大多把纳税信用作为优化税制的一个技术变量进行研究,而本书恰恰改变了这一研究思路,把税收征管效率作为纳税信用体系的一个内生变量进行分析和研究。把纳税信用放到社会的大环境中进行研究和分析,以使研究成果更为全面,对现实更具指导意义。

本书的写作力求把国内外有关成果和分析方法结合起来进行研究。尤其是国外对于纳税信用的量化研究、激励机制理论及公共管理理论,与中国的具体国情相结合,得出具有建设性的结论和建议。

二、重点、难点及不足

从国外的研究成果来看,大多数学者对纳税信用的研究都是以发达国家的税收征管为背景的,研究的重点是偷逃税问题,尤其是个人所得税的偷逃税问题。从研究所处的立场来看,国外的研究主要是从纳税人的角度出发,考虑如何使个人在各种因素影响下达到个人预期效用、预期所得或纳税成本最小化。

从我国的研究情况来看,多年来,上至高层官员,下至财税理论工作者和实际工作部门的同志,多数人都习惯于就税收存在的问题采用"头痛医头,脚痛医脚"的做法,如在偷、逃、骗、欠、抗税现象相当严重时,就强调"要强化税收征管,堵塞税收漏洞";在各地乱开减免税"口子"时,就下"通知"严令禁止等,而较少从全面角度来诊断这些问题更深层的"病因"——各种外部环境因素。所以据此提出的一些税收对策与建议自然就缺乏可操作性或实践效果不大。本书的研究在提供一种全新的研究思路的同时,力图提出具有实质性的政策建议。

本书力求在以下几个方面有所突破:

(一)运用心理学理论对纳税人的态度、行为进行分析

管理心理学是研究组织中人的心理活动规律,用方法改进管理工作,充分调动人的积极性的一门科学。本书对管理心理学的研究主要侧重于以下两个方面:

第一,个体心理的研究。对纳税人的心理活动规律的了解和

掌握,首先就是要认识纳税人的个体的心理过程与个性心理特征,了解纳税人的气质、性格、能力、兴趣,研究纳税人的需要、动机、行为,有针对性地运用激励理论来提高纳税人的遵从度。

第二,群体心理的研究。管理部门直接面对的是纳税人群体,而不是散漫的个人。群体对于群体内的成员,对于其他的群体和整个组织,都有着极大的影响。通过本书的研究,为税务部门的管理决策提供参考依据,丰富税务管理理论。

(二)对税收遵从问题进行深入、全方位的研究和分析

税收遵从问题是影响税收管理效率的一个主要方面。纳税人是否会遵从税法,在多大程度上遵从税法,在什么样的情况下遵从税法,决定了税收能够采取何种方式、方法课征。在纳税人自觉遵从税法规定的积极性较低的情况下,采取纳税人自我申报为主的税收征管方式显然是不合适的,也难以收到预期的效果。对纳税人遵从税法的程度及其会采取何种方式逃避纳税未能进行准确的预测和分析,使得现有征管技术手段和方法难以有效地解决征管中出现的问题。本书将对这一问题从社会学、心理学、制度学、管理学的角度进行全方位的探讨和研究,形成比较系统的税收遵从理论。

(三)对激励机制进行研究,建立最佳激励模型

由于政府课税对纳税人经济行为的影响以及纳税人对政府课税的反应估计不足,税制的设计未能形成一种有效激励机制,存在着激励不足和激励过度的问题;加之对税收制度和税收政策在执行中可能遇到的来自纳税人之外的干扰估计不足且缺乏有效的制约机制和应对措施,税收惩罚的力度过小,使得税收惩罚成为不可置信威胁,税收违法的收益远高于其依法纳税的收益。现行税收制度不满足个人"激励相容约束",税收制度不是纳什均衡。因此,税收法律的约束力极弱,税收制度和税收政策的执行往往难以

收到预期的效果。通过建立最佳激励（惩罚）模型，可以减少纳税人的偷逃税行为。

（四）从制度约束、法律监督的角度对纳税信用体系做更深入的研究

本书突破以往研究的局限性，对纳税信用问题的制约因素做了更为深入的剖析和研究。纳税信用问题作为制约征管效率的根本性、基础性因素，在进行制度设计时一定要符合纳税信用体系建设的要求。本书将征管问题作为纳税信用体系的一个内生变量进行研究，优化现行税制，为提高征管效率提供制度性保障。

本书将运用委托代理理论、激励理论、博弈理论、心理学理论对纳税人激励机制及纳税人遵从意识、纳税信用等级评定做了重点研究、进行了深入探讨和分析。

纵观近几年来的纳税信用理论的研究成果，大多为微观研究，宏观研究少；定性分析多，定量分析少；规范分析多，实证分析少；单一研究多，综合研究少。总的来看，对纳税信用问题研究缺乏全面、系统和综合研究。在这种情况下，可资借鉴的论著和资料较少，需要进行大量的开拓性研究，付出艰辛的劳动。尤其是对纳税人遵从意识的心理学研究、纳税信用评估理论研究、纳税信用激励机制模型的研究及税务机关流程再造理论的研究，在国内理论界刚刚开始，尚未形成比较系统的研究成果；另外，国外学者的研究大多比较零散，给资料的寻找带来很大的难度，很多时候只能求助于二手文献，给本书的研究带来一定的难度。

本书写作力求做到全面和综合，尽管在写作过程中查阅了大量的参考文献，并做了大量实证研究，但由于纳税信用体系这一研究主题的宏大和博深，切身感到驾驭这一主题的难度之大，因此研究的内容还不够全面。

第五节　研究方法与篇章结构

一、研究方法

纳税信用体系问题的研究既需要来源于实践的理论概括,又需要理论对现实问题的指导,从而提出具有建设性的意见。本书的研究采用理论分析与现实分析相结合,西方理论的借鉴与中国的实际相结合的方法,运用心理学、信息学、激励学、管理学的理论研究纳税信用体系。

（一）规范分析的方法

规范分析的方法就是用已有的、实践已经证明的价值标准来对事物进行推理和判断。本书在分析纳税信用激励理论、纳税人税收遵从理论时,借鉴了理论界某些较为成熟的观点。

（二）实证分析的方法

实证分析实质上就是对事物本来面貌的客观描述,本书在对纳税信用等级评定、纳税评估模型、激励模型的研究较多地运用此种方法。

（三）系统分析的方法

系统分析法是本书研究的主要特点。运用系统论的方法,从心理学、社会学、信息学、管理学、行政学、法学等多个角度对纳税信用体系的主要影响因素进行了研究和分析,以使本书的研究成果更为全面。

二、篇章结构

本书共分八章,各章的主要内容和主要观点分述如下:

第一章,导论。首先提出本书研究的中心问题:如何提高纳税人的纳税信用意识，摸清我国纳税信用缺失的原因，以层次结构为基础的纳税信用体系，以树立诚信纳税之风。其次，通过对国内外纳税信用问题研究状况的回顾，从研究的思路、分析问题的方法、研究的目的等方面进行了比较，得出对纳税信用问题进行全面而系统的研究的必要。第三，在几个重要概念研究的基础上，得出全文研究的基本方法和创新点。

第二章，信用问题研究。主要从交易入手，以信用的理论与现实问题为主线，通过交易、契约和信用及其相互关系的历史与逻辑相结合的分析，找出市场交易和契约签订、执行过程中与信用问题有关的影响因素。在此基础上，引入交易的制度环境，从理论角度提出维护信用的基本思路。制定从正式和非正式两方面约束交易行为的制度，抑制交易者的机会主义行为，保障契约的有效执行，维护市场经济的信用。正式制度通过设置具有正式效力的惩罚和激励方案，改变交易者的成本收益对比，使之达到他律；非正式制度重点作用于交易者的文化信念系统，使之超越过度的利益计算，达到自律。

第三章，国外纳税信用体系的比较研究。一个完善的税收机制，既要有税收法律体系作为基础，也要有纳税信用体系作为约束。在市场经济条件下，纳税信用是对税收法治的必要及有益的补充，纳税信用体系则是社会信用体系的重要组成部分。从国际上来看，现代市场经济国家的纳税信用体系建设已经发展到一个比较完备的程度。从我国目前情况看，纳税信用体系的建设尚处于创立阶段。当前，我们应当借鉴国际经验，包括美国、新加坡、英国、日本等国的纳税信用体系建立的经验，构建我国纳税信用体系，为经济发展提供良好的税收环境，促进市场主体依法纳税、守法经营、公平竞争。

第四章,我国纳税信用缺失的原因及对策研究。通过对博弈论、信用、纳税信用等理论的研究,通过对我国纳税信用现状的分析,在总结借鉴国内外先进经验的基础上,提出提高我国纳税信用水平的政策建议。试图从培养纳税意识、完善诚信立法、优化制度提高服务水平以及加强社会监督等方面提出改进意见,促进我国纳税信用的培植与发展,并最终促进税收征管体制的完善。

第五章,纳税信用等级评定系统的研究。纳税信用等级评定系统可有效配置征管资源,提高征管质量和效率,实现征管效能的最大化。同时,通过对纳税人依法纳税情况的评估,有助于加强税收监控,提高税收风险预警能力,这是对纳税人信息资源的一种增值利用,对正在进行的信息化基础上的专业化的税收征管改革具有重要意义。就制度本身而言,它应是一套既有激励又有惩罚功能,并有利于推动我国税收环境向制度化、规范化、信用化发展的相关制度与运行机制。加强税收信用体系建设,规范市场经济秩序,可以为经济发展提供良好税收环境。税收信用是社会信用体系的重要组成部分,诚信纳税在一定程度上反映了社会信用状况。

第六章,纳税评估研究。纳税评估是一项国际通行的税收征管制度,在我国尚处于起步和探索阶段。它是指税务机关对纳税人、扣缴义务人在一定期间内履行纳税义务、扣缴义务的情况,采取特定的方法,进行系统的审核、分析、确认、评价,并及时发现、纠正和处理纳税行为中的错误,对异常申报等专项问题进行调查研究和分析评价,为征收、管理提供工作重点和措施建议,从而对征纳情况进行全面、实时监控的一项管理工作。正确认识纳税评估,并逐渐建立一套科学的纳税评估规程,是适应我国加入 WTO,促进社会主义市场经济发展的客观要求,也是深化税收征管改革的必然结果。

第七章,透视税收遵从意识的培养。主要从心理学、社会学、管理学的角度研究纳税人的涉税心理及涉税行为。本书的研究融合了社会学、心理学、管理学等多学科理论的最新研究成果,拓宽了税收遵从理论的视野。纳税人的税收遵从意识表明纳税人对税收法律制度的认可,这种认可是税收法律实施的重要支撑。当税收法律规范内化为纳税人自觉的价值追求和行为准则时,良好的税收法律秩序才能得以实现。只有纳税人具有良好的税收遵从意识,能够自觉地按照税法规定的要求,准确计算应纳税额,及时填写申报表,按时缴纳税款,税款的征收才能顺利实现,纳税人的奉行成本和征管成本才能有所降低。提高纳税人的税收遵从意识水平主要措施有:一是通过简化税制、公平税负、建立和完善纳税服务体系、加强税收宣传,实施信息公开制度,建立有效的税收遵从衡量体系及重塑政府形象等以求优化纳税心理、改善纳税态度。二是通过建立非正式约束机制,树立正确的税收观,坚持税务行政的公开、公正、公平,营造轻松办税环境,发展社会化、综合性的税务代理服务等以完善税收征管社会环境。

第八章,纳税信用激励机制研究。运用委托代理理论和博弈论研究非对称信息下如何建立激励相容约束机制,以保证纳税人遵从税法,减少税收流失。本章从信息不对称这一角度分析,探讨信息不对称下的纳税人的纳税行为以及纳税人与税务机关的相互博弈过程。进而研究税务机关的最优征管政策。税收博弈作为一种非对称信息博弈,应在制度设计上,一方面要满足个人的"激励相容约束",建立有效的纳税人信息搜寻机制;另一方面要有强有力的实施机制,使纳税中的违约成本高于违约收益,从而促使纳税人依法诚实纳税。同时营造符合激励机制要求的社会环境,增强服务观念,切实保障纳税人权利,激励纳税人依法纳税。

第二章 信用问题研究

第一节 信用的性质和经济功能

一、信用的性质

(一)信用是一种无形资产

信用是一种相互认可的观念或形象,不能独立存在,只能依附于组织和个人以及企业的产品信用载体。通过投资逐步建立起来的信用能够带来收益,但信用却以信号显示的方式存在,不具有物理形态;另一方面,信用的损失也在无形中完成,并且不守信的坏名声的信息传递过程更快,信用或信誉消失得更快。信用是一种可重复利用的资源,依靠良好的信用,企业可以反复利用比自有资金大几倍的资金,并能赢得多方利益相关人的信任。此外,信用的所有权与使用权可以分离,如担保公司为某个企业做担保,后者实际上在使用担保公司的信用。

(二)信用的文化性和社会性

信用很大程度上取决于一个社会的文化、历史、经济发展水平,习惯和社会规范等因素,尤其是与这些因素相关的意识形态一旦内化为社会群体的偏好,就会成为信用体系的组成部分。人具有文化社会特征,作为人的观念和行为特征的信用,更是来源于文化,嵌入于社会。同时,社会信用的文化表征,代表着一个时代、一个社会的文化风貌和文明程度。信用的文化性和社会性构成了社会性信用环境。好的信用环境是由诸多交易主体共同创造的,恶劣的信用环境来自于交易主体普遍的失信行为。当信用环境一旦形成就具有一定的社会性,个体的正面的努力很难改善信用环境,而个体负面的信用却具有很大的破坏作用。

(三)信用的外部性和扩散性

信用具有公共产品的性质,能够产生外部性。一般情况下,守信行为往往得不到足够的奖励,即企业的守信收益小于社会的守信收益;而能够产生负面影响的失信行为又得不到必要的惩罚,即企业的失信成本小于社会的失信成本,这样就会产生信用市场运行中的市场失灵。失信造成的个体的成本收益与社会的成本收益不对称,使信用的治理也具有了公共性。行为人的行为特征不仅关系自身的信用状况,还会对周围的交易环境产生影响。行为人的守信行为会对其他当事人产生正面影响,引起别人的效仿,结果有利于形成大家都守信的社会环境。反之,在一定条件下,行为人的失信行为可能会对其他当事人产生负面影响,引起恶性循环的社会效果。信用客观上具有社会连锁性的特点,当少量市场主体不守信用就会引起连锁反应,产生系统性风险。"三角债"现象和银行挤兑现象都是局部失信殃及整体的例子。

二、信用的经济功能

(一)信用增加了市场经济运行效率

市场经济是以市场作为资源配置的基础手段,并以信用的存在为前提。信用能使分散的社会资源得到更有效的组合,加速资源的自由流动和合理转移,是资源优化配置的有效保障。从经济理论上讲,如果一个人在不损害别人的前提下,使自己利益获得最大化,那么,这是被称为资源配置的"帕累托效率"。正如穆勒所说:"人类的产业活动和所有其他联合活动的效率,取决于人类能在多大程度上相互信任,遵守契约"。① 这表明信用既有利于全社会信用效率的提高,又是经济行为的客观要求,也是公平交易、公正交易的表现。相反,如果一个人的利益最大化是通过损害他人的利益实现的,这并未给整个经济体系和全社会的经济效率带来任何改善。

(二)信用降低了市场交易费用

在信用活动规范有序的情况下,交易费用大大降低,于是交易关系得以不断扩展,社会经济活动的效率得以提高。信用培育出经济主体间的长期的信任,节省了主体间的交易费用。在事前,交易双方由于信任,不需要付出过度的信息调查成本,并且不必设计过分复杂的交易契约,减少为获得交易机会而收集信息的时间、金钱。在交易过程中,交易主体相互信任,避免了彼此间的猜忌和扯皮,从而减少了交易主体彼此的监督调查成本。交易主体恪守信用就会使契约得到执行,不会发生违约后的法律救济和自我救济成本,避免了违约造成的经济损失。

(三)信用扩大了市场的范围和规模

信用使经济主体在交易行为中彼此增加信任感和安全感,形成稳定的收益预期,使市场行为趋于长期化。经济主体追求长期利益的渴求又会进一步导致普遍的信任。当市场主体认识到交易环境合作和信任成为主流时,出于利益的考虑,它就会扩大生产和交易的范围,进一步促进社会分工与协作,形成一种经济扩展的秩序。信用和竞争加速了资本的集中和积聚,扩大了社会经济活动的整体规模,产生了规模经济效益。货币市场、资本市场都是在信

---

① 约翰·穆勒:《政治经济学原理》(上卷),商务印书馆1997年版,第472页。

用基础上发展起来的。他们将社会上分散的、小额的闲散资金汇集起来,投入到生产领域中去,加速了资本的形成和积累,是原本单个个人、企业无法完成的经济活动通过信用合作的方式得到顺利进行,从而扩大社会经济活动的整体规模,分享各种规模经济的利益,最大限度的利用社会资源。

(四)信用优化了宏观经济的微观基础

宏观经济学的新近成果表明,宏观经济运行的微观基础,是分析宏观经济的前提和宏观经济政策作用的对象。市场微观主体的市场交易和经济决策行为直接影响宏观经济的整体运行效果和宏观经济政策效果。信用对市场主体的投资与消费、生产与销售、供给和需求、劳动与就业都会产生积极影响。基本交易单位诚实守信既保证了市场经济的有序运行,又保证了市场信号的真实,为宏观决策提供了正确的决策依据。

(五)信用带来了国际交往的收益

信用给国家的整体带来好的形象,进一步促进国际经济交往。一个国家在国际交往中,表现出的负责任的态度和行为,有助于提升国家的信誉。国家的信誉又进一步巩固了国家的经济地位,增强了一个国家制度模式的影响力。此外,在国际交往中,国家的信誉与国内企业的信誉是相互影响的。国内企业在与国外企业打交道的过程中,过硬的产品质量和付款方面的守信,会积累国家信誉。相反的例子是,我国与俄罗斯边贸中的假冒伪劣商品曾使俄罗斯商人一度抵制来自中国的商品,损害了整个国家的形象。同样,国家的信用度高也能够促进国内企业的国际竞争力,提升国内企业的信用等级。

三、个体信用与集体信用

在国际交往中,国家的信誉和国内企业的信誉是相互影响的。

这就提出了区分个体信用与集体信用的问题。个体与集体的划分是一个相对的概念,比如,个人相对于企业,企业相对于整个行业,国内企业相对于国家,区分的标准要根据研究的需要。

（一）个体理性与集体理性

个体理性和集体理性的矛盾为正式制度的产生和介入提供了理由。个体理性并不必然暗含着集体理性,个人会为自己的利益去寻找对自己最有利的结果,这必然导致利益冲突。这种利益冲突表现为个人与个人之间、个人与集体之间、集体与集体之间。但就理解个体理性与集体理性的角度看,由于信息具有成本,个人与集体的交换过程变得不确定。集体行为会存在个人的背叛、欺骗、偷懒、搭便车等行为。著名的"囚徒困境"的例子就告诉我们,个体的理性博弈,恰恰带来了非合作博弈均衡解,在此,理性并不能够给我们带来效率。相反,重视集体理性的合作博弈则可以带来合作剩余。纳什均衡说明,个体理性的行为可能导致集体非理性。合作博弈和非合作博弈的区别在于,是否在事前达成一种有约束力的协议,引导双方达成合作解。这也是解决个体理性和集体理性矛盾的方法,这种有约束力的协议本质上是一种机制设计。由于信息不对称,行为当事人并不能了解合作剩余的存在,更无法在充分相信对方的条件下,做出合作的决策。因此,需要一个强有力的第三方强迫、或者提供担保使当事人同意合作。

（二）个体信用和集体信用的关系

在我们讨论信用时并没有对个体信用和集体信用进行区分,这就暗含的假定了个体信用等同于集体信用。实际上,尽管两者是密不可分的,但无论从它们的形成与维持机制来看,还是从它们的功能来看,两者都存在重要的差异。首先让我们来看一下两者之间的相互关系。

1. 集体信用取决于集体成员的个体信用。每个个体都有其自身的禀赋特征,个体以往的行为反映了他的禀赋特征,并形成了他们的个体信用。

2. 与集体信用相比,个体以往的行为是不完全可观察的。如果以往的行为完全不可观察到,集体的成员将没有动力维护自身的信用,结果是集体当然无信用可言。反之,如果个体以往的行为完全可观察到,集体信用将会失去意义。只要了解集体每个成员以往的行为(个体信用),也就知道了集体的行为(集体信用)。这样,个体行为的不完全可观察性就构成了集体信用的存在的前提。

3. 集体以往的行为构成了集体目前行为的前提,由此可以预测集体成员的行为。这样,每个成员的福利和动机都会受到集体信用的影响。例如,我们无需了解一个公司所有成员的技能水平、管理能力,只要该公司生产的产品质量有保证,我们就可以合理地推测每个成员的水平和能力是可信的。

既然个体信用与集体信用的作用并不是完全可替代的,那么我们就需要考察两者的决定机制。个体信用与集体信用是相互联系、相互作用的,严格区分两者的决定机制在某种程度上又是难以做到的。对此,我们的基本看法是,个体信用更多地取决于一个社会的文化、历史、道德和经济发展水平等等;而集体信用在个人信用的基础上则需有相应的制度安排。影响一个社会中个体信用的因素是多重的,前面已经提到的诸项都会影响到个人信用,同时这些因素也影响到集体信用。个体信用是集体信用的基础,可集体信用又不是个体信用的简单加总,集体信用的实现还需要有相应的制度安排。首先,在个体之间的社会活动中,每个人都为自己的行为负责。例如,当一位个体商人欺骗了消费者时,一旦被社会其他成员意识到,他的信用也就受到了损害;受害者和社会其他成员也容易鉴别责任的归属。但是,当一个企业做出欺骗行为时,受害者和社会其他成员就无法鉴别究竟是企业中哪个成员所为。这就需要企业内部有一套完善的管理机制或规章制度,促使所有成员有效地进行合作,最大限度地消除个人的失信行为。其次,在组织内部的委托——代理关系中,代理人有从事失信行为的动力和可能,委托人的能力再强也无法完全消除代理人的失信行为。同样,在某些情况下,委托人也有从事失信行为的动力和可能。这就需要在组织或集团内部委托人与代理人之间建立起有效的信任机制。其中,最为人们重视的一种方式便是在组织内部建立一套规范所有成员行为的组织文化(例如企业文化),使所有组织成员都有共同的预期。当这种组织文化为所有成员都接受时,就"内化"为组织的偏好了,宛如社会规范内化为个人偏好一样。第三,为了消除和减少组织内部的败德行为,树立良好的集体信用形象,除了在组织内部委托人与代理人之间建立和实施隐含契约(相互信任)之外,还需要有相应的明确契约作保证。例如,在企业内部,为缓解雇员或经营者的道德风险,可以发展职工持股或经营者持股,因为这会降低雇主与雇员、股东与经营者之间的利益冲突,他们做出失信行为的余地大大缩小。这种被制度化的信用就成了集体信用的一个基本特征。在这种意义上来讲,隐含契约与明确契约是相互补充,共同促进集体信用。

四、信用供求及其均衡

(一)信用的供给与需求

市场经济条件下,信用存在供求均衡问题。信用关系包括信用需求和信用供给两个方面。信用需求是指参与市场交易的一方对另一方交易主体遵守诺言、履行契约的要求。信用供给是指交易的一方对另一方实现诺言、履行契约的信任。从单个交易活动看,每次交易的实现,都是一次信用需求与供给在数量和质量上的均衡。从整个社会交易看,当信用总需求和信用总供给处于均衡状态时,社会交易秩序处于良好状态,相反,则是无序状态。一般而言,信用供求包括:信用产品、信用中介服务、信用制度等方面的供求。随着分工的深入和市场规模的扩大,经济社会对信用的需求不断增加,然而,市场对信用的供给却往往不足,就是我们所说的信用缺失。下面我们分析市场经济的信用的供给和需求机制。

1. 信用的需求分析

分工和交易是信用需求增加的重要原因。市场经济的交易,无论是商品交易还是生产要素交易,都可以看作是产权的互换。①权利的实现离不开对权利的尊重和保护,离不开经济交往中的双方的诚实守信和履行义务。如果只行使权利,而不履行义务,经济主体的合法权利无法保障,合作也无法进行,交易会萎缩。可见,市场经济对信用的需求是交易扩展和经济增长的要求。分工的发展,从信息方面产生了市场经济对信用的需求。分工的细密使经济活动逐渐专业化,不同专业之间的信息不对称逐渐增加。现实经济中,不同的厂商、消费者等经济主体之间相互不了解各自的情况。不同行业和领域的经济主体之间存在信息优势和信息劣势的不同。专业化使个人在其专业的领域比其他专业领域的人了解更多本专业的知识,信息鸿沟出现了。另一方面,分工和专业化的发展,信息增多了,但是,寻找有用的信息却更困难了。每个经济主体陷入了信息的海洋,信息搜寻的和筛选的成本更高,以至于无法改善信息不对称的状况。而这些都需要信用来弥补信息缺乏给交

---

① 程民选:《信誉与产权制度》,西南财经大学出版社 2006 年版,第 125 页。

易带来的困难。信用的供需矛盾是市场经济的一个重要矛盾,只有使信用的供给满足信用的需求,才能有效地抑制交易风险的发生,从而保证市场经济健康有序地发展。市场经济的效率必然要求加大信用的供给来满足利益主体多元化带来的信用需求。

2. 信用的供给分析

信用的供给来自于交易主体和与交易有关的第三方。下面我们按照与交易的距离和参与交易的顺序来描述信用供给主体。交易主体信用供给的动力来自于利益的计算和道德的满足。守信和失信的成本收益比较决定了信用的供给程度。这个成本收益来自于两方面。一方面,交易主体通过诚实守信、履行契约、遵守交易制度,谋求经济利益;另一方面,信用是市场伦理的体现,它满足了交易主体的尊严和荣誉感。相反,失信行为也会带来两方面的成本:即失信行为受到对方和第三方的惩罚遭受经济利益的损失;失信行为会受到社会舆论的谴责,使失信人在精神上有罪恶感和负疚感。但是,在假定没有政府的情况下,市场无法按照成本收益的比较,自动达到信用状态。首先,信用具有公共品的性质,其外部性特征无法保证信用在市场里的正常供给。其次,市场主体的机会主义和有限理性使交易主体无法摆脱损人利己的观念,同时也无法识别失信行为。再次,真实的市场是信息不对称、有交易费用的市场,市场不能保证为交易主体提供无摩擦的交易机制和信用保障机制。这就需要第三方的介入。大量市场信用组织扮演了信用的供给者的角色。这些组织主要有信用担保公司、信用调查公司、信用征集公司、信用评级公司等。但是,这些组织同样不同程度地受到以上因素的影响,只能部分地提供信用。在政府力量介入的情况下,政府对信用的供给起到一定的作用。一方面,政府通过制定或者推动制定正式规则、法律制度、行政政策等,对交易中不守信的行为进行严格的惩罚,加大其不守信的成本。另一方面,政府利用其控制的宣传舆论工具社会意识形态进行引导,构建一系列诸如文化、伦理、道德等非正式机制,来增加人们诚实守信的道德观念,增加失信行为的社会舆论的压力。这样,守信行为就会受到社会的认可和鼓励,不守信行为就会受到法律的制裁和社会舆论的谴责。

综上所述,市场经济条件下,市场对社会信用有强烈的内在需求。但是由于市场经济本身存在缺陷,影响了信用的自动供给机制。因此,要使社会信用的供给满足社会信用的需求,政府必须发挥重要作用。与此同时,还要探索市场的自我实施机制,注意抑制政府力量的扩张的冲动。

3. 信用供给中的路径依赖机制

对信用进行投资本身既是一种信用积累活动,又是一种信用供给行为。在其他条件不变的前提下,对信用的投资应该是一个不断自我增长的过程。当企业对自身信用的投资越来越多时,它就愈发关注自身的信用,为维持和扩大信用做进一步的信用投资。因为原有的投资都是一种沉淀成本,沉淀成本越高,信用的机会成本也就越高。信用均衡路径依赖机制的另一种表现是,信用一旦丧失就很难再重新建立起来,或者说信用的建立要比信用的毁坏要难得多。信用的负外部性告诉我们,在信用关联系统中,只要局部的信用出现问题,整体信用都会受损。反过来,这种逻辑并不完全成立,局部信用提高不必然带来整体信用水平同比例地提高。在市场上,有害于信用的信息比有助于信用的信息传递的速度更快、更广。俗话说,好事不出门,坏事传千里,也就是这个道理。因此,即便不能说信用一旦丧失就无法挽回,但至少可以说建立一种信用比毁坏一种信用要难得多。例如,南京冠生园为了挽回因生产变质月饼而给企业信用带来的负面影响,曾经付出了巨大的努力,但最终还是宣告破产①。在这里,我们所谈得更多的还仅仅是产品市场上的信用问题。如果再延伸到企业在劳动力市场、资本市场以及企业内部的各种信用关系,并假定不同类型的信用具有关联特征。上述结论的有效性是不言自明的。

(二)信用供给和需求的体制比较

在不同的经济体制下,信用的供求呈现出不同的特点。计划经济体制下,真正意义上的市场信用关系比较少,因为几乎所有的信用形式都是在公有产权结构条件下实现的,信用的契约安排及其约束力来自政府计划、行政命令和严格的财经纪律,信用关系不是法律意义上的契约关系,而是通过诚信的道德和产权主体的行政手段来维系。在这种状况下,由于交易的规模小,社会对信用的需求较少,信用的供给和需求相对平衡。市场经济条件下的信用供给和需求与计划经济时期相比呈不断扩大之势。随着市场经济的发展,市场交易日益增加,其广度和深度,较之计划经济条件下都有前所未有的发展,交易关系渗透到经济生活的方方面面,从而对信用产生了强烈的内在需求。市场交易发展推动了交易制度的不断完善。为规范市场经济运行出台的各种法律、法规保障了信用的供给。信用交易形式的广泛运用使商业信用、消费信用等的规模大幅增加,信用中介服务也随着市场需求的扩大迅速增加,而信用行为给市场主体带来的效用也在一定程度上形成了社会信用的自动供给机制。

作为处于经济转型时期的我国,信用市场正由计划经济时代

---

① 云峰:《南京"冠生园事件"引发连锁反应》,《扬子晚报》2001年9月5日。

的低水平供求均衡向市场经济要求的多层次、全视角供求均衡逐步推进。计划经济条件下的行政指令、计划安排已不能适应市场经济发展的需要,以伦理、道德等为主的非正式制度安排也不能满足市场的信用需求,而法律、法规等正式制度建设的滞后,使得信用商品和中介服务供不应求、信用形式供给结构不合理、信用制度供给不足,信用需求也因信用市场的滞后发展而受到制约,即信用供给与需求不足同时并存,并且可能在较长的时期内处于供给相对不足的非均衡状态。在总体上,尽管信用需求不足是由市场主体信用意识缺乏、信用商品价格较高、市场信用交易的规模较小等因素造成的,但信用供给的规模、结构和质量是制约信用需求和信用供求均衡发展的主要因素。就当前而言,增加信用供给与扩大信用需求不可偏废,但应以增加供给为主,并在此基础上实现信用供求的均衡发展。

第二节 交易主体、交易环境与信用的经济学分析

市场上存在多种多样的交易关系,参与交易的交易主体是市场的重要组成部分,交易主体的人格化特征和行为动机是我们分析信用问题的基础。交易主体的有限理性和机会主义倾向决定了交易主体的不可靠性。而交易环境的不确定性,存在交易成本和信息不对称,给交易主体提供了机会主义行为的条件。信用既是交易行为的合作起源,又是保证交易进行的重要手段。(对具体交易产生和发展的分析将和对契约的分析放在第四章进行。)交易主体和交易环境的种种不完善决定了制度的重要性,制度为人们提供一个行为的基本规范和对未来预期的可能性。

一、交易主体的人性特征和行为动机

（一）交易主体的人格化特征

1. 交易主体的人格化

市场经济中,有交易就必然有交易主体。交易主体是指发生交易行为的具有各种民事行为能力的当事人。参与市场交易的主体有两种类型,一是个人,另一个是组织。他们之所以成为交易主体,是因为他们不仅有民事行为能力,而且他们有自己的目标和利益。在市场经济中,个人和企业为了自身的需要和经济利益介入交易过程。尽管并不是每一个组织和社会成员都完全是为了利益而去交易,但就总体情况而言,为了利益需要参加交易是常态。组织作为重要的交易主体,由人和规则构成,在现代社会承担了大量的交往职能。组织也是信用的载体,同时它还是信用的庇护所,为个人和其他人的行为提供信用保证。在市场经济中,组织逐渐成为人格化的经济社会活动的主要角色,信用成为组织活动的重要特征。随着现代市场经济的发展和成熟,政府制定经济政策和管理经济运行也成为经济活动的重要行为,政府通过履行职责在政治上赢得选民的信任也具有交易的性质。交易主体人格化的性质,为我们分析交易过程中的信用提供了分析的便利。从现实中抽象出交易主体的人性特征,有助于找准分析的起点。

2. 行为主体的特征

人的自然性。人首先是自然界的生物,因而具有自然性。所谓自然性,是指人作为一种自然物的存在所具有的生物属性。从基因学角度,个体生存的本能和种族繁衍需要,必然具有自利的属性。"人来源于动物界这一事实已经决定人永远不能完全摆脱兽性,所以问题永远只能在于摆脱得多些或少些,在于兽性或人性的程度上的差异",①这种自利的本能体现在人与人、人与组织和组织与组织的交往上,表现出自利的基本特征。自然性只是人的一种属性,不是人的全部属性,退一步讲,即使人的自然性决定了人具有百分之百的自利性,也不能说人性就是自利的。因为人并不是独立于社会之外的孤立个体,而是存在于社会之中活生生的人,加之历史上长期沉淀的文化在时间上的影响,人性中必然包含社会性和文化性这两种属性。社会性是从空间层面,而文化性则是侧重于时间层面对人性的规定。人的社会性。人要与他人发生联系,生存在从家庭到社会的不同空间中,因而具有社会性。马克思指出,"人的本质不是单个人所固有的抽象物,在其现实性上,它是一切社会关系的总和"。② 个体的生存与发展是以群体和种族的存在与发展为前提的。人在社会生活中与他人形成各种社会关系,在一定的社会关系中承担着一定的角色,由此拥有相应的权利和义务。这些权利和义务的分配往往表现为相对稳定的制度安排。个人必须在制度的约束下,努力根据他人对自己的角色期待做出行为决策。随着行为领域的转换和制度环境的变化,个人承担的角色及角色期待不同,则自我利益和共同利益在个人决策中的优先次序、权重会相应发生改变。

　　人的文化性。人是历史的产物,在历史积淀中形成的价值、道德、习惯,尤其是利益观念的影响下,因而具有文化性。在历史的长河中长期积淀所形成的关于价值、规范、利益等观念,直接影响着人们对自我利益和共同利益的判断。因此,文化性更多地通过意识形态、习惯与道德制约人的行为。个人对于自我利益的追求

---

　　①　马克思:《马克思恩格斯选集》第3卷,人民出版社1995年第2版,第442页。
　　②　马克思:《关于费尔巴哈的提纲》,见《马克思恩格斯选集》第1卷,人民出版社1995年第2版,第56页。

会受到社会主流道德规范的调控和约束,而道德规范的内化又使个人自觉依照这些关于自我利益和共同利益的观念做出行为决策。一方面,关于利益的道德观念和规范发生变化,就意味着对个人追求和实现自我利益程度会有所改变。另一方面,不同时间、不同地域所接受和内化的道德规范在性质和程度上并不相同,因而人与人之间对自我利益和共同利益的诉求存在着差异。

(二)行为动机的二元驱动

1. 行为动机

从人的自然性、社会性和文化性三种属性出发研究人性,人的行为动机一定是复杂、动态的,既有利己的成分,又有利他的成分;既追求个人利益,也追求共同利益。不同个体的行为动机存在着差别,而且在不同的行为领域,同一个人的行为动机也会有较大不同。由此可知,人性会在完全的自利和完全的他利、绝对的私与绝对的公之间变动。在特定的空间和时间下处理具体问题时,人性所表现出的是自利与他利的一个结合点。行为动机是行为的基础。不同行为动机驱使不同的行为可能性,产生不同的行为结果。人类行为的驱动,可以分为一元驱动、二元驱动。一元驱动认为人类只有利己动机,不存在任何利他动机,即使承认有利他行为,也认为是在利己动机驱动下产生的行为而已。例如捐款行为,被他们解释为捐款行为给捐款人带来了令自己满意的效用。与此同时,一元驱动强调利己行为,但不承认损人利己,武断地强调利己不会损人,却不说明任何的保障条件。杨春学认为自利的追求必须要有良好的法律和制度保证。[①] 但是在现实中,损人利己的事

---

① 杨春学:《经济人与社会秩序分析》,上海三联书店、上海人民出版社 1998 年版。

情司空见惯。损人也给自己带来了满意的效用,但是却给他人带来了损害。所以,一元驱动不足以解释具有社会整体性的现实。二元驱动认为利己和利他共同作为行为动机驱动行为。人生活在社会群体之中,同时也嵌入于社会文化之中。无论从生存角度还是社会文化角度,人类行为的动机也不可能与自然界等同。例如,在信仰的世界里的人,其行为动机就表现出二元动机驱策。在交易主体分析中,行为人的信用行为并非全部来自于自我利益的计算,有时候利他情感也发挥了重要作用。实际上,在斯密的思想体系中,并不认为自利是人们行为的唯一动机。斯密认为,利己和互利的道德理性共同组成人的本性,受到历史、社会、道德等因素的影响,绝非新古典经济学意义的工具理性,而是工具理性和价值理性的统一。

2. 行为的自利性、利他性和互利性

人作为决策的基本单位,其自身的偏好体系及其稳定性对分析交易的态度、过程和结果有很大的影响。建立信用模型时,对交易主体性质的假设应尽可能接近实际。安迪·克拉克提出了经济学家重新思考人类心理假定的重要性。[①] 经济学对人的行为的一个最基本的假定是经济人,即人具有自利性,在约束条件下,实现自身利益的最大化。功利主义认为,人们的欲望彼此冲突,大多数人对自己福利的关切多于对别人福利的关切。在没有有效的约束条件下,人总是具有机会主义倾向的,如偷懒、缺斤少两、以次充好等。夏纪军、张来武、雷明认为在自利的假设下,存在一个信任悖论,即完全自利的人并不可信,人们不会信任一个完全自利的人。但是作为人的行为的目的性假设,它与过程和结果并无相关性,行

---

① 安迪·克拉克:《认知理性:个人学习和外部结构的相互作用》,经济科学出版社1997年版。

为人的信用特征取决于过程中对约束条件的态度。① 例如,某人做事情的时候完全为自己考虑,但是他比较遵守规则,我们也可以理解为这个人守信用。因此,作为交易主体的性质之一,自利性并非是失信的充分条件。自利性之所以成为经济学的基本假定,就是因为人们的行为普遍存在自利倾向,而这又是以经验观察为基础的。

在此,必须把自利性与自私性区分开来,自私作为一种极端的个人主义态度,它蔑视约束条件,其行为给自己带来利益的同时,损害交易对象和第三方的利益。诺斯直截了当地说:纯粹"个人主义的成本收益的计算可能往往伴随着欺骗、逃避责任、盗窃、袭击和谋杀"。② 而自利作为人的一种可观察到的天性,它是生产、交易和消费行为的基本动力,是市场经济存在的基础。韦森认为,人的理性(理性计算、理性预期和理性的自我利益的追求)是现代市场经济运行的基础,但是人的理性并不自然或者必然追求自身直接利益最大化,人的自利行为是理性的,利他行为是超验的存在的或者说是理性不能及的。③ 因此,经济学讨论的出发点并不应排斥自利,而是探讨如何约束自私行为对市场经济的损害。现实中也存在利他的行为,比如对别人处境的关心和支持,给予他人友善的帮助和照顾。社会生物学对利他主义的定义是,"当某人通过损害其自身适应性以增加其他人适应性时,就把他称为利他主义者"。④ 利他性是对他人利益的关心。利他具有选择性,它与许

---

① 夏纪军、张来武、雷明:《利他、互利与信任》,经济科学出版社 2003 年版。
② 道格拉斯·诺斯(DouglassNorth):《经济史中的结构与变迁》,三联书店上海分店 1981 年版。
③ 韦森:《经济学与伦理学》,商务印书馆 2002 年版。
④ 贝克尔:《人类行为的经济分析》,上海三联书店、上海人民出版社 1995 年版,第 118 页。

多因素具有相关性,比如,情感、双方经济地位差距、价值观等,一般双方的情感关系越近,双方经济地位差距越大,价值观越接近,利他倾向越强。利他有利于建立交易的信用和良好的形象,并有维护持久信用的动力和信心。现实中,许多企业积极参与社会公益活动,从而赢得了社会公众和政府的信任。有一部分经济学家认为利他行为仍可以归结为自利的动机,利他只不过是想从其他方面获得利益,或者获得心灵的安宁。但是我要反问,如果利他可以具有以上功能,那为什么并没有成为所有交易主体的行为特征?无可否认,利他是信用模型中必须考虑的因素。当然,赢得信任还必须以一定的认知和了解为前提,比如,陌生人之间如果有利他的表示,对方的反应往往是不信任这种利他行为。

互利性来源于自利和利他的交互作用。个人的互利性表明人们不仅关心自己的利益,也关心别人的利益,同时也关心他人的意图是善意还是恶意,并且愿意以一定的私人成本回报他人的善意,惩罚他人的恶意。互利行为包含两种行为倾向:回报性互利和惩罚性互利。对他人善意行为的回报或对恶意行为的惩罚并非都是基于对未来合作收益的预期,客观存在的感恩性和复仇性情感因素发挥很大的作用。互利行为是对他人善意行为的一种回报,不需要未来报酬作为激励,能够支持一次性博弈中的信任合作。例如,"你敬我一尺,我敬你一丈"的俗语就反映了互利性的朴实情感,即使这种合作只有一次,人们也会表现出合作与回馈的诚意。

二、交易主体行为的理论假定

(一)从完备理性到有限理性

理性被分为完备理性和有限理性。汪丁丁给完备理性和有限理性作了形象的比喻:所谓完备理性的假设,就是假设每个人都是上帝;所谓"有限理性"的假设,就是假设每个人都是动物。① 新古典经济学分析范式的理论假定是完备理性。完备理性,就是指一个人在决策的时候,在他所能选择的方案中,总是会做出他所认为是最佳的选择。心理学趋向于将理性定义为"认知过程"或"理智过程",而将非理性定义为靠感情机制做出的抉择。经济学上看,理性是一个手段、目的的概念,不存在偏好的来源或价值的问题。森(Amartya Sen)对"理性行为"的定义是:"在确定情况下,理性行为有两种主要的探讨方式。第一种方式强调内在的一致性:行为的理性须符合这一要求,即来自于不同子集的各种选择应以一种有说服力、成体系的方式相互对应。第二种方式,是以对追求自身利益的推断来表示的。"②作为一种研究范式,完备理性假定决策人在决策前也有了可供选择的全部备选措施和方案,决策者能考察出每一可供抉择的方案所能导致的全部复杂后果,至少确切知道方案后果的概率分布,决策者具有一套偏好体系,他总能做出最优的选择,决策者在制定决策时不考虑时间和其他耗费的限制。完备理性具有一些基本元素:一是把理性的个人作为基本的分析单位;二是理性个人的选择和行为动机是成本收益计算后的收益最大化;三是制度和文化是既定的外生变量,对所有个人的影响都是均值的。经济学的理性范式曾广泛运用于许多问题的分析。贝克尔作为代表之一,掀起了经济学帝国主义的浪潮。完备理性假设下不会存在信用问题。在完备理性条件下,交易者能够准确、无成本地推断交易对象的行为,欺诈、隐瞒、失信行为失去了存在的基础。

---

① 汪丁丁:《行为学及神学视角下的经济学》,《北京大学中国经济研究中心政策性研究简报》第 44 期。

② 约翰·伊特韦尔等:《新帕尔格雷夫经济学大辞典》卷 2,经济科学出版社 1996 年版,第 57—58 页。

有限理性概念的提出,改变了新古典范式的理论假定,为分析许多问题提供了重要的帮助。有限理性最早来源于赫伯特·西蒙,他强调由于环境的不确定性、信息的不完全性以及人们对环境和信息的掌握能力、计算能力和分析能力的局限导致了有限的理性。[①] 哈耶克也认为标准的理性假定高估了人所具有的"理智力",低估了他们活动于其中的社会领域的高度复杂性。[②] 威廉姆森认为有限理性是缺乏完备契约的原因,也是认知能力要求不高的等级控制形式替代市场交易的原因。[③] 安迪·克拉克(Andy Clark)在他的《认知理性:个人学习和外部结构的相互作用》一文中在开篇便指出,完备理性是一个不太切实际的概念,忽略了人类推理活动的时间和空间特征。由上可知,有限理性包括两方面的含义,一是环境是复杂的,交易越多,不确定性越大,信息越不完全;二是人对环境的计算能力和认知能力有限,人不可能无所不知。因此,人的决策能力和理性总是有限的。交易主体的有限理性使得签订一种包揽无余的契约成为不可能(古典性契约),每次决策的时候,他只是从记忆所及的案例当中检索出与当前场合最相似的那些案例以及相应的决策所带来的后果,理性的能力的高低反映交易双方自我约束程度。有限理性下的交易产生了信用问题。

(二)人的机会主义倾向

机会主义是行为人用狡猾的手段,追求对自己有利的目标,从而损害他人的利益,最终损害到自己或者社会的利益的行为倾向。威廉姆森把机会主义定义为,欺诈性地追求自身利益。它既包括

---

① 赫伯特·西蒙:《经济学和行为科学中的决策理论》,经济科学出版社1959年版。

② 哈耶克:《哈耶克论文集》,首都经济贸易大学出版社2001年版。

③ 威廉姆森:《市场与科层》,社会科学文献出版社2006年版。

一些明显的形式,如说谎、偷盗、欺骗,也更多地涉及复杂的欺骗形式。一般而言,机会主义指不完全或歪曲的信息揭示,尤其是有目的的误导、歪曲、假装、含混其词或其他形式的混淆。①

由于利己主义动机,人们在交易时会表现出机会主义倾向,想通过投机取巧获取私利。机会主义行为的信息经济学解释是:人们总是利用只有自己知道,而博弈对方不知道的信息,做出对自己有利而有可能使对方收益减少的行为。机会主义行为表现为逆向选择和道德风险。逆向选择是一种事前的机会主义行为,即签订契约的一方利用对自己有利而对方不知道的信息签订一些双方都认可的契约而使自己以后获益;道德风险则是一种事后风险,指一方利用对方无法完全测量自己行为的短处,而做出违反初始契约规定有利于自己利益增加的行为。机会主义倾向有事前和事后两种,事前机会主义的存在,要求对交易双方的情况进行了解,这是交易前所必须支付的成本。事后的机会主义的存在,则要求对交易双方未了事宜进行检查和监督,防止可能的违约行为。从市场角度看,对交易双方来说,契约一旦签订,就建立起来一定的风险、收益分割方案。但是,当交易一方不讲信用而倾向于机会主义行为时,就破坏了具有稳定预期的收益方案,交易行为没有了效率保证。机会主义行为的最主要特征就是不讲信用,当机会主义行为泛滥的时候,市场就成为信用稀缺的市场,它影响的不仅仅是一个企业、单个人的利益,信用缺失的市场最终损害的是全社会的利益。从企业内部看,机会主义行为的发生还是由于契约双方信息分布的不对称造成,这种成本在企业内部是一种组织成本。企业规模的扩大会使

---

① 威廉姆森:《经济制度:自发性治理与意向性治理》,中国社会科学出版社 2001 年版。

这种成本增加。在企业规模扩大后,企业的管理幅度、管理层次都增加,企业高层管理者所必须掌握和处理的信息量越来越大,而规模扩大后从下往上传递的信息质量和信息速度又是另一个让人头疼的问题,这有可能造成决策滞后、失误和对员工行为监督和绩效衡量的困难甚至不公平。这都使得企业组织成本增加。因而使用内部交易固然在开始可以降低使用市场交易的不确定性,但自身规模的扩大和机会主义行为又使内部交易过程中出现了组织成本的问题。所以企业到底要什么时候使用市场交易,什么时候使用内部交易,各自需要怎样类型的契约规制,是否有必要在交易双方权利的安排上做一些变革,都需要进一步的思考与探讨。

从产权角度看,为了克服机会主义行为,一个社会可以设计并实施完整的产权结构。但是完美的产权结构近似于完备理性,现实社会根本难以达到;即使尽最大努力对产权充分界定、行使和监督,仍要花费成本。因此,在成本大于收益的情形下,一个理性的社会就需要除了产权安排之外,通过信用机制来克服逆向选择与道德风险,以寻求社会的合作与秩序。因此,信用行为本身是对机会主义行为的否定,是约束机会主义的一个变量。人的有限理性和机会主义倾向决定了制度的重要性。由于环境的不确定性,信息的不完全性,以及人的认识能力的有限性,使得每一个人对环境反应所建立的主观模型也就大不一样,从而导致人们选择上的差别和机会主义行为。制度为人们提供了一个基本的行为规范和一个对未来预期的可能性。制度通过设定一系列规则,提高人们认识环境的能力,约束机会主义行为。

三、交易环境对信用的作用

对于信用问题产生的环境,有必要从瓦尔拉斯和非瓦尔拉斯两个分析体系解答。瓦尔拉斯的世界是一个交易无摩擦、市场一般均衡的世界,信用问题无从存在,他已经假定任何的合理的交易都会成功,并且不存在阻断交易的因素。近年来发展起来的非瓦尔拉斯经济思想已经使经济分析更加接近现实世界。围绕交易的发展和演变,对交易环境的认识也逐步深化。首先交易面临的不确定性逐步增加导致选择过程的随机性;其次,交易参与人之间存在交易费用;再次,信息不对称而产生交易困难。这些模型的基本思想涉及参与人针对他人行动,以及自身对环境判断形成的一种主观信念。

(一)不确定性与信用

不确定性是指人们缺乏对事件的基本知识,对事件可能的结果知之甚少,不能通过现有理论或经验进行预见和定量分析。在经济学发展的历史中,不确定性问题对经济学的发展产生了非常重要的影响。传统经济学对于不确定性的决策过程作了确定性的处理,而把经济系统当作是完全确定和具有完备信息的,整个经济体系中的风险是可以数值计算的。但是,这样的处理方法逐渐被推翻。奈特区分了两种不确定性:风险是指可度量的不确定性,不确定性是指不可度量的风险;利润理论之所以得以成立,正是因为真正的不确定性,而不是风险。① 西蒙进一步把不确定性归结为在复杂的决策环境下最优化决策的成本约束问题。随着人们掌握信息的数量更多、更全面,决策的最优化程度也越高,对应着的成本也越高。通常情况下人们决策始终是在信息不完全的条件下,获取完全信息的成本太高,决策过程中的不确定性始终存在。决策过程中不确定性产生的原因,大致可以分为三个:一是决策者本身在选择和决策过程中,由于心理或行为上的不确定性导致;二是

① 奈特:《风险、不确定性与利润》,商务印书馆 2006 年版。

由决策过程相关的物质环境的不可知所导致;三是决策者之间交互作用而产生的不确定性。在这三者之间,经济学家们认为所谓的真正的不确定性是人类决策过程中产生的社会不确定性。换言之,哪怕物质世界完全没有不确定性,人们决策互动的后果也可能产生真正的不确定性。

从主观和客观角度上看,客观世界本身是确定的,只是认识主体由于知识的缺乏导致了判断上的不确定性,属于人的主观意识上的不确定性;而量子力学则揭示了世界本身具有不确定性质,不确定性具有客观性。但是,主观的不确定性与主体的有限理性几乎相同,对信用的影响也是理性不足的问题。而交易环境的不确定,却是决策者与动态的环境之间的无法预测的情况,这种不确定是失信产生的环境原因之一。

长期以来,经济学的研究目的就是在不确定性的经济体系中寻求确定性的知识和规律。关于如何解决风险和不确定性问题,需要区分问题的实质。风险更多地牵扯到概率知识。进行一项活动,会有哪些可能的事情发生,各自发生的概率会是多少,这些通过经验、历史数据资料、实验等途径都是可以获得的。市场参与人也可以利用市场来处理不确定性和风险,交易双方会签订更为详细的契约来尽可能地减少不确定性给双方在未来带来的损失。然而,契约的签订、执行、监督以及惩罚违约者的成本是很大的,市场参与人还需要通过一些非市场特征组织来处理不确定性和风险,例如家庭和企业这些非市场特征的经济组织,从而使市场交易中的不确定性和风险内在化,大大降低成本。交易过程中,提供信用也是减少不确定性损失的最简便方法。

(二)交易费用与信用

关于交易费用的定义,诺斯认为,交易费用是在交易活动中由衡量所交换物品的价格属性的成本、保护权利的成本以及监察与实施契约的成本组成。[1] 交易费用概念有狭义和广义之分：狭义的交易费用往往与契约相关联，包括事前发生的为达成一次契约而产生的成本和事后发生的监督、执行该契约而产生的成本。广义的交易费用则是指人们为协调和解决利益冲突，形成共同的社会经济规则或经济秩序而从事交易活动所发生的成本。狭义的交易费用包括交易本身的费用，订立契约的费用，因不履行契约而引起的各种强制履约和惩罚费用等。广义的交易费用包括所有制度运行的成本。交易费用的概念为单个契约化的信用行为及整体行为间信用秩序的分析提供了强有力的分析工具。经济学家威廉姆森曾形象地把交易费用比喻为经济世界中的"摩擦力"，[2]信用恰如交易活动的润滑剂，信用在经济行为中的运用与发挥，可使交易行为更具确定性和周期性，使交易过程顺畅，减少风险防范费用，从而减少交易活动的摩擦力，降低交易费用。从影响交易费用的主体、客体和环境三类因素看，决定市场交易费用的因素主要是主体和环境两大因素。从主体的因素看，主体是有限理性和有机会主义倾向的混合物。从环境的因素看，由于交易环境复杂，即不确定因素的存在特别是信息不对称会增加交易的不可控因素，从而增大交易费用。失信行为增加了交易费用，加大了经济运行的摩擦力。普拉纳·巴丹认为经济规模、专业化和交易费用之间存在着平衡，相对于小规模、专业化程度低的经济环境，大规模、复杂经济环境下，由于网络的相互依赖扩大了非个人之间的交换，从而给各种机会主义行为（欺诈、卸责、道德风险）造成相当大的活动范

---

① 马骏：《交易费用政治学：现状与前景》，《经济研究》2003 年第 1 期。

② 威廉姆森：《资本主义经济制度》，商务印书馆 2002 年版，第 31 页。

围,加大了交易费用。这些费用包括大量的信息调查费用、长时间的谈判费用、监督合同执行的费用和违约惩罚费用。信用的建立降低了交易费用。致力于降低交易费用的制度是经济绩效的关键。①

美国经济学家舒尔茨在《制度与人的经济价值的不断提高》一文中认为信用制度是用于降低交易费用的制度之一。它表现在两个方面:第一,信用是个人与其环境达到一致的一种节约交易费用的工具,它以"说真话"的形式出现,从而减少了信息搜集、信号显示、信息甄别、契约签订从而达成"合作"的信息费用与谈判费用;第二,信用是保证契约实施的一种节约交易费用的工具,它以"做实事"的形式出现,从而减少了契约实施和行为监督从而完成合作的履约成本及考核成本。②

(三)信息不对称与信用

1. 信息经济学的发展与信用

弗里德里希·哈耶克对于信息经济学做了开创性的工作。他发表于 1936 年的一篇致辞《经济学和知识》中谈到全社会的知识的分工,单个人并不具备完全的知识。他 1945 年发表在《美国经济评论》的《知识在社会中的利用》中指出关于环境的知识从来都不会以集中、完整的形式存在,分散的个体仅仅掌握零散的、不完整的知识。社会经济问题(也包括信用问题在内)在于如何利用不完整的个人掌握的知识的问题。交易需要信息,必须搜寻信息,这就发生信息的搜寻成本。

---

① 普拉纳·巴丹:《发展经济学——增长与发展经济学译丛》,北京大学出版社 2002 年版。
② 舒尔茨:《制度与人的经济价值的不断提高》,上海三联书店 1994 年版。

因此,信息搜寻成本在零和无限大之间,交易主体面临的决策环境也在不确定性和知识完备之间。阿克洛夫、斯宾塞、斯蒂格利茨对信息经济学的连贯性研究,为信用的经济学分析提供了分析的工具和前提,奠定了理论基础。阿克洛夫(Akerlof)分析了二手车市场的信息不对称问题,买卖双方存在信息不对称,卖方掌握商品质量的私人信息,而买方不具备,卖方就有以次充好高价出售商品的激励,因此,私人信息是逆向选择的根源。逆向选择使市场失去了互利互惠的机会,导致整个市场萎缩。[①] 平新乔提出了另外一个问题,即如果信息不对称造成了假冒伪劣市场,并导致市场萎缩,那么中国曾存在的假冒伪劣产品猖獗的现象,并没有使市场萎缩。他提出的猜想是我国市场结构中卖方具有市场权势,并得到一定程度的保护。[②] 但是他忽略了消费者在其中所起到的作用。假冒伪劣产品仍具有一定的使用价值,并且价格低廉,在消费者的收入水平偏低情况下,会自愿购买这种产品。

2. 信息不对称理论改变了分析交易行为的范式

新古典经济学在假设信息完备的框架中进行经济分析,即假定交易过程中各行为主体掌握所有的关于交易的信息,并无需支付信息成本,无需满足信用条件,价格机制能够使资源得到合理配置。但是现实中,个人、企业和政府都要依据所掌握的信息进行决策,信息的获取需要成本,并且交易信息永远都不可能充分,信用问题产生了。厂商之所以要寻找和发现交易对象、了解交易价格、讨价还价,就是因为厂商不能完全肯定自己充分掌握了相关产品

---

① 雷如桥、陈继祥:《企业集群的"柠檬市场"风险及对策研究》,《商业研究》2004 年第 22 期。

② 平新乔:《假冒伪劣与市场结构》,《经济学季刊》2001 年第 1 期。

价格、相关厂商的全部信息。而这些在完全市场理论中都被假定为完全已知的和相同的,或者说,厂商的信息集包含了所有应该知道的信息。对分析人类行为的经济学而言,信息至关重要,重要到如同基因之于人体。契约关系是经济交易的要件,信息就是契约的基因。信息约束改变了,契约订立前后的状态、过程和结果必然改变。有什么样的信息条件,就有什么样的契约结果。反之,契约的任何改变,都意味着信息的改变。信息是因,契约是果。信息不对称,严重制约着契约的全过程。

3. 信息不对称与失信

守信或失信首先是一种经济行为,而且往往是行为主体的理性行为。因此,对信用问题必须进行理性的分析。信息经济学研究的是信息不充分或信息不对称条件下的经济主体之间的博弈问题,比较适合分析信用问题。如果信息对交易各方都是对称的,则交易各方可以通过签订完备契约,甚至不需要契约就可以随时确定下一步交易的细节,就不可能发生失信现象。

委托——代理理论是与信息不对称理论有关的重要理论。委托——代理问题一般表现为委托人无法观察代理人的努力程度和是否存在机会主义行为等行为。代理人利用其信息优势,可能做出有损于委托人的行为。如果信息是完全的,委托人可以很好地控制代理人的行为。由于信息不完全,每个人都可能会利用信息不对称来采取机会主义行为。这种行为分为两类:一类是隐藏知识,另一类是隐藏行动。隐藏知识是代理人有目的、有策略地利用信息,按个人目标对信息加以筛选或扭曲(如说谎、欺骗等),例如贷款合同中的借款人过去有过违约的前科,但银行对此并不了解。这种现象称为逆向选择。逆向选择最初起源于保险业,后来扩展到许多其他行业。保险公司面对的投保者中,有些人投保前(签约前)已经患有严重潜在疾病,但由于这些人掌握私人信息或隐藏知识,结果恰恰是这些人的投保动机最高。这种现象对保险公司而言,则是一种与其意愿相悖的逆向选择。

隐藏行动即签约时双方都了解有关信息,但签约后有一方可以利用对方不了解的签约后信息,采取偷懒或不尽力行为,给对方带来损失,称为道德风险。隐藏行动最初也起源于保险业。在保险合同签约之后,比如投保房屋险的投保者,则会缺乏动力去消除火灾或其他隐患,因为反正可以得到补偿。在这种情况下,保险公司则面临着投保者隐藏行动所产生的道德风险。解决隐藏知识问题是"说实话",解决隐藏行动问题是"做实事"。而"说实话"和"做实事"正是信用偏好的重要表现形式。

4. 信息传播与信用

信息的产生和传播对于交易主体维护信用具有正向激励作用,也是信用机制发挥作用的重要条件。我们知道,信用依赖于交易伙伴之间的认同。而交易伙伴的认同是以他们所掌握的信息数量和质量为基础的。确定一个企业的信用高低主要依赖于它在市场上的部分交易经历,这对于生产耐用消费品的企业来说更是如此。例如,一个人不可能经常购买某一牌子的耐用品,当初次决定购买时,他必须从别人那里获得耐用品的质量信息。有关这种耐用品质量的信息传播速度很大程度上取决于信息中介市场的发育程度。如果信息的传播速度较快,企业建立和维持信用的动力就会增加。此时,假如它欺骗了一个消费者,通过信息的迅速传播,它也就等于欺骗了所有消费者,结果是丧失了市场上所有的客户。反之,在信息传播速度较慢的市场上,企业则会缺乏建立和维持信誉的动力。这时,假如它欺骗了一名消费者,这一信息需要很长时间才能为所有消费者得知。那么在所有消费者得知之前,它可以继续欺骗其他消费者。这一过程可以使它获得足够的利润,在坏名声家喻户晓之前放弃现行的业务,转做其他活动。因而,一个高效率的信息传递系统对信用机制的建立具有至关重要的意义。一个信息流动缓慢的社会,一定是一个信用缺乏的社会。信用传播机构正是适应市场交易对信息的需求而产生的一种中介组织,它主要从事信用评估、信息传递以及信用担保等工作。信息是提高交易效率的保证。市场上存在一个低成本的信息传播机制和获取机制,可以为交易者传播好的信息和坏的信息,并且速度越快的传播,越有利于交易决策的达成。交易者对信息的掌握,使交易过程、利益分割、合同管理透明化,更加有利于增加交易主体的信用特征。现实中,一个具有欺诈倾向的交易者必然要考虑对方对信息的掌握程度,如果对方有充足的交易信息,预谋欺诈者自动就会放弃欺诈的念头;如果对方不掌握交易信息,但是社会中有一个完善的信息传播发布体系,预谋欺诈者也会有顾虑:被欺诈者会利用廉价的信息传播机制把关于欺诈者的坏消息传播出去,使欺诈者失去更多的潜在客户,最终退出市场。历史上或现在某些偏僻地方存在的"乡村信用实施机制"①也是靠信息的传播和获取来维持的。最后,必须指出的是,应该注意竞争对手利用信息机制蓄意制造虚假信息,毁坏其他市场主体的信用。信息是把双刃剑,必须有强制性制度履行最后的责任。

随着社会分工的发展,交易各方的信息越来越不对称。现代企业传输的信息越来越多,如何从市场的大海中寻找到所需的信

---

① 意思是狭小的活动范围和长期多次的博弈对象,使乡村中每个人的行为在这个圈子里是透明的,其信用的好坏被广泛传播并记录在人们脑子里,每个人不守信行为容易被人识别和监督。

息,如何甄别进行交易的企业所发散信息的真伪,如何判断企业对长期利益和短期利益的偏好,对于要寻找交易伙伴的企业来说变得越来越重要。他们自己不可能完成这些工作,一则工作量太大,企业很难有额外的财力、人力从事这项工作;二则从事这项工作所得结果使用频率很低、不经济。而作为非专门企业又不可能从事这项工作,信用中介机构也就应运而生;信用中介的介入可以使市场主体之间的信息不对称程度减少。

值得注意的是,信息中介机构是由市场内生的一种专门从事信用工作的经济组织,它本身就是一个信用载体,必须具有非常良好的信用,否则它会马上从市场中消失。那种不是由市场内生,而是由政府等外力强加的中介机构,将很难完成其使命。诸如我国的一些会计事务所、审计事务所,不仅不能起到一个信用机构应有的作用,反倒帮助企业做假账。

5. 信息机制的原理

从信息角度解决信用问题的最好办法是减少信息不对称的机制。对于逆向选择,重点在于建立信号传递机制,尽量使交易各方的信息对称起来。例如,商誉、品牌以及为其投资的广告都是企业信用的重要信号显示。建立一定的商誉和品牌符合企业长期利益,这可以使消费者增加对该企业产品质量的信任度。广告投入的数量,即使它完全缺乏信息性内容,也可能与商品质量正相关。原因在于,高质量的商品可以使消费者满意而再次购买该商品。这样,广告支出的回报更高,企业会作更多的广告。因此,消费者可以把较高的广告支出看作是关于商品质量的信号。斯宾塞用信号传递理论解释了市场中具有信息优势的个体,为了避免发生信用危机,在何种条件下都能够将信息可信地传递给在信息上处于劣势的个体,从而证明了其信用的可确定性。对于道德风险,重点在于建立"信用激励机制",一方面使守信者得到奖励,同时使失信者得到惩罚。① 从社会的角度看,有时允许当事者获取一定的信息租金(InformationRent)也是必要的。比如有的企业通过长期的诚实守信行为,使其产品品牌有所升值,以至于形成较大程度的产品差异,得到消费者的认可,能够在质量、性能相同的情况下收取高于同行的价差。高质量厂商进行了品牌的投资,其实只是进行了信用的投资。企业对信用大量投资,这些投资就成为沉没成本。企业一旦有欺骗行为,信用损失的速度较快,品牌变得毫无价值。从成本约束角度,企业也会注重信用。当信用低的企业模仿信用高的企业的定价行为,披露虚假广告信息的情况下,大量广告费用的支出,以及企业产品的重复性消费,都会对其构成约束。除此之外,政府、媒体、消费者协会等组织对产品质量信息的披露也是重要的监督措施。

在设计对失信行为的综合惩罚机制时,有一个基本原则,即失信行为的期望成本一定要大于失信行为的期望收益。克莱因和莱弗勒(Kleinand Leffler,1981)做过一个很强的假设,一旦企业在产品质量方面有欺骗行为,所有消费者都会知道,此后,企业也只能获得最低质量产品的价格。企业面临的选择是,要么通过质量欺骗行为追求短期的高利润,要么保证产品质量以获得长期的利润流。② 此外,我们还需要分析市场主体披露和搜集信息的动机。一些人有披露信息的动力;一些人有隐藏信息的动力。信用好的企业愿意把自己的信用状况展示给市场,披露自己的真实信息;信

① 斯宾塞:《制度与行为经济学》,中国人民大学出版社 2004 年版。
② 本杰明·克莱因、基斯·莱弗勒:《市场力量在确保绩效中的作用》,上海三联书店、上海人民出版社 1996 年版。

用不佳的企业有动力冒充有信用的企业,但是他必须隐藏信息,或者提供虚假信息。斯蒂格利茨对比了两种范式下市场对信息披露的作用,认为信息不对称范式下,市场无法在信息方面做到完全有效率。①

如果市场主体能够毫无成本的披露信息,即使能力低者不愿意真实披露信息,高能力者愿意披露信息,那么市场也会使信息充分披露;在市场披露信息有成本,企业披露信息与否取决于信息披露的成本与其所带来的收益之间的对比,高质量厂商比低质量厂商传递信息的成本低。同样,信息搜寻者在采集信息需要成本的情况下,也会在成本和收益之间对比,当成本很高,就会失去搜寻的动机。对于披露虚假信息,需要从信息搜集方面解决信息不对称。

第三节　交易、契约与信用

一、交易:分析信用的起点

(一)交易的一般分析

在古典经济学里,交易的概念使用广泛,但其含义相对狭窄。他们大都将交易等同于交换,即物品和劳务的双边转移。新制度经济学家康芒斯认为,交易是与以往经济学"生产"的概念相对应的。生产是人与自然之间的关系,交易是人与人之间的关系。作为人与人之间的关系,交易是所有权的转移。② 这样交易和古典经济学里的交换就区分开来了。交换是移交和接受物品的过程,

---

① 斯蒂格利茨:《信息经济学与范式变革》,《比较》2004 年第 4 期。
② 康芒斯:《制度经济学》上册,商务印书馆 1962 年版,第 25 页。

是一种使用价值的互换。而交易是人与人之间对自身权利的让与和取得，是价值上的互换。他指出："实际交货和实际收货的劳动活动，以及让与和取得所有权的法律活动，一种是实际移交对商品或者金属钱币的物质控制，另一种是依法转移法律上的控制。一种是交换，一种是交易。"①交易"不是实际交货那种意义的物品的交换，他们是个人与个人之间对物质的东西的未来所有权的让与和取得，一切决定于社会集体的业务规则。因此，这些权力的转移，必须按照社会的业务规则先在有关方面之间谈判，然后劳动才能生产，或者消费者才能消费，或者商品才能交给其他的人。"②事实上，商品本身就是使用价值的让渡和价值的互换的统一。交易行为不仅仅是物品或劳动的交换，更是权利的交换，它反映着一定社会条件下的经济关系。马克思认为商品交换实质上是不同商品所有者劳动与劳动的交换。交易行为是"具有契约形式的法权关系，是一种反映着经济关系的意志关系。这种法权关系或者意志关系的内容是由这种经济关系本身决定的。在这里，人们彼此只是作为商品的代表，即商品所有者而存在。在研究进程中我们会看到，人们扮演的经济角色，不过是经济关系的人格化，人们是作为这种关系的承担者而彼此对立着的。"③可以看出，交易表面上交换的是物品或服务，并且以契约的形式表现出来，但是交易的动机、过程和结果都是由人参与完成，或者汇集了个人和组织的意愿。

康芒斯把交易的含义扩大为人与人之间广义的交易。这种交易分为三种类型：（1）买卖的交易，即法律上平等的人们之间自愿

---

① 康芒斯：《制度经济学》上册，商务印书馆 1962 年版，第 74 页。
② 康芒斯：《制度经济学》上册，商务印书馆 1962 年版，第 76 页。
③ 马克思：《资本论》第一卷，人民出版社 1975 年版，第 102—103 页。

的交换关系,主要表现为市场上人们之间竞争性的买卖关系;(2)管理的交易,即长期合约规定的上下级之间的不平等交易,主要表现为企业内上下级之间的命令与服从关系;(3)限额的交易,即法律意义上的上下级之间的关系,主要表现为政府对公民的关系。这种划分将过去人们认为性质十分不同的经济活动,如买卖活动、经理对工人的管理以及国家对个人的征税等联系和归纳在一起,进行深入的研究和比较,从而为交易费用概念的提出和经济交易活动的分析提供了现实可能性和广阔的潜在空间。

随着交易费用理论的兴起,交易成为该理论分析的主要对象。该理论将每次交易视作一种契约,由于人的有限理性,人们在交易中不可能预见未来的各种状况并以双方都没有争议的语言写入契约中,因此契约天然是不完全的。由于缔约各方都有机会主义倾向,都会采取各种投机行为来谋取自己的利益,因此缔约后双方不可避免地出现拒绝合作、失调、成本高昂的再谈判等危及契约关系的情况。考虑到有限理性、机会主义、交易涉及的资产专用性,第三方(比如法庭)维持契约关系的成本巨大,而且可能根本无法证实。这就需要谋求一种私人秩序和治理结构来实现共同利益。不同性质的交易,可以分为不同类型的契约,对应不同类型的治理结构。最优的治理结构是能够最大程度节约事前和事后交易费用的治理结构。因此,制度和制度的合理安排对维护交易和契约的执行具有重要作用。分工和交易提高劳动生产率。主流经济学对分工和交易的经济行为有深刻的认识,他们认为分工和交易是人们的行为倾向,市场与分工的互动带来了自身的满足和经济效率,并构成了经济发展的主要动因。马歇尔提出的消费者剩余和生产者剩余其实就是交易的剩余。交易使资源从低效使用者手中转向高效使用者手中,从而得到更有效的利用。交易是自由意志和公平正义的有机结合。交易行为由双方意愿表示开始,到交易行为的完成,都具有自由的特征。交易自由也被西方主流经济学视作市场经济的最重要特征。同时,交易还是一种隐含制度和规则的行为。交易活动包含了人与人之间的利益冲突,交易的自由意志并不能保证交易的效率,它必须融入到一定的社会规则之中,才能获得交易的公正和秩序,进而才会增进社会整体效率。因此交易制度和规则的公平正义,就是信用的宏观意义。

经济学看来,信用总是与交易有关,且伴随交易的全过程。合作是交易的前提,并为交易带来了经济利益。交易的功能,就是在存在不同所有者的情况下,实现人们之间的合作,以提高经济效率。在机会主义条件下,人们面临如何分配利益的问题,交易主体的合作就显得格外重要。"囚徒困境"情况下,为了争取多得到合作利益,交易双方可能讨价还价。讨价还价的过程实际上就是个博弈的过程,只有谈判成功,双方才可以获益。谈判破裂就意味着不合作,意味着资源无法转移到更有价值的用途上。因此,成功的交易一定暗含了信用的存在。

现实中交易的信用缺失可能出现在交易过程的任何一个环节。首先,信用缺失与交易各方的信息不对称有关。交易中具有信息优势的一方,可能利用对方的信息劣势而产生信用问题。诸如在质量问题,或者品质与价值不符等类似问题,就是与信息不对称相关的信用问题。其次,信用缺失与交易的时间因素有关。在理想的市场模式中,交易即刻完成,不存在时间滞后的影响。市场中的真实交易,在某些情况下交易的一方提供物品和劳务之后,另一方才付出对价;或者一方先付出款项,另一方后提供物品和服务。这样,违反契约的可能性也就出现了。再次,交易空间的扩大,交易的可控性下降,也为契约的执行带来了困难。交易完成一直需要信用的支持,无论发自内心的守信行为,还是一些外在的因素制约下的守信行为,信用关系本身都是通过交易关系体现出来的行为特征。只有存在信任关系,交易双方才可能同意对方产品信用交易。对于信用的提供者来说,这种信任或许是无知之幕下的无奈选择,但是更多的是人类本身的美好情感。对于信用的接受者来说,信用代表一种隐性负债,需要投桃报李的互惠来回报。当然,现代交易下的信用,对第三方交易设施的信任更为重要。因此,研究交易行为必须研究人和组织及其经济社会关系,研究人和组织参与的契约形式;研究交易行为的信用,也就必须研究交易全过程中任何组织的主观信用观念和客观信用条件及其背后的利益关系。

(二)交易对象、交易媒介与信用

1. 交易对象与信用

交易都是围绕交易对象展开的。正是通过交易对象才把买卖双方连接在一起,形成事实的市场关系。因此,交易对象是分析信用问题的基本因素。根据交易对象的内容和属性,我们把它分为两类,一是一般商品,包括消费品、生产资料、公共产品等;另外一类是虚拟商品,如资本、衍生金融工具等。这两类商品对信用的影响是不一样的。

(1)一般商品可能出现的信用问题

一般商品可能出现的信用问题集中两个方面:一是商品的质量;二是商品数量。

商品质量问题主要是指商品的使用价值达不到生产标准的要求,其价值低于购买者支付的价值的交易现象。也就是要求交易的商品是"一个靠自己的属性满足人的某种需要的物"①。商品质

---

① 马克思:《资本论》第一卷,人民出版社1975年版,第47页。

量问题主要有,用假的或质量档次差的商品冒充真的或质量档次好的商品(包括名牌和品牌商品)欺骗消费者的行为;产品使用价值大打折扣,达不到使用要求的情况;产品质量存在严重隐患的情况,等等。商品质量问题一方面给消费者和购买者造成损失;另一方面降低了社会的总体效率。商品质量问题侵害消费者和正当经营厂商的经济利益,甚至消费者的身体健康和人身安全,其潜在威胁也会降低市场效率,甚至使市场瘫痪和社会福利受损。因此在估计商品质量问题对经济的危害时,不能只根据商品质量问题造成的实际损失来判断,应该把潜在的质量缺陷对市场效率的损害,即没有商品质量问题威胁时可以实现的更多的厂商利润和消费者剩余计算进去。商品质量问题产生的原因在于生产者或销售商的唯利是图。在商品质量的信息上,生产者和销售商的地位优于消费者或购买者。在市场有缺陷,以及监督惩罚机制不健全的条件下,生产者和销售商就面临道德约束和对获取利益的欲望之间的选择,当逐利动机占上风的时候,就会出现商品质量欺诈行为。假冒伪劣产品就是其表现之一。

商品数量问题主要是指生产者或销售商生产和销售商品的数量和重量少于其声称的数量和重量的交易现象。市场上出现的商品数量问题主要有,商品销售中的"短斤少两"现象,生产过程中的"磨洋工"现象,等等。相对于产品质量问题,商品数量问题一般更容易被鉴别、识破和制止。所以,商品数量问题发生的概率相对较小,造成的损失不大。将来随着技术管理手段的提高,商品数量问题的防范成本会逐步降低,这种现象就会得到进一步抑制。

(2)特殊商品对信用的影响

资本、证券、衍生金融工具等特殊商品是市场经济发展到一定的阶段之后出现的。与一般商品相比,特殊商品本身没有直接的使用价值,它只是一种载体,一种金融工具或信用手段。在这个意义上,我们称之为虚拟商品。这类商品的信用问题表现得较为普遍,存在于银行、证券公司、基金公司、保险公司等金融机构相关的交易领域中,主要包括:货币的借贷、外汇交易、证券交易、基金投资、保险单销售、衍生金融工具的交易等诸多方面,其中最主要的是金融借贷中的债权债务关系问题。

虚拟商品交易的对象本身就是实物财富的虚拟形式,相对于一般商品交易,其交易的数量比较大、交易的速度更快、交易的技术和交易的条件要求都比较高,其交易的形式更为隐蔽和无形,多采用单证和电子指令等手段进行。因此,虚拟商品更容易受到人为的操纵和信息的造假。

虚拟商品交易方面的信用缺失会给社会造成严重的后果。虚拟商品一方面直接影响金融市场上的信用关系;另一方面又间接影响实体经济的运行秩序和社会整体信用状况。1995年发生的巴林银行倒闭事件,就是一个典型的案例。该行新加坡分行的交易员里森越权进行日经指数期货交易,出现巨额亏空,最终导致一个有着百年历史的银行的倒闭。2003年,我国中航油公司的陈久霖在新加坡违规进行石油期货交易,最终导致国有资产严重损失。发生在1997年,由于金融投机客进行组合投机行为所引发的亚洲金融危机,给世界许多国家造成了无法估量的损失。

特殊商品交易中信用问题产生的原因,既有技术原因,也有制度原因。从金融工具的产生和发展来看,金融工具本身一方面发挥了配置金融资源、规避金融风险、提供经济信号的作用;另一方面诱发了金融投机行为。对此要辩证地认识,既要注意从技术和制度上完善交易,又要研究如何约束交易者的行为。

2. 交易媒介与信用

货币作为交易媒介,充当交易的价值尺度,促进了市场交易的发展。在交易货币化的条件下,交易双方的信任就反映在货币这一信用载体上,即货币是否被接受和被接受的程度。交易中采用的货币最初为实物货币,它和普通商品没有区别。在交易中,货币是否被交易者接受以及接受的程度不在于它的实物特性,而在于其被别的交易者接受的程度和范围。随着实物货币过渡到金属货币,货币的实物特性被进一步淡化,它的使用进一步突破了狭小地域限制,在更高的程度和更大的范围内被接受,这有力地推动了分工和市场交易的发展。分工和交易的发展又推动了交易媒介和信用手段的进一步变化。分工的深化推动了交易范围和规模的拓展,这使得最初的实物货币无法满足多元化、长距离的交易需要。金属货币易于分割以及便于携带的特点满足了交易的需要,就充当了交易的媒介。

随着交易需求的进一步发展,金属货币的供应量难以适应这一需求,导致了市场通货紧缩和交易受阻。金属货币进一步过渡到金属铸币。金属铸币具有信用工具的功能,同时也产生了与支付有关的信用问题。金属铸币的出现使得货币在价值上与商品不相等,但它仍作为等价物在发挥价值尺度和流通手段的职能,这表明它作为信用载体发挥了信用工具的功能。同时,金属铸币的使用引发了信用问题,比如,"几百年来君主不断伪造货币,使铸币原来的重量实际上只剩下一个名称"①,统治者故意改变货币成色而引起的通货不稳定问题,因封建割据造成的货币种类繁多的问题,等等。这些问题使交易者对货币的信任产生怀疑,又进一步影响了市场交易的发展。市场交易的进一步发展使得金属铸币之后

---

① 马克思:《资本论》第一卷,人民出版社 1975 年版,第 118 页。

出现了经营货币的特殊行业——银行。银行通过发行银行券改变了传统的货币形态，使铸币转变为银行券。银行券仍以贵金属为基础，但不是足额准备，因此可以被看作是最早的信用发行。随着银行券的增多，银行具有了杠杆性的信用创造功能。银行发行银行券的规模越大，其信用创造功能就越大，贵金属的准备就越少，银行的信用度就越低，银行面临被挤兑的风险就越大。这时的虚拟资本与实物资本的脱离进一步加深，导致了银行体系的脆弱性以及产生危机的可能性。中央银行体系的建立，集中了货币发行，货币与贵金属完全脱钩，货币的价格与价值进一步分离。此时，货币的信用创造能力进一步增强，银行信用转变为国家信用。国家信用的出现一方面是为了解决单个银行自身脆弱性问题，以及由此产生的信用创造能力不足，适应市场交换发展的需要；另一方面它也使信用货币虚拟价值的基础对其价格起决定性作用。如果中央银行体系运行良好，货币政策使用得当，那么汇率与币值就比较稳定；反之，如果中央银行运行体系存在诸多隐患，货币政策使用不当，就会影响币值稳定，进一步扰乱宏观经济运行。

随着交易规模的扩大和经济复杂程度的加深，在货币的基础上，依托银行体系，交易媒介的种类也随之丰富起来。出现了诸如支票、商业汇票、银行汇票、信用卡、信用证等交易支付工具。交易媒介的创新一方面节约了支付成本，提高了交易效率；另一方面，也加大了信用风险，产生了与票据有关的诈骗活动。这类诈骗活动主要有：虚构商品交易，利用银行承兑汇票和信用证骗取银行贷款；开具空头支票，损害银行信用；利用信用卡，恶意透支，等等。随着网络和电子技术的发展，银行的支付手段不断创新，出现了网上银行、电子货币等新手段，这为支付信用提出了新的课题。

二、交易和信用的产生及发展

(一)自然经济时期:交易和信用的产生

1. 交易的产生

人们满足自身的需要的途径有两个,一个是直接从自然界取得,一个是从他人或者社会取得。前者需要进行生产活动;后者需要以前者为基础,用生产劳动的剩余到社会上交换。此外,还有两种特殊的方式:一种方式就是战争和掠夺别人的劳动果实,另一种是接受别人的赠与。战争和掠夺发生在弱肉强食没有规则的社会,是一种极度的不信用状态;赠与行为是一种发生概率较少的利他行为。我们这里分析平等主体之间的交易行为。

人类社会发展的初级阶段,经济形态表现为自然经济。此时,最早的交易行为发生在原始部落之间。早期的原始公社是公有制,公社内部所有制的概念并不明确。交换一开始发生在部落之间。部落之间的交换是由于自然环境和技术水平的不同,导致产品的品种和收获数量不同,部落之间需要对方产品的时候,交易就会发生。随着生产的发展,原始社会末期,逐渐产生了私有制和社会分工,商品经济出现了。生产力的进步,带来了可以用作交换的产品的增加。私有制使商品交易发生在独立的个体之间,交易既发生在公社的内部,又逐步扩展到了公社的外部。通过商品交易,不但直接和间接满足了人们的生产生活需求,还建立了人们之间普遍的社会联系。商品交易这种形式进一步推动了人自身的发展,也推动了人与自然、人与社会的关系日益向深度和广度发展。

商品交易的初期,生产力发展水平相对低下,社会分工不明确,人们从事生产主要是为了满足自身的需要,自给自足是其基本特征。经济主体之间偶尔有交换剩余产品的需要,但是由于自然和技术条件的限制,其交换的范围和规模都十分狭小,交换呈偶然性、分散性特点。这时的交易主要采用物物交换的形式。在这种条件下,交易必须同时同地进行,而且双方彼此需要对方的产品。物物交换带有很大的随意性和偶然性,参加交换的双方很难找到从品种到数量都很满意的人,或者寻找的费用太大,这就使得交换在发展中存在巨大的障碍。如果不能成交,徒劳往返浪费时间。

2. 信用的产生

从历史上看,人类最早的信用活动,产生于原始社会的末期。在交易产生的初期,经济主体之间交换剩余产品凭借的是对对方及其产品有用性的信任。这时候,一方面产品种类比较单一,另一方面分工尚不完全,人们对产品的生产工序、品质鉴定、价格估算的信息比较熟悉。因此,由于时间和地域的限制,信用交易现象的出现是偶然和分散的,不存在自觉的信用行为,信用及信用资产都极其原始和朴素。此时的信用制度是原始和简单的,基本上处于非正式的道德和习惯约束阶段。交易主体之间的失信行为比较少。

随着社会分工的发展和商品交换的扩大,加速了原始社会公有制的瓦解和私有制的产生。原来属于原始共同体的共有财产,逐渐成为各个家庭的私有财产。于是,交易范围和交易规模有所扩大。私有制的出现,产生了不同的财产所有者,信用作为一种以偿还和支付利息为条件的借贷活动,具备了其产权基础。财产剩余方把自己的商品让渡给借方,要求借方按期加成归还,这时有债信用也产生了。

(二)货币经济时期:交易和信用的发展

随着商品经济的不断发展,商品交易范围规模不断扩大,必然要求打破物物交换在时间、空间、数量和供需对象上的束缚。物物交换的低效使人们迫切需要寻找一种普遍接受的物品作为交易媒介,货币因此应运而生。货币的出现,克服了早期交易技术性障碍和制度性障碍,进一步扩展了交易的范围和规模。货币形式的发展经历了实体货币、金属货币、铸币、纸币、信用货币、电子货币等几个阶段,逐步克服了交易中的障碍,节约了交易费用。物物交换发展成为商品与货币之间的交易。

货币出现后,原来交换中对物的信任被人们对货币的信任所取代,货币成为占主导地位的信用形式,这一时期的经济称之为货币经济。货币经济的主要特征是:(1)货币成为一般和普遍的价值形式,充当了交易的媒介;(2)货币经济关系从商品交易领域逐步渗透到经济社会生活的其他领域,市场体系日趋完善和统一;(3)交易主体中出现了货币盈余和货币短缺的现象,货币借贷应运而生,这样货币逐渐从商品生产和交易中分离出来,从交易媒介演变为信用的媒介。

在货币经济条件下,信用活动已经广泛存在,其数量、规模和范围都明显提高。据史料记载,信用在历史上长期以实物借贷或货币借贷两种形式共存,但实物借贷要早于货币借贷,这是因为最初的商品交易是实物交易,最早的实物交易往往在时间和空间上发生分离,商品价值的实现后于商品的让渡,买卖双方约定在未来的时间内清偿债务,这就出现了实物借贷,即最早的信用关系。随后,作为流通手段的货币也加入了交易的过程,出现了商品流通与货币流通在总量上的不平衡,导致了货币借贷行为的发生,从而使信用超出了商品买卖的范围。信用交易方式由直接方式向间接方式过渡,经济中产生了专门经营货币信贷业务的信用中介机构,信用资产的种类和数量也趋于增长,形成了比较完整和规范的金融市场。信用也促进了货币形式和货币流通的发展。信用货币就是以信用活动为基础产生的一种货币形式。正是由于信用关系的存在才发展了货币的支付手段职能,使货币在更大的范围内媒介商品流通。信用还加速了货币的流动,由此可以看出,货币和信用是互相促进发展的。在金属货币退出流通领域,实行不兑换信用货币制度条件下,信用与货币的关系又进一步发展了。

(三)信用经济时期:交易和信用的扩张

随着社会经济发展水平的提高和货币经济的不断发展,储蓄——投资功能分工日益深化,信用关系和信用形式得到空前发展,信用交易的规模、范围都得到进一步拓展。信用已经成为经济活动和运行的主要形式,社会经济由货币经济形态过渡到信用经济形态。信用经济的特征是:(1)信用活动不仅在商品的生产和流通环节发挥主导作用,而且渗透到社会再生产的生产、分配、交换、消费等各环节和国家财政、居民消费等社会再生产的各部门,极大地影响和左右着国民经济运行和社会资源配置过程;(2)经济结构上,由于储蓄和投资功能的分离,经济主体一般都采取负债经营的方式;(3)社会经济关系很大程度上表现为信用关系,信用关系渗透到社会再生产过程的各个环节,形成一系列债权债务链条和信用化网络体系。

这一时期商品交易的需要催生了两种重要的信用形式:商业信用和银行信用。在商品交易中,企业之间由于资金周转的需要,往往采取赊销商品、预付货款、分期付款、延期付款、经销、代销、补偿贸易等交易方式,来补偿商品、货币交易中的时间差。这种条件下,产生了商业信用的形式。商业信用是整个信用制度的基础,有利于加速商品交易和资本运动,加强企业之间的联系,其主要工具是期票、汇票等商业票据。商业信用受借贷双方了解程度和信任程度的局限,受企业资金规模、周转时间的限制,具有总规模小、周转时间较短的特点。此时,银行作为信用中介出现了,它把分散的社会闲置货币和未用的储蓄集中起来,再通过商品票据贴现、抵押贷款、信用贷款等信用工具贷放出去,而对企业提供信用。银行信用克服了商业信用规模小、期限短的局限性,扩大了信用规模,延长了信用期限,起到在全社会范围内调剂资金余缺、以满足社会各方面对资金需求的作用,因而是最主要的信用形式。货币借贷意味着债权人给予债务人未来还款付息的承诺以及信任。货币借贷的出现扩展了信用的范围,扩大了信用的规模,因而使信用获得了空前的发展。

金融业就是这种货币信用关系发展的产物,市场经济则是建立在错综复杂的信用关系上的经济。信用交易极大地满足了市场的需求,它既化解了商品交换与货币支付间的不平衡矛盾,又将市场导向有序化运作;同时,也可能是使市场陷入无序状态的诱因。当债权人授信失当或债务人回避自己的偿付责任时,信用风险也随之产生。为了控制这种风险,社会需要建立一整套严格的信用管理制度。只有在完善的信用制度基础上才能建立起稳定可靠的信用关系,市场经济才有可能存在。

(四)现代信用经济:交易和信用的创新

现代市场经济条件下,市场机制起着基础性的作用,市场经济高度发达、统一和开放,现代企业制度成为微观组织结构的主体,政府调节和管理在一定的领域发挥着不可替代的作用。从现代市场经济中交易关系发展程度及其对信用的影响来看,这种经济又可被称为现代信用经济。

在这一时期,经济的信用化程度大大提高。经济的信用化程度的提高主要表现在信用总规模迅速增长,超过经济增长速度,信用在经济活动中迅速普及;经济主体更普遍地采用信用方式和手段进行融资和支付结算;各种主要的信用工具都与 GDP 有极强的相关性;信用对经济的作用与影响不断扩大。同时也更需要关注经济金融的风险性,风险性主要表现在以下方面。信用非中介化程度提高,资金"脱媒化"趋势明显。间接金融与直接金融作为两种最主要的融资方式,经历了不同的发展过程。随着现代企业制度的创新发展,银行信贷交易在整个社会信用交易总额中所占比重下降,直接的信用交易在整个社会信用交易总额中所占比重不断上升。对资金安全的监督环节从以银行等机构为主,转移到了以证券市场为主。这对市场规则和制度建设提出了很高的要求,需要有成熟的监管手段来抑制失信现象的发生。信用货币不断飞跃,信用衍生工具及其交易日益增长,信用活动与信用机构朝着虚拟化方向发展,加剧了经济运行中的信用风险。电子划拨系统记录和转移存款在经济活动中所占比重越来越大,电子货币应运而生。信用卡成为现代信用工具,越来越多的经济主体通过通讯网络和电脑网络跨越国界完成支付结算。网络货币的出现与发展,标志着货币已发展到了数字化阶段。信用货币的形态具有了又一次质的变化,不再具有商品实物形态,而是一种纯粹的价值符号,使得经济活动更加趋向于虚拟化。在金融创新浪潮的推动下,信用衍生工具及其交易得到迅速、广泛的发展,形成专门的市场,具有一定的交易规模。信用衍生工具及其交易先天性地带有很大的投机色彩。随着计算机技术的突飞猛进,电脑网络、信息处理在国际金融市场的广泛应用,使得该类交易急剧增长,市场风险很大,往往给经济运行带来一定的冲击。

三、契约与信用的关系

(一)不完全契约与信用问题的产生

1. 什么是契约

契约(Contract),又称作合约、合同。契约是一组承诺的集合,这些承诺是签约方在签约时做出的,并且预期在未来(契约到期日)能够被兑现。契约首先是一个法律的概念。根据《法国民法典》的解释,契约的签订必须依据双方的意志一致同意而成立,缔约双方同时受到契约的约束。在《牛津法律大辞典》中,契约是指两人或者多人之间为在相互间设定合法而达成的具有法律强制力的协议。在经济学中,契约的含义比较宽泛,不仅包括法律意义上的契约,还涵盖了所有的市场交易,即契约双方当事人必须有交换的事实。为了研究方便,我们采用一个松散的契约定义,即契约是交易各方为追求更大的经济利益,在交易过程中建立起来的一种权利义务关系。按照契约的表面特点,契约的形式分为明确契约和默示契约。明确契约是由明文规定的交换关系,契约是由第三方仲裁或裁判机构,以明确的惩罚来约束。它包括书面契约和一些口头契约。默示契约没有明确和书面的形式,也没有监督实施机构,它包括行为形成的契约和一部分口头契约。

契约有两个主要特征。首先,契约具有个体性。从主体上看,契约是自由自主的签约人在意思一致的基础上形成的允诺。任何强制性的契约安排,很难达到所有签约人的福利改进。因此,契约是自由的。其次,契约的形成是契约双方反复表达个人意志的过程。签约人签约的过程也是社会交往的过程,所达成契约的效果都会对社会产生影响。那么,契约应当是公正的。

2. 契约与交易的关系

契约的起源与人类的交易和交换活动相联系。交易是市场经济主要的经济活动,市场对资源的配置功能是通过交易过程来实现的,而交易的过程就是双方进行讨价还价的过程,是经过双方的反复的磋商最后达成一致的意思表示。人们为了保证交易和交换的更好实现,就有了契约的保障形式。

契约的目的是为自由市场经济提供保障,维护市场交易秩序。从契约的功能和作用来看,契约与法律和秩序联系在一起,主要服务于市场经济中的商品交易,并成为重要的交易规则和交易秩序。契约还对信用活动起着重要的支持作用,也是信用的重要制度保障。也可以将契约和信用做类似的对比,契约是可见的而信用是不可见的,但却无处不在。契约可以让双方开展合作,而信用可以让这种合作持续延伸。契约是合作的起点,信用是合作的根本。契约对市场经济的发展重大意义,推动了政治经济和法律制度在内整个市场制度的建立和完善。

3. 不完全契约与信用问题的产生

完全契约在现实中几乎不存在。如果设计尽量接近完全的契约,就需要逐项说明对资产的每项权利的归属,考虑与交易有关的各种变量、事件、可能的偶然因素,并事前对这一切都做出明确的处置措施。这样完全的契约带来的交易费用过于高昂,因而现实生活中的契约总是不完全的。契约的不完全本身会降低经济效率,契约执行过程中,当偶然因素出现的时候,签约各方根据自己的利益决策和行动,往往会造成明显损害经济效率的冲突。市场交易过程中的契约不完全,一方面大大提高了发生契约纠纷的可能性和重新谈判(或缔约)的事后成本,从而使信用市场的交易费用增加;另一方面,契约双方无法通过对契约的最优设计,形成有效的监督与约束机制以规范行为主体的信用行为,导致契约行为主体严重的逆向选择和道德风险行为,使契约双方面临超常的信用风险,大大降低了信用市场的运作效率。信用制度的不健全,尤其是契约的不完全,对信用秩序的稳定及金融体系乃至整个国民经济的健康发展都具有重要的影响。

此外,非正式契约也是一种不完全契约。在涉及信用的交易过程中,通常有大量非正式的(口头或默认)契约。一般而言,非正式合约不具法律效力,需要信用的无条件保障。但无论是市场经济发达国家还是不发达国家,大量存在的非正式合约引起了更多的信用问题。现代契约关系要求可度量性和精确性,但仍然具有信任和相互依赖等关系化特征。维持契约关系的合作具有契约内部和外部双重来源。基本的内部来源是指契约关系本身造成的复杂的相互依赖,以及相应的组织内部的"文化"。这些组织运转所需要的习俗和规则甚至带有大量的精确性法律成分。而外部来源指第三方对契约当事人承诺的强制实施。不完全契约和不完善的信用制度是导致违约风险的充分条件。契约不完全理论认为,要解决契约不完全的问题,必须建立符合市场经济发展要求的信用制度,通过引入契约的合作机制,实现剩余控制权的优化分配,才能有效地防止契约不完全而引发的信用风险。

(二)影响契约信用度的因素

1. 资产专用性与产品专用性对契约的影响

现实当中除了那些早已为人们熟悉的标准市场交易外,还存在大量人们不熟悉的交易方式,例如:企业内部交易、特许经营或纵向一体化、契约等非市场化交易。对于这些大量存在的准市场化交易活动,传统经济理论认为它们不是市场经济中的典型交易方式,而是市场失灵或垄断带来的弊端。威廉姆森将市场经济中的各种交易方式还原为契约或治理结构,认为企业的治理结构与资产专用性密切相关。威廉姆森把资产专用性定义为"在不牺牲生产价值的条件下,资产可用于不同用途和由不同使用者利用的程度"。① 资产

---

① 威廉姆森:《经济组织的逻辑》。见陈郁:《企业制度与市场组织》,上海三联书店、上海人民出版社 2004 年版,第 64—98 页。

专用性条件下,资源在用于特定用途以后,就很难再移作他用。有些资源用途的资产专用性较弱,如可以生产各种零部件的通用设备,掌握通用技术的工人;有些则较强,例如生产某一特定零部件的专用设备,掌握企业特定技术的工人。专用性较强的资产转移到其他用途的成本较高,资产所有者就有可能受到对方的讹诈,被要求以较低的价格继续提供服务。反过来,在专用资产的购买者一方,也有可能受到对方不继续提供服务的要挟。因此,随着资产专用性的增强,交易行为中存在"可占用准租金"增加,人们的机会主义倾向越严重,缔约后违约的风险就会加大、交易费用增高。

纵向一体化是治理资产专用性引起的机会主义的措施之一。所谓纵向一体化,是指前后相继的产业或生产阶段从市场契约的关系转变为企业内部关系的过程。传统经济学认为,纵向一体化是由于技术因素引起的,不同的生产阶段之所以成为连续的过程,主要是为了从技术上降低单位产品的生产成本。交易成本理论认为,技术上的相互依赖并不是节约成本的唯一理由,交易成本的节约才是说明纵向一体化的主要原因,而资产专用性是影响交易成本的主要因素。实质上,纵向一体化也是解释企业存在的一种理论。纵向一体化之后,降低了资产专用性引起的市场交易信用问题。

完善契约是抑制资产专用性引起的缔约后机会主义行为的另一个措施。一是签订由政府或某些外部机构在法律上强制执行的明文契约,二是通过"断绝往来"的市场机制强制执行的暗示性契约。在前者,需要契约制定得相当完善,预见到所有偶然发生的情况。但达到这样的程度所需谈判费用和法律诉讼费用非常高,在实践中运用这一手段的情况并不多见。在后者,由于交易是长期的并且是多次重复的,断绝来往本身就是取消违约者未来利益的一种惩罚手段;反过来,对信守合约的交易对象以较优惠的价格,实际上就是为避免缔约后机会主义行为而付费。这种方式实行起来较为便利,因而成为较为普遍的形式。

以上说的是如何抑制资产专用性条件下强势方的失信行为,下面讨论资产专用投资企业面临的信用博弈。在进行重复博弈的情况下,一个进行了大量的资产专用性投资的企业(我们称之为S),选择守信的可能性比较大。这主要是因为,资产投下去就变成了沉没成本,守信能够带来长期的利益,而失信成本高昂。在资产专用性投资企业守信前提下,我们分析交易对手选择守信还是失信,可以将影响资产专用性投资企业与交易对手契约稳定性的因素分为两大类:一类是交易对手的类型;另一类是签约产品的专用性。按照交易对手的资产和经营规模分为大企业和中小企业。相应的,契约也分为两类,即S与大企业的契约和S与中小企业的契约,这两类契约具有明显不同的特征。一是契约的约束力不同。一般情况下,契约的法律约束是刚性的,按照正式契约的条款来裁定契约双方的责任、权利和利益分配关系。但是,S与中小企业之间却存在明显的契约软约束问题。这里的软约束是指在契约方违约或其他机会主义的情况下,即便第三方(如法院)介入也难以保证契约的实施,导致履约问题得不到解决。而S与大企业之间的契约则具有较强的约束力。主要原因是大企业数量较少,且一般拥有较多的资产,公司不仅可以加强对他们的监督和管理,还可以在其违约的情况下诉诸法律。二是S与大企业和小企业的信息不对称程度不同。S与大企业之间的信息不对称程度比与小企业之间的信息不对称程度要小。一般情况下,信息不对称程度越大,受机会主义行为的驱使,信用市场中产生逆向选择与道德风险的可能性就越大,双方契约关系内在的风险性也就越大,因而契约就越不稳定。签约产品的专用性带来契约的稳定性。产品专用性是指交易对手按契约规定生产出来的产品如果不按约卖给契约方,转卖第三方的可能性比较小。产品的专用性主要体现在其自然属性和市场属性上。从自然属性来看,销售半径较小,销售时间较短,如果不按契约出售,则很难在短期内找到合适的买方,因而其专用性强;从市场属性来看,产品越是用途特定,其市场需求面窄,产品生产出来后再寻找其他买主的可能性小,因而其专用性强。一般来说,签约产品的专用性越强,违约转售于市场的可能性就越小,契约的稳定性就越强。

2. 市场权力和不确定性对契约的影响

契约的信用度与市场权力有关。高度竞争市场是契约实施的外在动力,一个完全竞争的市场也是一个替代性很高的市场。在竞争程度高的市场中,面对多样化的选择,交易者频繁使用货币投票,在多次博弈中,失信企业被淘汰出局,最终形成信用机制充分实施的格局。

垄断市场中,尽管存在足够量的交易规模和交易频率,契约不一定得到良好的执行。由于垄断导致交易一方拥有较少的选择权,无法通过可替代性选择来约束垄断者,垄断者缺少守信的动力。另外,对于标准化程度高的产品市场有助于形成信用的局面。标准产品的供给市场一般情况下发展成熟,市场规范,接近完全竞争状态,如果只是数次的购买,市场上可以安全地完成交易,而不必签订复杂的契约。而交易次数不经常产生,市场竞争不充分,在交易过程中容易出现失信现象。

不确定性增加了契约的成本。交易过程是交易者的动态博弈过程,交易环境的稳定与否,对交易者而言,是非常重要的。由于交易者各方劳动分工知识和交易知识的局限性,使得他们面对复杂的交易情况,无法做出科学的决策。交易环境中不确定性因素的存在,使得交易主体对信息的识别、搜集、分析、加工、综合和处理,依赖于其外部感觉材料的供给状况、交易主体的认知结构及其在劳动分工中的相互地位,引发了信息的不对称问题。在此,交易费用就等于信息费用,人们需要搜集有关价格、产品质量与劳动投入的信息,寻找潜在的交易方,了解他们的行为和所处的环境。参与交易的一方的决策行为取决于对另一方行为的判断。人们对有关商品及供求情况的信息了解不充分,导致了协商和决策的成本增加;人们对交易的另一方信守契约程度的缺乏了解和机会主义的行为倾向,使得监督成本和执行成本存在。因此,人们便可以通过减少不确定性的行为,使影响交易各方的各种因素和行为成为可预见的信息,从而顺利完成交易过程。

(三)组织的契约化:信用载体与信用附着

要构建市场经济的信用,就必须寻找到一个有形的载体和基础,让信用附着在信用载体上,把信用落实到信用载体的行动中。我们从对信用的整体上的交易和契约的研究,过渡到信用载体的研究。只有从信用载体研究中,才能够打开组织的箱体,透视信用如何附着于信用载体。

1. 契约的集合:组织

企业组织被看作是一系列契约的集合。这种观点认为如果我们只是把企业视为生产函数的载体,那么就不能深入地考察企业内部,只是把企业看作是一个"黑箱"。而如果我们把企业看作是契约的联结点,事实上就是试图打开这个"黑箱",把注意力从企业与外部市场的关系转向企业内部人与人之间的关系上——即在市场基础上形成的契约关系。这种契约关系可能是正式的,比如上市公司经理的薪酬合同;也可能是非正式的,比如经理与他的下属工人之间的权利和义务关系。当这些相互联系着的契约订立之后,企业就出现了。契约观点意味着在订立契约时参与人的地位是平等的,因此,企业应该是自愿形成的。当市场上存在机会以致成立企业是有利可图时,当事人才会相互签约;当遵守契约对各方当事人都有害时,契约就会被废除,企业就会被解散。这样,在市场上才会有企业不断地进入与退出。对于当事人来说,通过订立契约而成立企业意味着要承担一定的责任,失去了一定的自由,因此企业必须要保证参与者能够享受一定的权利,取得一定的利益补偿,否则就没有人愿意签约加入企业,而且即使签订了合同(比如迫于地方政府的压力),也不会有人认真遵守和履行。所以,企业必须满足所有参与者的参与约束,也就是说,不论是企业家、雇员,还是投资者、贷款方,如果要使他们愿意加入企业,必须保证他们从企业的所得高于自我雇用时的所得,加入企业是一个帕累托改进。

组织(包括企业组织、社团组织以及大量的中介组织)是现代社会复制信誉机制重要手段。组织通过信用投资、交往等手段,建立和维持与社会公众的信任关系。正确决策是企业建立信誉的核心。美国学者戴维斯·杨认为:"任何一个团体组织要取得恒久的成功,良好信誉是至关重要的,信誉管理是一个价值不菲的产业。"①一些研究证实,发达的社团组织(如宗教团体,商会等),以及大量的中介组织有助于信任的建立。首先,在市场经济中,组织是信誉的载体,是将一次性博弈转化为重复博弈的机制。一个人的生命是有限的,但一个组织的生命是无限的。如果个人的利益取决于组织的价值,而组织的价值依赖于它的信誉,个人就会注重

---

① 戴维斯·杨著,赖月竹译:《创建和维护企业的良好信用》,上海人民出版社1997年版。

信誉。其次,组织使得对不守信用的个人行为实施惩罚变得更加可行。韦伯在 100 年前观察到的参加组织等于获得一个社会印章(social seal),得到一个信誉认证。如果某个人干了坏事,外人也许无法追踪这个具体的人,但他们很容易识别这个人所属的团体,从而对其团体实施惩罚,这样组织成员个人的不当行为会损害社团整体的信用,从而损害每个社团成员的个人利益,社团组织就有积极性对行为不轨者实施内部惩罚。其三,中介组织如信誉评估公司通过监督和记录市场中的交易行为为现代社会的信誉机制提供了信息基础,中介组织的一个基本功能就是收集加工和传递信息。只有组织是一个人格化的决策主体,它才有积极性诚实守信,信誉机制才有实施的内在动力。组织对外界的反应会基于成本收益的计算,即守信的收益要大于守信的成本,或者说失信的成本要大于失信的收益。当然组织的决策者所作的决策需要代表利益相关者的利益,或者把利益相关者的利益综合到企业的共同的关系型契约内部,这样就需要很重要的两个条件。

一是明晰的产权机制。在市场经济中,企业是信誉的载体,而企业作为信誉载体的一个前提条件是,企业的决策者的利益要与企业的信用息息相关,他才有维护企业信用的积极性,否则,他只会追求眼前利益,而无视长远利益。所以,产权是信誉的基础。产权制度的基本功能就是给人们提供一个追求长期利益的稳定预期和重复博弈的机制。产权制度的残缺,一方面导致人们只追求短期利益,从而丧失恪守信誉的动机;另一方面,如果产权不清,人们就无须对自己的行为承担责任,自然就没有讲信誉的约束。

二是产权基础上的良好的公司治理。公司治理是企业组织信用决策的保障。组织内部的关系可以被认为是多种委托代理关系的集合。

　　特别是,由于一般劳动契约与企业家契约的执行在组织内部存在复杂的相互关联,决定了组织内部治理机制不可忽视。其中最重要的所有者与管理者的关系中,作为所有者的管理者的决策体现为最大化市场价值的决策。当然,在采取这些决策的时候,他还将必须考虑这些决策对其他人的影响,例如,工资调整对劳动者的影响。相反,在多重委托代理模型中(或利益相关者模型中),决策则是通过一个明确的或隐含的谈判过程而由集体做出的,在这一过程中,各方参与者都实际拥有否决权。劳动者如果不满意雇主所提供的条件,则可以实行罢工。此时,决策需要考虑劳动者、大股东和小股东、债权人、消费者和供应商等多方面的利益。一个有效的公司治理结构就是在满足所有参与人参与约束条件下使得企业的总价值最大化,并把外部效应内部化,使企业在对外的交易交往中保持诚实信用品质。

　　2. 企业的决策者的信用附着

　　企业决策者的信用问题不仅关系到企业家行为的激励和约束问题,更重要的是关系到市场经济运行秩序的问题。关于企业家信誉机制作用机理的经济学模型主要包括以下内容。克瑞普斯和威尔森的信誉模型只是一般性地证明了信用对人的行为的影响。① 霍姆斯特姆基于法玛(Fama,1980)思想建立的代理人市场信誉模型则直接用于说明市场上的信用可以作为显性激励契约的替代物。霍姆斯特姆认为在竞争的经理市场上,经理的市场价值决定于其过去的经营业绩。从长期来看,经理必须对自己的行为负完全责任,因此,即使没有显性激励合同,经理也会积极努力工

----

　　① Kreps David M. , and Wilson Robert, 1982,"Reputation and Imperfect Information", *Journal of Economic Theory*,27(2),Aug,pp. 253—279.

作,因为这样可以改进自己在经理市场上的信用,从而提高未来预期收入。① 张维迎在讨论"代理人市场信誉模型"和"棘轮效应"模型时,得出了两种截然相反的结论。一是"代理人市场信誉模型"证明在动态博弈中,激励问题至少部分地可以通过"隐性激励机制"得到缓解;而"棘轮效应"模型则证明,如果委托人使用代理人过去的业绩中获得的信息,代理人的工作积极性会相应降低。经理市场能够筛选诚实信用的企业经营者。经理市场的实质是经营者的竞争选聘机制。竞争选聘的目的在于将经营者的职位交给有能力和积极性的经营者候选人,而经营者候选人能力和努力程度的显示机制是基于候选人长期工作业绩建立的职业信誉。经理市场的供方为经营者候选人,需方是作为独立市场经济主体的企业。供需双方存在大量提供企业信息,评估经营者候选人能力和业绩的市场中介机构。如果把经营者的报酬作为经理市场上经营者的价格信号的话,那么经营者的信用则是经理市场上经营者的质量信号。

在经理市场上,经营者的信用既是经营者长期成功经营企业的结果,又是经营者拥有的创新、开拓、经营管理能力的一种重要的证明。因此,没有长期化的行为,也就没有职业信用。企业家的信用既是企业家长期成功经营企业的结果,又是企业家拥有的创新、开拓、经营管理能力的一种重要证明。信用这种资本至关重要,良好的信用有利于企业家在未来的职业生涯中获得更高的报酬。经营者只有通过长期化的努力经营建立良好的信任,才能成功地担当经营者的角色。没有良好的职业信用,经理人员将难以长期维持其职业经理生涯,因为没有人会信任他,把企业交给他去

---

① 霍姆斯特姆:《团队中的道德风险》,《贝尔经济学杂志》1982 年第 11 期。

经营。更重要的是,作为企业所有者,把自己的企业委托给经营者经营管理时,必然要求经营者具有良好的信用,信用是企业家重要的人力资本。职业企业家的行为和经营管理活动具有极大的风险和未来的不确定性,需要股东、债权人、职工、政府和顾客等利益相关者的极大信任、理解和支持,这种理解和支持在很大程度上取决于人们对企业家信誉的认可。如果说企业是一种人力资本或非人力资本的特别契约,职业企业家以其特殊的人力资本进入企业契约,信用便可以认为是企业家人力资本的核心内容。

3. 企业文化的黏合作用

如果说企业是由不同的利益相关者通过不同的契约联结而成的组织,那么文化就是各个签约主体诚信合作的黏合剂。文化是信息载体,通过它生成的习惯力量,使生长在同一文化土壤的人们共享着它所承载的信息。从组织的文化方面来讲,企业作为一种信用机制,组织文化就是企业信用的"软"制度。企业解决了博弈从短期到长期的问题,而企业文化则固化了企业行为的目标和信念。巴尼和汉森(Barney and Hansen)指出,在长期的演化中,稳定的信任关系在一定的条件下可以内化在组织、制度和文化之中,最终通过影响个人的行为而形成一种社会普遍的信用价值观和信用文化。① 企业的品牌是企业信用的显示器,众多的消费者通过产品的品牌认识企业。产品的品牌凝聚企业的信用,使更多的社会公众了解企业,给企业带来更多的利润。企业品牌的形成,它就是由长年累月附着在产品、服务、经营活动上的企业信誉、企业道德的文化积淀,这种文化积淀当然也是一种资产。企业文化使企业

---

① 张荣刚:《企业集群的融资机制与社会资本网络实证分析》,《长安大学学报(社会科学版)》2005 年第 3 期。

成为一个信用的载体,也是企业成为"铁打的营盘,流水的兵",保持了持久的信誉资本,交易成本由此而降低。

企业内的信用建设,其核心在于以诚信为主导的文化经营上。文化的核心信念、意识形态对组织信用的附着发挥了重要的影响。意识形态是关于劳动分工、收入分配和社会现行制度结构的道德判断,它通过影响人的价值观和信念来影响人的行为。良好的意识形态如讲信用、守约等观念所形成的企业文化恰如连接企业组织和信用的黏合剂,使企业对外表现出守信的行为。具有诚实守信企业文化的企业,社会责任感比较强,违反规则的可能性较小,较少有机会主义行为。因此,意识形态有节约信息交易费用、克服"搭便车"问题、减少强制执行法律和实施其他制度费用等功能。按照新制度经济学的观点,重视个人信用可以认为是良好的意识形态资本,这种意识形态资本可以减少社会经济生活中的道德风险,起到对人的行为的激励约束作用。

(四)市场经济秩序中的契约自由和契约正义

市场交易秩序是由一系列的契约行为构成的。在法律上,契约行为是由契约法律进行调整和规范的,但是契约法律在规范契约行为时,奉行的一个基本原则是契约自由原则,即当事人双方享有决定是否订立契约、选择契约相对人、确定契约内容和变更、解除、终止契约以及选择契约订立方式等方面的自由。换言之,市场交易自由也就是契约自由。但是,更为重要的是,契约自由并不意味着市场力量悬殊的情况下,弱势一方被迫接受不公平的契约;或者签订公平契约之后被迫接受强势一方的欺诈。契约自由是市场交易秩序形成的基础。契约的内容由当事人双方确定,双方之间的权利义务关系是由当事人根据自己的意愿依法确立的,任何一方违反规则、不履行义务,将如同违反法律一样承担法律责任。市场交易秩序就是这样首先由当事人根据契约自由原则自主确立和形成的。契约一经依法订立，特定当事人之间的交易秩序也就依法确立。如果作为市场主体的当事人不能享有订立契约等契约行为的自由，市场交易就无法形成，更遑论交易秩序。契约自由是市场交易激励的基础。契约自由能够极大地激发和鼓舞契约当事人的主动性、积极性和创造性，为行为主体的发挥拓展了广阔的空间。在这样的情况下形成的秩序，是体现和尊重当事人意愿的秩序，而不是对其意愿和主观能动性的限制和扼杀的秩序。

契约自由保证了交易的利益。一方面，交易的当事人通过选择信用较高的相对人、约定对双方都有利的对价，在交易中获取利润；另一方面，交易主体必须保证交易的信用。他们通过对履行时间、地点和方式的合理约定，对契约及时做出适当的变更、甚至在需要的时候协议予以解除或终止，努力减少履约费用、防止或减小失信造成的损失。契约的不公正扰乱了社会交易秩序，并降低了经济效率。契约体现了当事人双方合法的真实意思表示的一致。如果契约违反法律，意思表示不真实，将一方的自由强加于另一方，以双方的自由来损害第三方、集体、国家或社会公共利益等，契约本身就失去了信用的特征，契约所约定的交易就处于不稳定的状态。例如，一些企业联手订立契约，对某一种或几种商品采取联合限价、联合抵制等方式，操纵市场，进行垄断经营，破坏了自由竞争的市场交易秩序，阻碍了技术进步和经济发展，作为市场弱势的一方则无法抵御强势的失信行为。此外，以欺诈、胁迫的手段或者乘人之危订立契约。这种契约在形式上也是自愿订立的，但并不是双方真实意思表示一致的结果，体现的仅仅是一方的意志，对交易秩序构成威胁。因此，我们不能仅仅从技术层面理解契约的自由签订，还必须从社会利益关系角度分析如何兼顾契约自由与契约正义问题。由于市场上的力量强弱不均,形式上的自由契约并无法保证契约的实质公正和自由,很可能造成一方的获得利益,而另一方利益受损的结果,这必将影响社会的整体效率。市场监管是维护契约信用的手段。监管的任务首先是维护经济交易,而不是任意进行变更、废止等不正当干预;既不应为交易主体设定额外的要求和条件,妨碍交易的正常运行,更不能把既有秩序推倒重来,强加给他们新的规则及秩序。但是,当交易违反了他人利益或社会公共利益,影响了经济社会系统稳定运行时,政府及有关部门就能够从维护社会信用角度,依法进行干预。

以上分析可以看出,维护市场经济交易秩序,需要契约的评判和执行机制。对契约的执行需要两种机制:自动实施机制和强制实施机制。"自动实施契约是指契约当事人日常习惯、合作诚意和信誉来执行契约,这并不排除法院在履行中的强制作用。"[1]当然,法律的强制执行和政府的规制以及其他的惩罚性行为就是契约的强制实施。契约的自动实施固然在节省交易费用的情况下达到信用履行,但是政府对不公正的契约做出强制性法律规定,对明显丧失公平的契约进行事前和事中的强制管理,从公正立场出发保护合法契约将是维护市场秩序的最重要的方面。这样既可以保护契约的公正和正义,又可以维护自由签约的自我执行。例如,在劳动雇佣方面的法律,欧洲严格的劳工保护政策和严格的执行机制,既有效地维护了强大资本力量面前弱小的人的生存尊严,又能够很好地保证劳动契约在公正前提下的自由签约和自我执行。

---

[1] 科斯,哈特,斯蒂格利茨等著:《契约经济学》(新制度经济学名著译丛),经济科学出版社 1999 年版。

第三章　国外纳税信用体系的
比较研究

一个完善的税收机制,既要有税收法律体系作为基础,也要有纳税信用体系作为约束。在市场经济条件下,纳税信用是对税收法治的必要及有益的补充,纳税信用体系则是社会信用体系的重要组成部分。从国际上来看,现代市场经济国家的纳税信用体系建设已经发展到一个比较完备的程度。从我国目前情况看,纳税信用体系的建设尚处于创立阶段。当前,我们应当借鉴国际经验,构建我国纳税信用体系,为经济发展提供良好的税收环境,促进市场主体依法纳税、守法经营、公平竞争。

第一节　美国的纳税信用体系

在美国人的心目中,纳税与死亡一样可怕,所以美国人的纳税意识非常强。这与美国优良的纳税信用体系是分不开的。

一、美国有一套缜密完备的税法体系

美国的税分为联邦税(federal)、州税(state)、地方税(local)。相应的,美国的税法也分为三个层次。由联邦税法,州税法和地方税法组成,且相互独立自成体系。其中,联邦税法的来源主要有三

个:一是立法机关颁布的法律;二是执法机关公布的解释;三是司法机关的判决。美国联邦宪法规定:"一切征税提案由众议院提出,参议院可以提出修正案","国会有权征收税收、关税、捐税和消费税"。由于美国的税法制定严谨,民主制定税法的历史悠久,美国建成了一套缜密完备的税法体系,这使得公众很难钻税收法律的空子。

除此以外,不仅其税收制度具有科学性和先进性的优点,而且,在税收征收管理制度方面也有一套科学详尽的税收行政执法内容,美国国税局(IRS)的执法力度很强,偷逃税是严重的违法犯罪行为,一经查出,轻者要被罚款,重者则要被判刑。美国人逾期不缴税的,美国的税务人员有权进入其寓所,搬走东西。另外,美国国税局非常重视对打击偷逃税的宣传,这从反方面促进了纳税人依法诚信纳税。在美国国税局的网页上,经常可以看到一些偷逃税者被罚款和判刑的案例,这些案例都以醒目的黑体字刊载,以引起人们足够的重视。

二、完备的纳税人信誉评价管理系统

在美国,纳税人的信用评价、信用状况、信用能力方面有一套以《公平信用报告法》为核心的完整的管理法律制度,具体工作通常是通过个人社会保险号码进行有效管理的。社会综合信誉资料是一个历史的全方位评价当事人经济活动信用水平的信息记录,它是当事人在经济领域中所有行为信誉记录的真实写照。比如,当事人长期以来资金借贷行为规范的情况记录、合法经营与违法经营的情况记录、依法纳税和不依法纳税的情况记录、正常进出口贸易和走私骗税的情况记录,等等。其中,能否坚持诚实纳税,是当事人综合信誉资料中一项十分重要的信誉信息。因为,依法纳税行为的规范直接反映出当事人依法纳税的诚实可信程度。所以,对全社会公开一个纳税人申报纳税的信誉情况,实际上是把纳税人对国家自觉履行责任和义务的信誉记录公示于众,把当事人税收信誉资料融入个人社会经济信用资料数据库之中。税收信誉资料包括:当事人有无长期拖欠税款未缴的记录证明;有无偷逃税款的记录证明;有无违法抗税的记录证明;有无走私货物出口骗税的记录证明;有无长期不按时申报纳税的记录证明;有无恶意制作和更改财务会计记录的行为记录证明;有无公开抵制税务审计和税务稽查的记录证明;有无制作贩卖假发票的记录证明;以及税务部门对纳税人的纳税信用评价报告,等等。假如当事人的纳税档案记录中具有这些不良纳税行为,资信调查机构或中介机构就可以通过媒介或互联网数据库进行即时查询。这样,不仅众多业务客户在看过资信调查报告后会对当事人避而远之,不愿与其开展业务,连工商、税务、海关、银行、保险、能源等政府管理部门和相关经济单位也都将根据资信调查采取必要的防范措施,对其保持高度警惕,加强管理和限制,必要时还要对其进行一定范围的专业调查、质询审计和执法检查,以防该当事人继续出现失信行为和欺诈行为。

三、以税收服务为理念

税收服务首先表现在美国税务部门的名称上。美国国税局(IRS)的英文全称是 The Internal Revenue Service,直译为国内收入服务机构,其暗含意思就是 IRS 是帮助纳税人正确申报纳税,纳税人不要有意无意触犯法律。这种税收服务理念把纳税人看成客户,把税收行政管理看成经营。在实践上,美国的税收服务不仅体现在税收征管人员态度上,还体现在从纳税人的角度出发,宣传税法,帮助纳税人省时节税。美国的税法近乎"天书",但政府并不要求每个人都熟悉税法。有关部门通过各种简便的方法告诉各种类型的纳税人,如何根据自己的情况申报收入和税收。以个人所得税为例,哈佛大学有来自美国各地和世界许多国家领取助教金和助研金的学生。他们在学校就可以得到有关应纳税的详细资料,然后根据自己的情况填写相应的表格。如实填写后经过核实,过一段时间就可以收到退税支票。因为学生的收入很低,不会交多少税收,但这个程序必须走。同时,这些税收服务也给人们进行税法方面最实际的教育。首先,你应该依法纳税;其次,你确实依法纳了税,政府将依法减免你的税。可以说,依法征税、依法缴税、依法退税是美国纳税信用体系的一个大环境,为人们愿意依法缴税奠定了良好的基础。

四、完善的税务代理体系

美国有着比较完善的完全独立的、与国税地税都无隶属关系的税务代理机构,由于美国税法较为复杂,绝大部分纳税人均委托中介机构代为办理纳税手续,而从事这项工作的美国律师协会、会计师协会和税务师协会聚集了大批优秀律师、会计师和税务专业人才,有着健全的自我约束机制和良好的运行机制,在法律规定的范围内发挥着积极的中介作用。

第二节 新加坡的纳税信用体系

新加坡是"无处不见税的国度",在新加坡,即使上街花几元钱吃一碗稀饭都要缴纳3%的消费税。但是,尽管如此,逃税者寥寥无几,诚信纳税和征税已成为公民和税务部门的自觉行动。这种良好税收秩序的形成与新加坡严密严厉的执法手段,有效的激励机制和主动的税收服务是分不开的。

一、科技保证税务部门准确、严密执法

新加坡税务部门采用先进科技,建立了一套高效的电脑监控系统,这套系统能在短时间里处理和输出大量资料,使登记、催缴和稽查等复杂工作变得简单易行、互相牵制。保证税务部门工作的"零过错",不仅使诚信征税成为税务部门的"唯一选择",而且也是纳税人诚信纳税的重要前提。

电脑监控系统为税务部门提供了一个与各政府机构紧密联系的平台,使税务部门获取情报非常便捷。新加坡每个纳税人、注册商家以及外来受雇人士都有一个固定的登记号码,所有政府部门共同采用这一号码储存每个人的资料,税务部门只要键入这个号码,就能准确地查到与该纳税人有关的税务资料,新加坡法律规定居民居住地迁徙必须及时通知警方,税务部门的电脑与警方电脑相连,逃税者不论怎样隐姓埋名和东躲西藏,都难以逃脱税务部门的稽查。

二、税收征管程序完善

新加坡税务部门有一套独特的税务处理程序,即估税、免税和退税的处理、审查、批准和开具退税支票各个环节职责分开,不同人员分别处理。特别是退税,各环节谁来处理完全由电脑随机选定,即纳税人不知道谁来处理他的申报,承办人不知道谁来审核他的处理作业,审核人不知道谁来批准他的审核结果,批准人不知道谁来开具支票,形成一个一环扣一环、环环隐性作业的严格而周密的内部工作布局。这套程序不仅使差错难以漏网,而且加强了内

部互相监督。

新加坡80%的税收由电脑根据报表自动估税,一般不会出错,但部分复杂的估税和罚款处理仍需人工操作。为确保人工操作"零过错",新加坡税务当局作了严格的规定,税务人员须考核合格后才能上岗;税务人员处理税收业务有严格的回避制度;所有估税和罚款处理必须经过电脑,任何手写估税和处罚一律无效;不能长期连续为同一个纳税人处理税务;所有估税者必须受国家审计署常驻税务局审计师和国内审计组的抽样审计。

三、税收执法严厉

新加坡人纳税信用体系还在于税务部门严格的税务调查。税务人员花大量时间和精力对报税情况进行抽样复查,对疑点进行深入追查,一旦调查发现逃税偷税等违法现象,必定深究。违法者如属于抗税或故意逃税,就会被起诉,受法律的惩处,被媒体曝光。违法者不仅要缴纳数倍于所逃税款的罚金,重者还会被判刑,最后落到破产和身败名裂的地步。

四、主动税收服务

"服务纳税人,收税不困难"[1]这是新加坡税务人员的税收意识。在他们意识里,纳税人多一层麻烦,收税就多一层障碍。在新加坡,国会通过法律,规定税务人员不执行国家公务员政策,允许税务局在承包费内,按照中产阶级的收入标准确定税务人员的待遇。这样,税收征管工作引入了经营机制,税务局转变了思

---

① 朱昌都、杨新鹏:《诚信纳税成风——访新加坡国内税务局助理局长郑容深》,《中国税务报》2002年4月30日。

想观念。纳税人成了税务局的上帝，与税务局平起平坐。在纳税人面前，税务局不再以监督打击为第一理念，转而竭诚为纳税人服务①。新加坡税务部门尽力简化居民报税和纳税程序，使填报税单、缴纳税款的程序更为简单明了，新加坡的报税单只有一页，可能是世界上最简单的。不仅如此，新加坡税务部门还提供税单送上门、电话和互联网税务问答、电子自动扣税等服务。其中，电子自动扣税服务非常方便纳税人，这项服务允许纳税人通过银行电子转账，每月一次主动扣除一部分收入用于缴纳税款，分12期缴纳全年的税金，如纳税人偶有漏缴，税务局也会及时发函提醒。目前，新加坡70%的纳税人都已采用电子自动扣税服务。

推广电子报税也是税务部门为纳税人服务的一项重要内容。在2002年，新加坡已有92万纳税人通过互联网和电话等电子手段报税，约占报税总人数的一半。另外，税务局还帮助雇主提供雇员工资收入资料，仅这一项服务就免除了60万纳税人填报收入的麻烦。

税务部门还为纳税人提供了其他多种方便，如：向公众宣传和提醒报税，在每年个人所得税征税之前，税务部门都向纳税人函告报税与缴税的步骤及逾期不报的后果。为鼓励纳税人及早报税，税务局于2002年开始还举办报税幸运抽奖活动，让报税者有机会获奖，奖金总额高达23万新加坡元。税务局主动周到服务纳税人是新加坡人纳税信用体系的重要原因之一，更是新加坡税务部门和税务人员诚信征税的具体表现。

_____

① 国家税务总局征收管理司纳税服务处：《纳税服务：中国税收征管新战略》，《中国税务》，2002年第12期。

第三节　英国的纳税信用体系

一、诚信纳税意识培养

英国的税收制度已有 200 多年的发展历史,税收体系比较完善,但其成熟的纳税环境,公民良好的纳税意识也不是一蹴而就的,英国用了 50 年的时间培养公民的诚信纳税意识。税收涉及千家万户的切身利益,所以英国人出于自身利益的考虑特别关心税制的变化。在英国,税法宣传形式多样、有实效。在政府有关机构的大楼里,关于纳税、合理节税的税收小册子随手可取。市场上也有各种各样的税收书刊,刊登大量的税收案例,使得僵硬难懂的税法条文能够为读者所理解。随着信息技术的发展,英国与税收相关的各类网站也如雨后春笋,层出不穷,这些网站在普及税收知识和增强纳税意识方面可以说是功不可没。另外,税收宣传的公益广告也随处可见,最典型的税收公益宣传语"既要拔鹅毛,又不让鹅发出难受的叫声"最为典型,它用简洁、生动、形象的语言把英国纳税的普遍性、准确性和纳税尺度作了比喻,使市民易于接受。纳税宣传在不知不觉地使英国公民觉得纳税是一项天经地义的事,而"我一向纳税"也成为英国好公民的标准。

在培育公民"纳税意识"的同时注重强调政府部门的"征税意识",实现诚信双位概念。在英国,政府部门的"征税意识"同样受到很大的重视,无论是纳税人还是服务于公共利益的当官者,他们都清楚自己的权利与义务。政府官员包括一切为公共利益服务的人知道他们是以纳税人所纳税来养家糊口的,是民众雇佣了他们。拿了主人的钱,也就应该为主人效命,这也就是我们所说的"公仆意识"。而纳税人也很清楚他们的纳税,是用于购买公共服务了。

他们以自己的钱供养了政府官员,同时从政府官员那里,他们也应该得到相应的体面的回报,事实上他们也得到了相应的回报。所以,官员们优质的服务意识也使纳税人的纳税意识有了增强,诚信在政府和纳税人之间形成一个良性循环的互动链条。

二、开展"税收志愿者在行动"

在英国,清新幽雅的居住环境,优越的社会福利制度使纳税人明白自己纳税是为了享受免费医疗、初等教育、环境卫生、体育场所和道路交通等多项公共福利服务所付出的代价,并通过纳税还可行使各种权利。地方政府要想用纳税人的钱修建基础设施就必须征得当地多数纳税人的同意。同时,政府定期公开税款的使用情况,让他们充分感受到"用之于民"所带来的好处,致力唤醒纳税人的纳税意识,这样纳税义务才能被纳税人广泛的接受和理解,自觉纳税意识才能提高,纳税环境才有望得到彻底改善。

近年来,英国的"税收志愿者在行动"引起了当局和社会的重视并获得财政上的资助。英国的税法日趋繁琐复杂,一些社会弱势群体由于无力承担昂贵的咨询费用,在因无知而发生税务违章受到处罚的情况下,一些精通税法的律师、会计师、社会保障机构及慈善团体的人士,还有税务局的官员以及税务学会会员对低收入人群主动进行纳税辅导,并为其争取应该享有的税收优惠权利,向政府提出建议以修改、废止不合理的税收规定,同时还勇敢地揭露一些税务局的官僚主义作风,迫使个别税务官员改正缺点,增加为纳税人服务的主动性。

三、先进的纳税系统

先进的纳税服务系统、完善的金融体系及严格的法律约束是纳税信用的最有利保证。英国的纳税系统先进、完善,PAYE

（就所得征税）系统是对税源进行源泉控制的一个最有效的系统。它掌握着所有受雇主的每笔收入所得，使偷、漏税几乎成为不可能。而雇主的自报自核系统也在信用交易取代现金交易的金融体制下被税务局所牢牢掌握。税务局也千方百计地为纳税人提供最好的服务并保证公开、公平、公正。严格的法律约束、完善的金融体系是诚信纳税的最有利保证。其实英国人的纳税意识强并非完全自觉、自愿，更多的还是受到严格的法律约束。人们日常生活中的消费基本上很少用现金，大都是用信用卡、支票或银行转账支付，企业要从银行提取大量现金需说明用途并提供相应的证据。否则，就容易引起税务局的怀疑甚至调查，所以纳税人很难隐瞒收入。在英国，任何推迟申报者，滞纳税款行为不仅要付高达25%的罚款还要支付利息。偷税、逃税似乎比重大刑事案更加罪责难逃，因为在重大刑事案中律师可以当事人神经错乱为借口减轻罪刑，但律师却找不到更多的理由为逃税者开脱罪责。工商业主如被税务局逮住逃税的确会让业主倾家荡产，所以在纳税上循规蹈矩，一丝不苟，许多人把自己的信用与自己的生命看得同等重要。

第四节　日本的纳税信用体系

一、蓝色申报表制度

日本的税收基本上是采用纳税人自我申报纳税制，要求纳税人自己计算出正确的应税所得额，然后再向主管的税务机关申报纳税。为了鼓励纳税人诚实纳税，日本提供了相当多的优惠，如：提交蓝色申报表的制造业公司，如果其进口额增长10%或超过以前各年度的最高额，可以申请抵免，抵免额为进口增量的5%或法人税的 10%，以低者为准①；使用蓝色申报表的个人，其营业所得可以享受包括折旧、存货计价等在内的税收优惠待遇，同时在缴纳个人所得税时可享受 10 万日元的扣除额，且允许其家庭雇员的薪金作为费用扣除，等等。由于上述优惠给纳税人带来了好处，所以蓝色申报表制度已经在日本得到普遍推广。

二、广泛开展纳税宣传

日本对国民的纳税教育从小学生时代就已经开始。税收管理部门每年都支出很大一笔经费用于税法宣传，包括印刷基本税法、税法须知、纳税人须知等有关杂志、书籍，并无偿赠送给国民阅读。另外，还通过广播电视、展览报告会等各种形式进行宣传活动，广泛提高纳税人奉公守法、自觉纳税的思想意识，树立依法纳税光荣、偷骗税可耻的良好社会风尚。

三、税务相谈制度

日本各地税务机关都设有"税务相谈室"，由资深税务人员担任相谈官，对纳税人提供指导性服务。凡来相谈税务事宜的纳税人，税务相谈官都能迅速给予确切的回答。为了应付日益增多的电话询问，日本自 1987 年开始创立了电脑电话答复系统，纳税人只要用电话报明题目代号，即可获得电脑的自动回答。目前，税务相谈制度已获得日本国民的普遍信赖，其作用是不仅引导了纳税人正确申报纳税，还增进了纳税人与税务机关的相互理解与信任。

---

① 杨龙：《日本税收征管制度及其做法》，《中国税务》1995 年第 2 期。

四、社会协税办税的力量大

在日本,有多个由企业界、学术界、工会界、商界等组成的民间协会,如"税制调查会"、"租税研究会"、"法人会"、"间接税协会"等,这些机构不仅能够向税务当局及时反映现行税制在执行中遇到的问题和提出修改意见,而且能够依照税法协助税务机关指导纳税人正确报税;同时,还站在纳税人的立场上监督税务机关是否正确执行税法。

在办税方面,日本税理士制度值得称道。税理士即税务代理人,其职业是以税务方面的专业知识和技能,协助纳税人按时履行法定纳税义务,并以独立公正的立场协调征纳双方关系。其业务范围主要包括税务代理、税务文书填报、税务咨询等。有资格挂牌的税理士除律师、注册会计师外,还有许多是在税务机关或从事会计、金融、司法职业具有一定年限、通过国家税理士资格考试的人员。在日本,税理士是税务人员转业的主要途径之一,所以在职的税务人员很注重品行、克己奉公,维持优良的服务记录,征税风纪甚佳。

五、重视对税务人员的录用和培训教育

日本税务人员主要通过两个渠道录用。一是从高中毕业生中通过考试录用,被录取者先到税务大学中专部学习1年,毕业后再进行3个月的上岗实习(普通税务人员毕业后工作7年以上才能报考税务大学大专部,学习期1年,毕业后才能担任各类官职);二是从大学毕业生中录取高级税务官员,大学毕业生经考试合格后到税务大学进行有关课程的研修,毕业后还要经过3年的税收工作实践,才可担任各类官职。这种升级式教育方法,极大地提高

了税务人员的业务素质。

第五节　国外纳税信用体系的经验借鉴

建设纳税信用体系的关键在于增强纳税人的诚信度,实现途径可在借鉴国外纳税信用体系方面的经验的基础之上,从以下几个方面入手:

一、通过宣传教育为纳税信用营造良好的社会风气

在普遍开展诚信道德教育的基础上,进一步开展税务宣传的专项教育,使诚信纳税的理念深入人心。税务宣传应从两个方面着手:一是加大税收社会意义的宣传,从税款使用效益角度,进行"诚信纳税,利国利民"思想的宣传和教育,使纳税人明白税收对社会发展带来的宏观和微观效益,从而取得纳税人的信任、理解和支持。二是改进现有的税务宣传方式:(1)将税务宣传与整个社会的诚信教育结合起来,以诚信教育为基础,使税务宣传落实到诚信这个根基上,使诚信纳税蔚然成风。(2)要完善税法公告制度,使纳税人能够通过各种公开的、易得的、无偿的载体了解各种税收法律与法规。(3)要尽最大的可能搞好税务咨询,随时准确回答纳税人提出各种涉税问题。(4)对青少年的税务教育要常抓不懈,要在形式与方法上有所突破。

二、税务机关依法征税,提高征税信用

税务机关是唯一能向广大社会居民征缴税收的合法主体,其征税信用的高低无疑直接关系着我国税收信用的强弱,以及税收收入的状况和分配的趋向,为此提高税收机关的征税信用是健全

我国税收信用体系的首要环节。

首先，必须尽快完善我国针对税务机关及内部人员的各项法律和制度，包括《税收征管法》等，确保有法可依。法律制度一直是对行为主体最好的规范和约束，法律制度的完善与否将控制着行为主体行为随意性范围的大小。建立和健全内部各项规章制度也有利于减少各类违法事件的发生。

其次，征税信用主要体现在税务机关的执法和优化服务上，严格执法是税收工作取信于纳税人的关键所在。税务机关地位的特殊性，职责的神圣性，措施的权威性，要求各税务人员必须以严执法、讲信用、重承诺、优服务作为最基本工作要求。一是必须转变工作作风，使税务干部队伍形成"先进更先进，后进赶先进，你追我赶争上游"的局面。二是抓好内部管理机制建设，建立充分体现奖优、罚懒、惩贪、治庸的管理机制，健全科学的岗位责任制，实现"由人管人向人管人与制度管人、机制管人、机器管人、思想政治工作管人相结合"的方向转变。三是各税务机关必须遵守税法，依法办事，依率计征，不可乱征乱罚；必须公平公正，不偏不倚，使税收在国民之间的分配公平合理；必须廉洁奉公，勤奋工作，对国家负责，对人民负责，不贪赃枉法，不徇私舞弊。

再次，应加强税收征管能力，提高税收征管水平。注重在传统的行之有效的征管手段的基础上嫁接现代化、信息化的最新成果，形成优化的新措施、新办法、新手段，赋予税收征管以新的时代内涵和特色。特别要加强税源监控管理和税务稽查两环节的工作，大力整顿和规范税收秩序，加大税务稽查力度，提高稽查工作效率。通过严格执法来体现税法的严肃性，通过严查重罚来增强纳税人依法诚实纳税的意识。此外，还应加强企业、银行、税务机关之间的计算机联网系统，普及网上申报、缴纳税收等电子征缴手段,方便纳税人及税务机关,有效节省征纳双方的时间和精力,减少征纳成本。

三、完善对纳税人经济活动与纳税活动的记录制度

首先要建立综合纳税人经济活动的记录,这是全方位评价纳税人经济活动信用水平的信息记录。比如,纳税人长期以来资金借贷行为规范的情况记录、合法经营与违法经营的情况记录、依法纳税和不依法纳税的情况记录、投保和欺保情况记录、正常进出口贸易和走私骗税的情况记录,等等。其次,要健全纳税人的纳税记录。在金税工程二期、三期的基础上,全面启动计算机记录存储系统,定期对纳税人的纳税信息进行收集、整理、记录、储存,建立健全完备的纳税人纳税信息档案。上述记录为税务部门今后能及时掌握纳税人的经济与纳税信用信息提供方便。

四、政府依法用税,提高税款使用信用

政府必须诚信用税,合法合理安排税款的用项,用好人民的血汗钱,以"取之于民,用之于民"的承诺为宗旨,不贪赃枉法,不贪污浪费国家税款。国家在预算年度之间的财政支出一般都通过国家预算的形式来安排,为保障税款使用的有效性及公共支出的合理性,具体部门往往通过公开财务预算报告等形式告知公众。然而众所周知,这种粗放的、表面化的公开,远不能取信于民。因此,在公开财政预算和政务的基础上,应大力开创税款使用信用建设的新路子,只有保证税款的合法、合理支出,才能充分体现我国税收"取之于民,用之于民"的优越性。一是增加税款使用的透明度。将政府公共支出预算全过程纳入监督体系,包括支出的项目、资金的多少、使用的进程等均应接受公众的监督和考核。二是提

高税款使用效率,为纳税人创造更高的社会福利。减少政府政绩
建设支出项目,缩减政府行政支出费用,同时加大社会基础设施建
设投入,增加教育支出、社会保障支出等项目。三是加大税收社会
意义的宣传,从税款使用效益角度,进行"诚信纳税,利国利民"思
想的宣传和教育,使纳税人明白税收对社会发展带来的宏观和微
观效益,从而取得纳税人的信任、理解和支持,大力惩处贪污腐败
行为,保证税款安全,维护纳税人的利益。

五、纳税人依法纳税,提高纳税信用

要倡导纳税人的依法纳税,诚信纳税,关键是要营造一个良好
的"诚信纳税"环境和社会氛围,这需要社会各个部门的共同
参与。

一是营造良好的社会信用环境。要广泛进行诚实守信的道德
教育,使全国人民真正树立起诚实守信的道德观,以诚信原则为中
心,建立起社会主义道德评价标准,使人们充分认识到社会主义市
场经济必须建立在以诚信为核心的道德基础之上,培育纳税人诚
信纳税的意识。

二是更新纳税理论,强调纳税人权利。在我国,公民对税收根
据的认识是建立在传统的"国家分配论"基础之上,强调的是国家
对税收征缴的权力和纳税人纳税的义务,忽视纳税人在征纳过程
中所享有的权利。因此,我们不妨吸收西方"利益交换论"的合理
内容,以"税收是国家提供公共产品的成本费用,体现了国家与纳
税人权利与义务的统一"的观点更新传统的税收理论。承认国家
与纳税人之间就是一种利益的宗旨和法律原则,同时规定纳税人
所应享有的一系列基本权利。税收是每一个纳税人消费公共物品
或服务所必须付出的代价。通过各类纳税宣传,使纳税人明白税

收不仅是国家的税收,更是全体公民自己的税收,从根本而言,纳税人是在为自己纳税。纳税人明白自己纳税是为了让政府向公民免费提供环境卫生、体育场所、社会保险、初等教育和道路交通等多项公共福利服务。同时,纳税人知道自己所缴税款养活了政府工作人员,因此有权要求政府工作人员保护纳税人的利益和为纳税人服务。

三是完善我国纳税信用管理。针对法人纳税人可以通过建立纳税人信用等级评定机制,让依法纳税人、诚实守信的纳税人获得政府的优待和褒奖,让有偷、骗、逃税行为的失信者付出高昂代价,建立征纳双方互尊互重的新型关系。一方面可以成立信用等级评定机构,负责综合评定纳税人在办理各项税收事务中的信用程度;另一方面可通过征管系统对日常申报、发票管理等跟踪管理,自动对纳税人的税收信用等级进行评定和调整。例如在三年内无违章行为的纳税大户,税务机关可给予一定的物质奖励,享有税务部门免除其税务登记年检、增值税一般纳税人资格年检等特权,并颁发"诚信纳税企业"等荣誉,在电视、报纸、杂志等媒介进行广泛宣传,提升纳税人声誉,无形之中也增加了社会公众对其的监督。

四是加强法律建设,完善失信惩罚机制。法律是信用市场平稳运行的保障,是保护信用主体合法权益的屏障。加大对偷逃税的处罚力度,完善失信惩罚机制也是提高纳税信用的有效举措。(1)当纳税人在税收信用上有不良记录时,计算机可自动对纳税人的税收信用等级进行评定和调整,税务机关要相应加强对其稽查与监管的力度。(2)对纳税信用降低的纳税人,在一定时期内不得恢复正常,并规定在此期间,再次发生违纪行为,则加重处罚。(3)建立税收信息不实企业公告制度,接受全社会的监督。(4)在处理税收失信事件时,应当多管齐下,除建立税收信用破产惩罚机制外,还要与商业信用挂钩,进行全方位的信用破产惩罚,使得不讲诚信者或信用不佳者难以立足,难以生存。

例如美国税务局建立了一套电脑信息处理系统专门对付偷逃税者,该系统根据纳税人提供的相关数据确定其是否有逃税的迹象。若税务局怀疑纳税人隐瞒收入或谎报税单,就可以窃听纳税人的电话,拆阅纳税人的信件,甚至破门搜查。一旦查出申报不实者,当事人将会受到重罚,如数倍于应纳税额的巨额罚款,情节严重的还可能被判入狱。我国的税务部门也可以效仿美国、新加坡的做法,加大惩罚力度,要使纳税人因不诚信纳税所付成本远远大于其所获利益。对凡经查证有偷逃税行为者,即应采取相应的刑事手段;对有偷逃税迹象者,除施以十几倍甚至几十倍于应纳税额的巨额罚款之外,更应在各宣传媒介曝光,以反面案例以儆效尤,从而使纳税人都能自觉依法纳税。

六、规范税务中介机构,提高中介信用

一是加快税收信用立法工作,奠定税收信用大厦的基石。我国目前信用法制建设几近空白,只有建立完善的信用法律体系,才能保证信用中介机构独立运转,防止政府的不当干预,才能加强对中介机构的规范管理,提高中介机构服务水平。二是建立税收信用中介服务机构,实现税收信用管理的集约化。我国税收信用中介服务机构的建立,可以采取多种形式,如由税务部门以纳税资料为主要税收信用评估数据建立税收信用中介机构;也可以在商业性的信用公司,开辟税收信用中介服务;还可以由纳税人自发地成立信用信息机构,以会员制的方式进行运作。

第四章　纳税信用的理论基础及
　　　信用缺失原因

　　从资本主义世界看,信用体系建设主要有两种模式,即欧洲模式和美国模式。在欧洲模式中,信用体系建设的主体是政府,政府不仅通过法律的制定来保障整个社会信用体系的运行,而且一般还通过直接设置专门的部门和机构对整个信用体系的建设进行深度的参与。信用信息的征集工作主要由政府的专门机构来完成,绝大多数信用评级机构也是由政府出资参股设立的。这些机构的共同特点是服务于社会公共利益,而不是一般的商业机构。美国模式强调的是市场机制,完全实行市场化运作,各类信用机构都是从盈利目的出发,向社会提供有偿服务,政府的主要任务是提供制度保障和监督、执法,政府部门在社会信用体系的具体运作上所起的作用有限。事实上,在信用体系的建设中,不管一个国家选择何种模式,构建何种体系,政府的作用和市场的力量都是不可或缺的,只不过在不同国家、不同时期两者作用的广度和深度不同罢了。一方面,信用体系的建立必须依靠市场力量。在市场经济条件下,信用是一种基本的社会需求。若由政府直接参与,容易滋生腐败,降低工作效率,这在政府职能不清、权力过大、行为不规范的社会尤为明显。另一方面,信用体系的培育也不是一个完全自发的过程,需要有政府的制度供给、执法与监督。市场经济发达国家的经验表明,单纯依靠市场机制难以建立完善的信用体系,还必须借助政府的力量,尤其在信用体系建立的初期,政府的作用尤为明显。政府是构建信用体系的主要推动力,无论是征信制度的建立,还是政府信息的披露、社会信用中介机构的培育等,都离不开政府的制度供给和积极推动。政府作为最大的信用的载体,在信用中发挥着不可或缺的作用。

当前,在我国市场经济初步建立的过程中,忽视甚至践踏信用的现象较为普遍,经济生活中种种失信行为已导致了严重的社会信用危机。作为社会信用体系组成部分的纳税信用也存在较多问题,偷税骗税、逃税抗税、虚开发票、拖欠税款等现象屡禁不止,不仅偷逃了国家税收,破坏了税收秩序,而且对社会信用的滑坡也起到"推波助澜"的作用。提高纳税人的纳税信用意识已迫在眉睫,刻不容缓。建设纳税信用体系必须由政府牵头指导,然后利用市场化运作的办法,来建立全社会的纳税信用体系。纳税信用体系是一项牵扯面广、十分复杂的系统工程,不是一个部门、一个单位、一个企业和某一个人能够单独完成的。政府就是要承担解决社会性、系统性的任务。市场经济与政府的充分恰当地介入没有矛盾,要消除那种市场和政府对立的理念。作为发展中国家,我国的政府维护市场秩序非但不能缩小,还需要加强。关于如何保证政府依法行政,那是对政府的监督和制约的问题。同时,我们要进行纳税信用体系的建设,必须按照市场经济规律办事,从立法等各个方面完善对失信者的社会惩罚机制和保证其正常运行,坚决不能损害这种机制的运行。纳税信用体系的基本框架应当包括纳税信用的评定指标、考核标准、等级设置、评定程序、奖惩机制、收集和公示等方面。

我国纳税信用体系的建立要发挥政府与市场两方面的作用。

针对转轨阶段信用立法滞后、征信欠发达、信用中介机构严重短缺等客观情况,应采取"政府推动、市场化运作"的基本思路。这样,既能有效利用政府的制度供给能力和规划、协调能力,又能充分发挥市场机制的作用,实现政府与市场的有机结合。

第一节 纳税信用的理论基础

一、纳税信用分类

关于诚信,按照东汉许慎在《说文解字》里的定义"诚,信也,信,诚也"来看,诚信是个同义复词,指的是真心,真诚。《辞海》里对诚信的解释则是真心诚意,诚实无欺。因此,单从字面上看,诚信的最基本含义就是诚实,守信用。

首先,诚信是中华民族的传统美德。孔子说:"人而无信,不知其可也。"宋代大理学家朱熹也在《中庸章句》中解释说:"诚,五长之本,百行之源也。"也是说,诚实守信是一个人在社会上安身立命的根本。其次,现代社会诚信作为一个原则已大量进入司法领域。我国《民法通则》第4条规定:"民事活动应当遵循自愿、公平、等价有偿、诚实信用的原则。"法学界简称其为诚实信用原则。我国《合同法》第6条规定:"当事人行使权利、履行义务应当遵循诚实信用原则。"在德法等国的民法典中,类似规定早已有之,甚至早在罗马法中,诚实信明作为道德领域的规范就已被引入到法律领域。诚信意味着行为主体对制度或法律的忠诚和对义务履行的承诺,不折不扣地执行制度或遵从法律,使制度或法律实施的有效性得以提高,而制度执行成本或法律遵从成本得以降低。由此看来,无论是作为道德领域的规范还是作为一个法律原则,诚信都要求人们在各项社会活动中,尤其是在履行自己的义务和责任时,必须做到诚实和守信。第三,从经济学角度来看。首先,诚信是经济主体在经济活动中需要遵守的行为规范和道德要求,即经济伦理。其次,在交易活动中,经济主体的诚信度有其自身的力量和经济价值,因而成为一种物质化的存在,这个层面的诚信是具体的,甚至是可以量化的,谓之"信用"。换句话说,诚信的经济学意义在于它可以降低交易成本和制度执行成本,诚信意味着经济主体交易信息的真实性,在一定程度上避免经济纠纷,有效提高合同履行的质量,从而得以降低交易成本。

纳税信用是税收信用的重要组成部分之一,它是指纳税人是否主动、自觉按照税法规定履行纳税义务。税收信用是建立在税收法律关系中,表现和反映征纳双方相互之间信任程度的标的,是由规矩、诚实、合作的征纳行为组成的一种税收道德规范。对于纳税信用的定义目前尚未形成统一的观点,但是,对纳税信用的理解可结合道德体系从诚信纳税与诚信征税两个角度来分析。

(一)纳税信用是公民道德建设的重要内容

纳税人一般分为两类,一类是法人单位,另一类是自然人。自然人在法律意义上讲就是公民。而法人单位是一种组织,是法律给予的具有一定民事行为能力和民事权利能力的组织,不管什么单位,总是有自然人存在,具体的纳税操作总是由自然人来完成。征税方是政府,政府征税机关的工作人员首先是国家公民,其次才代表国家征税。所以,不管从哪方面讲,税收行为总是与自然人(即公民)联系在一起。2001年,中共中央印发了《公民道德建设实施纲要》,制定了"爱国守法、明礼诚信、团结友善、勤俭自强、敬业奉献"的20字基本道德规范,诚信是公民道德建设的重要内容之一。纳税人诚信纳税、征税人员诚信征税就是公民具体落实基本道德规范中"爱国守法、明礼诚信"的要求,是"爱祖国、爱人民"

在社会经济生活中的生动体现,诚信纳税、诚信征税会赢得社会的广泛尊重。每个公民都应用法律和道德规范来引导和约束自己的涉税行为,自觉增强诚信纳税、诚信征税的道德观念,树立纳税报国的爱国主义精神,争做诚信征税的时代楷模。所以,诚信征税和纳税是公民遵守基本道德规范要求的一部分。

（二）纳税信用应包括诚信纳税和诚信征税

诚信税收至少包括诚信纳税和诚信征税,不是单方面要求纳税要讲诚信。诚信纳税简言之,就是作为征税人的政府要求纳税人讲真话,在纳税上提供真实信息、汇报真实之事,作为企业,要不做假账,如实据经营情况与盈利水平依法纳税。作为个人,要不讲假话,如实全面地申报收入及其他应纳税额。诚信纳税是要求纳税人合法地进行经济活动,客观、真实地记录经济活动,并保证会计核算的真实性,以此为前提真实、全面地履行纳税义务。进一步讲,纳税人要诚信于国家财务准则、会计制度和税法。

诚信征税要求税务征管部门、税务人员必须忠诚于税法,不能曲解相关税收法律制度,必须忠诚于工作岗位,遵守职业道德,上对国家负责,下对纳税人负责。在分税制财政管理体制之下,诚信征税还要求地方政府对中央政府的诚信,保证中央税款的及时、足额入库,不得截流、套取中央税款。诚信纳税和诚信征税二者相互影响、相互制约,共同形成诚信税收机制,纳税人诚信纳税无可厚非,征税人诚信征税亦不可或缺,只有做到征纳双方共同努力,打造诚信税收平台、夯实诚信税收基础才具现实可能性。此外,除了征税与纳税这两个主要因素之外,诚信用税也是整个诚信税收体系的一部分。诚信用税要求税款的用项是符合民意的,税款拨付的过程必须是可信的,税款使用应是真实而有效的。

二、纳税信用与依法治税

依法治税和纳税信用都是市场经济的必然要求,两者都是社会对税收工作提出的要求,虽然要求不一样,但是它们在目标上一致,在内容上互补。

（一）纳税信用对税收征纳的要求高于依法治税

依法治税反映的是税务机关依法治"权",依法治"官",依法治"内";纳税信用在强调依法治税、诚信征税的同时,还反映了纳税人为消费公共品应当给予国家的一种"税收价格"。依法治税强调的是法律至上,是对税务部门和税务人员的法律约束;纳税信用强调的是以信用为本,不仅要求征税机关和税务人员诚信于税收法律制度,依法征税,遵守职业道德,而且,还要求纳税人要依法、诚实缴纳税款,对纳税人也是一种道德约束。纳税信用是对过去税收征管工作强调依法治税要求的补充和完善,纳税信用对税收征纳的要求高于依法治税。

（二）依法治税是实现纳税信用的前提和保障

要营造纳税信用的社会氛围,首先要创造公平的税收法治环境,没有良好的依法治税环境就无从谈及纳税人的诚信税收行为。同时,纳税信用是依法治税的目标,通过依法治税,对不诚信征税的税务人员施以惩罚,使他们感到不诚信征税就要负相应的法律责任,让诚信的人更加诚信,不诚信的人变得诚信。倡导纳税信用并不排除依法制裁涉税违法犯罪行为,而是要让以身试法者得不偿失。

（三）纳税信用是依法治税的基础

我们一直讲依法治税,如果有了纳税人诚信纳税的基础,不多缴不该缴的税,不少缴该缴纳的税款,就有了依法治税的基础,当每一个纳税人都能诚信纳税,依法治税的工作就能顺利推进。纳税信用有助于依法治税,如果真正做到诚信税收,靠纳税人的诚信纳税可能会不需要大面积稽查就会实现良好的税收征管秩序。现在税务机关执法的成本高,执法难度大,主要是诚信税收的基础比较弱。从形式上看,依法治税与纳税信用两者的侧重点和角度不尽相同,但就其本质却是同一的,目标都是为了维护正常的税收秩序、市场经济秩序和纳税人的合法权益,两者相辅相成,忽视其中的任何一方面,都不可能达到税收征管工作最优化的目的。就依法治税的实体价值而言,既包括公正、平等原则,也包含着诚实守信的价值取向,纳税信用也是依法治税的根本要求。依法治税是实现纳税信用的必要条件和保证,社会道德的形成,必须依靠法治作为保障,在现代社会中,很难想象一个法治缺位的国家能建立起完善的社会信用。另外,征纳双方是否诚信征税和纳税实际就是对税务部门是否依法治税的最好检验。

三、纳税信用的理论基础

(一)诚信纳税的理论基础

1. 博弈分析

纳税人是独立的经济主体,时时、处处谋求个人效用和利益的最大化。作为纳税人支出的税款,纳税人往往把它作为一项成本来加以核算,为了实现利润极大化,纳税人会理所当然地减少成本开支。既然税款作为纳税人的一项开支,自然而然逃避税款就成为了纳税人减少成本支出的有效手段了。所以,我们可以合理的作条件假设:理性的纳税人在不考虑法律制裁的条件下都有减少纳税的倾向。但是,事实上,税务机关会经常进行税务稽查,如果纳税人违法少缴税款一旦被查实,这将会给纳税人带来更大的成本——税务机关的惩罚。纳税人是理性经济人,在做出纳税不诚信选择前,他要考虑行为的合法性,然后估计税务机关稽查能力、查出概率和处罚轻重,通过成本效益分析决定如何纳税。同样税务机关会考虑稽查成本,纳税人有没有存在不诚信纳税的行为,查出纳税人纳税不诚信行为的概率,能为国家补回多少税款。在这里就形成了一个监督博弈模型,纳税人纳税申报有两种策略:诚信纳税和不诚信纳税;税务机关税收管理也有两种策略:稽查和不稽查。在参与人(纳税人和税务机关)之间就形成一个混合战略纳什均衡。

我们假定纳税人不诚信纳税可少缴税款金额为 T(tax),税务机关稽查成本为 C(cost),税务机关实施稽查的概率为 θ,纳税人不诚信纳税的概率为 γ,当税务机关的稽查结果为纳税人纳税不诚信时,税务机关对纳税人施以罚款额 F。为了简化模型,我们还假定税务机关稽查的边际收益大于边际成本。图 4—1 概括了税务机关与纳税人对应的策略组合的支付矩阵。

纳税人

		不诚信纳税	诚信纳税
税务机关	稽查	T–C+F,T–F	T–C,–T
	不稽查	0,0	T,–T

图 4—1　税务机关稽查博弈效用矩阵

第一,在给定 γ 时,税务机关选择稽查($\theta = 1$)和选择不稽查($\theta = 0$)的预期收益分别为:

$$\pi_g(I,\gamma) = (T-C+F)\gamma + (T-C)(1-\gamma) = \gamma F + T - C$$

$$\pi_g(0,\gamma) = \theta\gamma + T(1-\gamma) = T(1-\gamma)$$

上式中,π 代表预期,g(gain)是收益,γ 和$(1-\gamma)$是纳税人不诚信纳税和诚信纳税的概率,在这里代表权数,且 $0 \leqslant \gamma \leqslant 1$。

令两种选择的预期收益相等,即 $\pi_g(1,\gamma) = \pi_g(0,\gamma)$ 时,不诚信纳税与稽查博弈均衡时纳税人的最优非诚信纳税概率 $\gamma^* = C/(T+F)$。即:

当 $\gamma < \gamma^*$ 时,税务机关的最优选择是不稽查;

当 $\gamma > \gamma^*$ 时,税务机关的最优选择是稽查;

当 $\gamma = \gamma^*$ 时,税务机关随机选择稽查或不稽查。

第二,在给定 θ 时,纳税人选择不诚信纳税($\gamma = 1$)和选择诚信纳税($\gamma = O$)的预期收益分别为:

$$\pi_i(\theta,1) = -(T+F)\theta + \theta(1-\theta) = -(T+F)\theta$$

$$\pi_i(\theta,O) = -T\theta + (-T)(1-\theta) = -T$$

上式中,π 代表预期,i(income)是利润,θ 和$(1-\theta)$是税务机关稽查和不稽查的概率,在这里代表权数,且 $0 \leqslant \theta \leqslant 1$。

令两种选择的预期收益相等,即 $\pi_i(\theta,1) = \pi_i(\theta,O)$ 时,诚信纳税和非诚信纳税博弈均衡时税务机关的最优稽查概率 $\theta^* = T/(T+F)$。即:

当 $\theta > \theta^*$ 时,纳税人的最优选择是不诚信纳税;

当 $\theta < \theta^*$ 时,纳税人的最优选择是诚信纳税;

当 $\theta = \theta^*$ 时,纳税人可随机选择诚信纳税或不诚信纳税。

因此,混合策略纳什均衡是:$\gamma^* = C/(T+F)$,$\theta^* = T/(T+F)$,即税务机关以 $C/(T+F)$ 的概率实施稽查,纳税人以 $T/(T+F)$ 的概率选择不诚信征税。纳税人不诚信纳税的概率与可能少缴税款 T,与税务机关稽查成本 C,以及与税务机关的稽查结果为纳税人纳税不诚信时,税务机关对纳税人施以罚款额 F 密切相关。

具体来讲,纳税人不诚信纳税的概率与稽查成本 C 成正比,与罚款额 F 成反比,即对不诚信行为惩罚越重,纳税人就更趋向于诚信纳税;稽查成本 C 越高,纳税人就趋向不诚信纳税。所以减小税务稽查成本,加大对不诚信纳税的惩罚力度就成了促使纳税人诚信纳税的首选手段。

2. 纳税行为心理分析

纳税人不诚信的目的在于逃避纳税,降低自己的收入损失,在这种不诚信行为的后面存在着明确的动机驱力。根据心理学理论,动机通常分为两部分:内驱力和诱因。"内驱力"是个体内部需要的唤醒状态,它具有驱使个体行为的动力,是由于需要而产生的心理后果。"诱因"是环境中引发个体行为的物体或条件,具有唤醒内驱力以及指导行为方向的作用。偷漏税等不诚信行为的动机过程,实际上,也正是一种由个体内部需要状态与外部环境刺激之间的相互作用而驱动形成的过程。

纳税人的内部需求与外部环境刺激是产生偷漏税行为动机的源泉。所谓内部需求主要是指纳税人的占有欲,这种占有欲通常表现为获取财富。纳税人的内部需求直接形成偷漏税不诚信动机的内驱力,它赋予不诚信纳税动机以驱动力量。而外部刺激,则是指个体所处环境中的各种激励因素,如较低的偷漏税查出率,较小的税务稽查频率,偏轻的惩罚,过重的税费,税收负担的不公平等。这些外部刺激构成了不诚信纳税动机的诱因。一方面,诱因增强纳税人不诚信纳税动机的内驱力,使得已具有一定内驱力的不诚信纳税动机更为强烈;另一方面,它又以其特有的性质、使偷漏税行为具有明确的导向性,使纳税人行为明显导向偷漏税等不诚信行为。

（二）诚信征税的理论基础

从经济学角度来看，不仅纳税人是理性的，同样，征税人也是理性的，也具有效用和利益最大化动机。"政治家是政治的企业家，他既不比他人利他，也不比他人利己。"[1]同样的道理，税务人员既不比他人利他，也不比他人利己。征税人是政府在税收征管活动的代理人，和其他委托——代理关系一样，税收征管也存在双方信息不对称。作为政府的代理人，征税人可能了解政府的税收制度，而政府不可能了解征税人的工作和收入能力，这种信息不对称导致道德风险。

征税人不诚信征税须支付成本，政府治理征税人不诚信征税同样要支付成本。在政府监督征税人征税行为的博弈中，局中人包括政府和征税人。政府的纯策略选择是监督或不监督，征税人的纯策略选择是诚信征税或不诚信征税。图4—2概括了对应不同纯策略组合的效用矩阵，其中，R为征税人不诚信征税所带来的效用，C为政府监督征税人支付的监督成本，F为征税人不诚信征税所导致的惩罚。假设只要政府实施监督，征税人不诚信行为就会被发现，且C＜F。

同样，在这个博弈中不存在纯策略纳什均衡，但可求解混合策略纳什均衡。假设

P代表政府实施监督的概率，q代表征税人不诚信征税的概率。

第一，在给定q时，政府选择监督（P＝1）和不监督（P＝0）的预期收益分别为：

① 唐寿宁：《布坎南立宪经济学评述》，载于《个人选择与投资秩序》，中国社会科学出版社1999年版。

征税人

		不诚信纳税	诚信纳税
政府	监督	F−C,F	−C,0
	不监督	−R,R	0,0

图4—2 政府监督博弈效用矩阵

$$\pi_g(1,q) = (F - C)q + (-C)(1 - q) = Fq - C$$

$$\pi_g(O,q) = -Rq + O(1 - q) = -Rq$$

上式中，π 代表预期，$g(gain)$ 是收益，q 和 $(1-q)$ 是征税人不诚信征税和诚信征税的概率，在这里代表权数，且 $O \leq q \leq 1$

令两种选择的预期收益相等，即 $\pi_g(1,q) = \pi_g(o,q)$，不诚信征税与监督博弈均衡时征税人的最优非诚信征税概率 $q^* = C/(F + R)$，即：

当 $q < q^*$ 时，政府的最优选择是不实施监督；

当 $q > q^*$ 时，政府的最优选择是实施监督；

当 $q = q^*$ 时，政府随机选择监督或不监督。

第二，给定 P 时，征税人选择不诚信征税（$q = 1$）和诚信征税（$q = 0$）的预期收益分别为：

$$\pi_i(P,1) = -FP + R(1 - P) = R - (F + R)P$$

$$\pi_i(P,0) = -OP + O(1 - P) = 0$$

令两种选择的预期收益相等，即 $\pi_i(P,1) = \pi_i(P,O)$，诚信征税和不诚信征税博弈均衡时政府的最优监督概率 $P^* = R/(F + R)$，即：

当 $P < P^*$ 时，征税人的最优选择是不诚信征税；

当 P > P* 时,征税人的最优选择是诚信征税;

当 P = P* 时,征税人随机选择诚信征税或不诚信征税。

因此,混合策略纳什均衡是:P* = R/(F + R),q* = C/(F + R),即政府以 R/(F + R)的概率实施监督,征税人以 C/(F + R)的概率选择不诚信征税。政府监督博弈的纳什均衡与征税人不诚信征税所带来的效用 R,与政府监督成本 C 以及与征税人不诚信征税时政府对征税人施以的惩罚 F 密切相关。具体来讲,不诚信征税所导致的惩罚 F 越高,不诚信征税给征税人带来的效用 R 越大,征税人不诚信征税的概率就越小,而政府监督成本 C 越高,征税人不诚信征税的概率就越大。所以,要实现诚信征税,我们可以考虑完善税收行政的相关制度,使得征税人员不诚信征税带来的效用尽可能极小化,要提高政府的行政效率,减小个案监管成本,加大对不诚信征税行为的惩罚力度。

第二节　我国纳税信用缺失的原因及对策研究

一、我国纳税信用的现状分析

就我国目前经济大环境来说,信用环境并不理想。中国企业家调查系统 2002 年 4 月 13 日公布了其对全国 4695 位企业董事长、总经理、CEO、厂长有关企业信用的调查。[①] 结果表明,整体信用的不足使企业在商务活动中谨小慎微,有六成多的企业经营者认为"在商务活动中跟人打交道需要小心提防"。同时,企业间合同纠纷也比较普遍。调查显示,2002 年,有 90% 以上的各类企业

[①] 何风:《中国企业家信用状况调查:9 成企业合同有纠纷》,中国网(http://www.china.com.cn/)2002 年 4 月 13 日。

都或多或少地发生了合同纠纷,信用的因素是主要原因。其中,更有 7.1% 的企业合同纠纷为 10 起以上,而没有发生合同纠纷的只有 8.6%。调查发现,我国企业信用方面存在的主要问题仍然是"拖欠货款、税款"、"违约"和"制售假冒伪劣产品";其他问题依次是"披露虚假信息"、"质量欺诈"、"商标侵权、专利技术侵权"和"价格欺诈"。税务机关分别向刘晓庆及其所办公司送达了税务处理决定书,除追缴税款外,同时加收滞纳金 573.4 万元。① 本案的轰动之处,或许因为刘晓庆是名人,又是老百姓认为的富人,因为税的问题而失去自由身,自然成为大家关注的对象,又或许因为本案偷逃税的金额确实巨大,轰动全国自在情理之中。但是,笔者认为,该案暴露出的主要问题还是纳税人对税制的漠视,对税法的不了解,对税收违法成本的不以为然。刘晓庆虽然没有直接参与偷逃税行为,但她当时担任的是"晓庆文化艺术有限公司"的董事长,是公司的法定代表人,正是由于她对税法的无知以及不重视,疏于管理,导致公司出现偷逃税的行为,自身也难逃其责。同时,从民间对"刘晓庆税案"的讨论可以看出,社会公众对于"税"、对于我国的税制也是不尽了解的。有人对刘晓庆被拘留表示不理解,也有人对刘晓庆重获自由感到费解,从各方的评论看,对刘晓庆究竟错在哪,多数人还是说不清楚的。从"名人"到普通市民对本国税法、税制都知之甚少,都存在一定的纳税误区,纳税信用又从何谈起?

　　再以深圳市为例,深圳市的经济发展水平位居全国先进行列,税收征管方面也不断有新举措为税务总局所肯定或采纳,纳税信

---

　　① 李建兴:《税务机关调查终结刘晓庆偷逃税款 1458.3 万》,人民网(ht-tp://www.people.com.cn/)2002 年 12 月 20 日。

用水平具有一定的代表性。2001 年全年,深圳市国税局共检查户数 12757 户,检查出存在涉税问题的有 6848 户,占检查面的53.7%,而有问题户数占全市税务登记户数的 50%。在每两个被检查的纳税户中,就有一户有问题,税收违法普遍存在。另外,深圳市国税局共查处偷、逃税案件 6016 起,查补税款、罚款 7.9 亿元,同比增长 15%,缴获虚开增值税专用发票 2.2 万余份,移送司法机关的犯罪嫌疑人有 20 余人。其中偷税方面,共查处偷税纳税户 4412 户,占税务登记户数的 3%;补税、罚款、滞纳金合计达 5亿多元,占整体组织税收收入的 1%。① 可见,即便是在税收征管比较完善,经济秩序比较井然的经济发达地区,纳税信用问题仍然令人担忧,其他地区的情况更是可想而知。

从全国范围来看,2004 年,全国税务机关共检查纳税人 123万户,查补收入(包括补税、罚款和加收滞纳金)367.6 亿元。全国县以上税务局的稽查局共立案查处各类涉税违法案件 52.3 万件,结案 52 万件;其中查处百万元以上偷骗税案件 3360 件,查补税款103 亿元。而 2004 年全国税务机关共组织税收收入为 25178 亿元。② 查补税款总额占全年税收收入的 1.46%。也就是说,税务机关每入库的 100 元税款里就有 1.46 元是通过查处涉税违法案件得到的。同时国家税务总局也在 4 月 19 日向社会曝光了 2004年查处的 10 起重大涉税违法案件,这 10 起案件分别是:"7·26"黑龙江、天津、河北等地部分企业虚开增值税专用发票案;浙江长兴"1·09"虚开增值税专用发票案;江苏涟水"2·26"虚开增值税

---

① 闫建廷:《税收信用体系建立亟待加强》,《经济师》2004 年第 2 期,第 26页。

② 陈二厚、雷敏:《全国税务机关 2004 年共查补收入 367.6 亿元》,新浪网(http://www.sina.com.cn/)2005 年 4 月 19 日。

专用发票及农副产品收购凭证案;浙江杭州"12·4"利用虚假海关完税凭证虚开增值税专用发票案;深圳鄂尔多斯实业有限公司等企业特大系列虚开增值税专用发票和骗取出口退税案;福建"9·03"骗税案;加拿大海外移民服务中心偷税案;大连康大船务公司偷税案;深圳市廷苑酒店偷税案;四川成都"8·15"非法制售假发票案。① 从国家税务总局公布的情况看,2004 年涉税违法案件呈现三个新特点:一是利用海关进口货物完税凭证、废旧物资收购发票、农副产品收购凭证和货物运输发票骗抵税款的案件明显增多;二是骗取出口退税团伙作案增多,手段更加隐蔽,地区间、境内外互相勾结,使得骗税案件呈现出团伙化、网络化的特征,涉及地域范围更广,案情更加错综复杂,危害很大,查处难度也进一步加大;三是做假账、设置两套账,搞账外经营依然是偷税的主要形式。利用各种假发票作记账凭证、虚列成本的现象较为突出,形成制售假发票的供求市场,导致制售假发票案件屡屡发生。

由此看来,在我国,涉税违法情况还是相当严重的,数额巨大,规模惊人。究其原因,制度缺陷是一个因素,正因为税收制度的不完善造成了犯罪分子有可乘之机,但另一个重要的原因,纳税信用缺失问题同样不容忽视。纳税信用缺失问题已严重干扰了正常的市场经济秩序,提高纳税信用水平迫在眉睫。

二、纳税信用缺失的原因

当前,我国纳税信用总体状况堪忧,纳税信用缺失严重。导致这种状况的原因是复杂的、多方面的,既有纳税人思想意识的原

---

① 刘太明:《国家税务总局曝光 10 起涉税违法案件》,中华会计网校(http://www.chinaacc.com/)2005 年 5 月 8 日。

因,国家法律的因素,也有社会的影响,同时还有着深刻的制度制约。

(一)纳税遵从意识差是纳税信用缺失的意识根源

诚信纳税不仅是遵守法律的表现,还是道德行为的表现,它的对立面是偷逃税。道德是通过道德主体的内心感悟而自觉实行的行为规范及善恶价值趋向,而内心感悟又是道德主体自身修养以及外界因素综合影响的结果。因此,我国现阶段一些人之所以选择偷逃税而非诚信纳税,是有其内在和外在原因的。

1. 公民对税收的认知程度较差,漠视税法的严肃性

(1)中国传统文化中的不利因素。一方面,中国几千年的传统文化中,诚实守信是备受推崇的美德,然而它仅存在于乡土社区和乡亲熟人之间,适用于简单的交易。"中国人往往在乡土社会是君子,而一旦超出这个范围就可能变成小人。"①另一方面,中国百姓由于受几千年封建帝王的统治,饱尝了"皇粮"、"国税"的横征暴敛,使其"厌税"、"恨税"情绪根深蒂固,再加上一些税务干部因手中有国家和人民赋予的权力而自傲,在征税过程中自以为是甚至态度蛮横粗暴,以及某些纳税人确实存在税收负担过重等原因,这些都使人们更倾向于将现在的税收同过去的苛捐杂税联系起来,在这样的思想氛围中偷逃税不但不会受到谴责,反而会得到同情和支持。

(2)计划经济的影响。建国后,我国长期处于计划经济体制下,整个社会和经济仅仅依靠行政命令就能够有效地运行,税收概念离国人较远,而且对于个人来说因当时收入水平低下,收入来源

---

① 张曙光:《债信文化的形成与中国经济的发展》,《中国经济时报》2002年9月14日。

渠道单一,几乎没有应税所得,因此国民普遍缺乏纳税意识,纳税信用道德规范没有生存的土壤和环境。改革开放以来,经过几次税制改革,特别是 1994 年的分税制改革,税收作为国家宏观经济重要调节手段的特点越发突出。同时,随着人们收入水平的提高,越来越多的人开始缴纳个人所得税,加之多年的税收法制宣传,公民纳税意识有所增强,但自觉依法纳税意识仍然较差,普遍缺乏现代市场经济条件下的信用意识和信用道德观念。据中国经济景气监测中心对北京、上海、广州 700 余位居民的访问调查表明,51.6% 的受访居民承认只缴纳部分个人所得税或完全未缴纳个人所得税。这部分人中,13.8% 表示不知道税是怎么回事。[①] 可以说,从计划经济体制下走过来的中国人并没有强烈的"偷税就如同偷钱的犯罪感"。

2. 纳税人与政府关系不尽协调导致前者的"厌税"情绪滋长

权利与义务的严重失衡加重了公民对依法纳税的抵触情绪。长期以来,我们对税收的阐述只过分强调其强制性、无偿性和固定性,片面强调纳税人的义务及用税人和征税人拥有的权力而对纳税人应享有的权利及后者应尽的义务则很少明确。这不仅不能得到纳税人的认同,而且在相当程度上阻碍了政府在税收与其支出关系问题上的视线,导致在纳税人监督缺位的情况下,征税和用税中的行为扭曲现象频繁发生,这使得纳税人滋生逆反心理,使纳税人的契约观念和诚信意识日趋淡化,使"纳税"这一义务的履行在大多数情况下成为非自觉的行为。在前述中国经济景气监测中心的调查中,有 26.9% 的受访者认为即便老老实实缴税也未必能享受到相应的权利,反映了社会对税收的不信任。

---

① 　马栓友:《税收政策与经济增长》,中国城市出版社 2001 年版,第 52 页。

（二）法律制度的不完善给依法纳税造成困难

"法律必须被信仰,否则它将形同虚设"。① 没有对税法的认同和信仰,就不会有纳税人对税法的遵守和维护,也就不会有依法治税的实现。纳税人的纳税意识不高,偷逃税款问题严重,除了整个社会法制环境的因素外,在很大程度上就是因为纳税人对市场经济和税收法律所倡导的平等、自由、正义等主体价值缺乏普遍的、科学的认识,对税法规范的内在价值缺乏足够的认同,从而引致其对税法的异己感和外在感。造成这种状况的原因,一方面在于我国传统法律文化存在法律的泛道德化倾向,存在重公权利轻私权利,重刑法轻民法、重实体法轻程序法的习惯和做法,导致了民主、平等、正义等现代化精神的缺失;另一方面也在于税收立法过分追求数量、忽视质量,特别是没有充分反映纳税人的愿望、要求和期待,没有充分体现对纳税人的关怀;税收执法的随意性和执法不公、执法腐败,损害了税法的权威、践踏了税法的尊严,导致了纳税人对税法的冷漠和不信任。具体包括:

1. 税收法律制度不完善、层次较低,依法治税难以落到实处。

目前我国还没有一套系统的、立法层次较高的税收法典,只有《中华人民共和国税收征收管理法》、《中华人民共和国个人所得税法》和《中华人民共和国外商投资企业和外国企业所得税法》等属于人大立法的法律,其他则多是由部门制定的单个税种法规、条例,一些法律、法规衔接性、一致性较差,给税收执法带来困难,客观上为偷逃税提供了法律空间。

2. 税收行政法律监督作用没能得到充分发挥,助长了税收执法的随意性,不利于依法诚信纳税的形成。

————

① 伯尔曼:《法律与宗教》,中国政法大学出版社2003年版。

按照行政法规定,行政主体的行政行为要受到行政法律关系中监督主体的监督,因而税务行政执法行为同样需要监察机关、审计部门、税务机关的监察部门以及税务机关上下级之间的监督,但这些实施机制的法律规定仍不完善,执行也不到位。比如对保护纳税人检举揭发税务人员违法行为的法律规定不明确,致使业已建立的税务行政复议制度和税务行政诉讼制度,由于纳税人对税务行政人员的畏惧心理而难以实现。

（三）制度的不健全加剧了纳税信用的失衡

在市场经济价值观念的作用下,纳税人总是力求追逐自身利益的最大化。从博弈角度看,纳税人追求利润最大化导致其对纳税有一定容忍度,如超过其承受能力,则选择偷逃税。这对我国目前的税收制度、行政制度提出了挑战。而目前我国确实存在着诸如依法治税的社会环境不理想,对税收违法行为的处罚力度不够、社会信用体系尚未建立等现象,这些都会在制度上给纳税人因追求自身利益最大化而选择偷逃税提供条件。

1. 税务部门征管手段落后,纳税成本高,纳税人不愿纳税。本来从纳税人的角度来看,从自己腰包里掏钱就是一件不情愿的事,更何况办理涉税事项时,要排长龙,要走几个窗口,可能还要往返几次,办税效率低下,消耗纳税人大量的人力、物力、时间,纳税人成本太高,纳税人更加不愿纳税。

2. 税收控管程度不高,查处范围不广而使偷逃税者有可乘之机。一是中国人口众多,纳税人分布广,情况复杂,税收征管很难遍及每个纳税人、每个经济角落。二是作为税收征管的最后一道防线——税务稽查目前由于工作规范化、法治化程度不高,稽查人员素质有待提高,稽查手段也相对落后等原因,导致对违税案件选案不准、查处率不高,这就使一些违法分子成为"漏网之鱼"。

3. 税收法规不够规范、完善,客观上为各种偷逃税行为创造了条件。如内外资企业所得税的不统一,外资企业税负相对较轻,使一些人利用假合资偷逃税款;又比如由于个人所得税,实行源泉扣缴和自行申报两种纳税方式,纳税人在两处以上取得收入的,要自行申报纳税,在社会信息网络不健全,无法对纳税人的全部收入进行监控的今天,纳税人往往利用这一点隐瞒收入少缴税。还有的纳税人利用税制中税收优惠过多过滥的空子而少缴或不缴税款。

4. 不规范的市场运行机制给偷逃税者以可乘之机。转轨时期,我国金融及其他相关管理体制存在较多漏洞:一是商业银行为争夺客户给企业多头开户、假名开户、现金交易提供便利;二是工商及其他部门对流通秩序缺乏有效的监督。这些都为"地下经济"和现金交易的滋生提供了土壤,使个人的收入、企业资金流向越发隐性化,导致尚不够先进的税收征管手段更加难以控管税源。

5. 权力部门的寻租行为给偷逃税者提供了温床。制度经济学家认为,制度安排能够对当事人形成约束和鼓励,从而影响当事人的选择行为。强有力的制度约束将使违约成本极高,从而使任何违约行为都变得不划算,即违约成本大于违约收益。这里所提到的政府、税务机关和税务人员的委托——代理关系也是一种契约关系,从权力部门(包括征税机关)看,其利用手中的职权谋取的私利与其违反国家法律制度规定所承受的违约成本(包括被发现的可能性、违约后的惩罚以及由此所承受的精神损失等)相比较,如果前者大于后者,就会导致滥用职权、不规范执法,进而为偷逃税者大开方便之门。我国虽然已有行政法、《税收征管法》等对税务工作人员和执法人员职责的法律责任做出了规定,但约束力也是有限的。比如税务机关的自由裁量权过大,而且由于是在自己的职责范围内行事,执法中的不合理、不公正被发现的可能性很小,这样执法人员的违约成本(即因不公正执法被处罚的成本)大大低于违约收益(即寻租所得),因此,在执法过程中就会借制度缺陷谋取个人私利,为偷逃税者提供了机会。例如,有些政府部门和公务人员拿着纳税人的钱,利用人民赋予的权力干着背道而驰的事,忘记"公仆"身份,一方面损害了政府形象,另一方面严重降低了国家财政收入的使用效率,影响了为纳税人提供的公共产品和服务的数量及质量,加剧了税收环境的不公,成为纳税人偷逃税的"催化剂"。再比如,一些政府部门领导或存有本位主义思想,或为了谋取个人私利而无视国家税收法律,滥用职权指使税务部门乱减免、该征不征或征"过头税",导致"人情税"、"关系税"、"派税"、"包税"等现象大量存在。这一方面使税法的权威性、严肃性在纳税人心中大打折扣;另一方面,这种执法中的不公正就好比天平失去平衡,会引起诚信纳税人的愤慨,他们会认为自觉依法纳税反成了竞争的弱者,自然会产生对纳税的抗拒心理,这样本来守信的人也会变成不守信。

(四)社会信用大环境的不健全影响了纳税信用的健全舆论宣传不力,助长了纳税人对偷逃税的道德选择

在中国民间曾一度流传这样的顺口溜"要想经商,全靠工商;要想致富,全靠税务","要想肥,靠偷税",由此看来社会崇尚"依法纳税"的道德风向标还未很好树立起来。一是因为我们的舆论宣传在"惩恶扬善"方面有所欠缺,近两年虽然对一些大的涉税案件给予了舆论报道和抨击,起到了一定的威慑作用,但对诚信纳税、为国家做出重大贡献的纳税人则弘扬较少,更很少赋予其荣誉,不能增进其"诚信纳税"的光荣感,使一些人更热衷于另一些有声誉的事情而不愿去依法纳税。二是社会的信用体系尚未建

立,偷逃税者的行为对其以后的经营生涯并不产生任何影响,因此他们存有能偷则偷、能逃则逃的思想。税收征管是税务机关的法定责任,但由于社会分工的日益细化,税务机关不可能独立完成,需要银行、工商、金融、司法、海关等有关部门的支持和配合,而目前我国一些部门在协调配合方面做得还不够,无法形成完善的监督网络,使偷逃税者得到一定的机会。

由此看来,在我国,纳税信用缺失的情况必须引起社会各界的关注,当务之急是尽快采取有针对性的措施改善纳税信用状况。

第三节　提高我国纳税信用水平的对策研究

一、应遵循的原则

我国是社会主义国家,税收"取之于民、用之于民"的本质特征充分体现纳税人和国家的血肉相连关系,征、纳双方所构成的这种平等关系为纳税信用的产生和发展奠定了坚实的基础,从客观上决定税务工作的健康运转必须建立在依法办税、培育良好纳税信用的基础之上,税务机关的征收成本才会降低,税务机关的运转效率才会提高。因此,培育纳税信用应遵循以下的原则:

(一)服务经济、利益一致原则

税收为经济服务即税收经济观,这是贯穿税收全局的基本原则。经济是税收的基础,经济决定税收,税收影响经济,这是马克思主义基本原理。在任何时候、任何情况下,都不能忘记税收来源于经济。作为影响经济社会生活的一个经常性因素,税收是市场经济条件下政府介入 GDP 分配过程的最重要手段。利益一致是建立和维持良好的公共关系状态的基础,为了推进诚信纳税,必须在理论上,用正确的税收本质理论教育人们,扭转对税收本质的错误认识。在制度上,所有税法必须按照立法程序来确定,提高税收的法治程度,提高政府预算的透明度,使人民清楚地知道自己缴纳的每一元钱用到了与自身利益相关的哪些事业上。感受到自身利益与政府利益的统一性,才能自觉、准确、及时地履行税收给付义务与各种作为义务。

（二）实事求是、政务公开原则

实事求是是行政公共关系工作必须坚持的一条重要原则。不论向组织传递公众的信息,还是向公众传递关于公共行政组织的信息,都应以事实为根据,实事求是、真实可信。只有这样,才能取信于民,逐步建立相互信任、相互理解、相互支持的融洽关系。"公众必须被告知"这是公共关系中的一句名言,在行政公共关系中,就是政务公开。只有不断地增加税收政务透明度,才能进一步地促进广大纳税人自觉依法纳税,增进征收机关依法办税水平的提高,使税收组织顺利健康地向前发展。

（三）协商沟通、彼此尊重原则

良好的公共关系,必须建立在良好的信息沟通和相互理解、彼此尊重信任的基础上。通过真诚的意见沟通,摆事实,讲道理,以理服人,求得认识上的一致和问题的圆满解决。税务机关和每一位税务工作人员都必须时时刻刻牢记国家和人民对自己的信任,应该始终站在国家的利益立场上,为国家和广大人民群众掌好权、执好法,要礼貌待人,文明服务,尊重和保护纳税人的权益。

（四）依法治税、监督制约原则

依法治税是国家税收的生命线,是税收征管的基础、前提和本质要求,也是税收强制性的具体表现。市场经济的运行规则都是以法制规则为基础的。税收征收管理的最终目的是要达到依法征税、应收尽收,无论是对征税主体的税务机关,还是对纳税主体的纳税人,衡量其权力、义务的运用及履行,都必须以税收法律作为基本标准。征纳双方都应在法律的约束下,以诚信为本,诚信于法;不讲诚信,就是破坏了法律约束,就要依法受到相应的惩处。一方面对纳税人经营活动实行多层次、全方位的监督管理,确保税收收入足额入库;另一方面必须强化内部的监督制约机制,增强监督制约功能,保证各级税务工作人员为税清廉。

二、提高我国纳税信用水平的对策研究

(一)更新工作思路,努力提高纳税人依法"诚信纳税"的意识

1. 进一步更新税收观念,明确、规范政府与纳税人的权利和义务

长期以来,漠视纳税人的权利,加剧了纳税人的逆反心理,破坏了征纳双方关系的对等性,削弱了纳税人自觉纳税的意识,颠倒了纳税人的主人公地位。使纳税环境的公平性、公正性遭到了破坏。倡导政府与纳税人权利和义务的对等性,承认征纳双方是两个平等的主体,不仅要在宪法及相关税收法律中予以明确和规范,而且要体现在税收观念的转变中。要按照与市场经济相适应的税收观念——权利、义务对称说,分别规范税收主体的行为,为纳税信用的确立打下一个良好的基础。权利与义务在法律上和观念上的对等,使纳税人拥有了与政府平等的地位和对话机会,必将激发纳税人诚信纳税的自觉性,增强政府诚信用税、征税的约束力。

2. 进一步转变观念,增强服务意识

要使"诚信纳税"之风盛行,就必须有一个良好的纳税环境。政府各部门特别是税务机关必须忠于职守、秉公执法,必须全心全意为纳税人服务,切实保障纳税人的合法权益。政府部门还要制定一系列措施,让纳税人积极地参政议政,定期将政府收支通过媒

体向社会公布,使纳税人知道其缴纳的税款用在了什么地方,自己
享受到了哪些利益,真正体现纳税人的主人公地位。只有这样,才
有利于征纳双方关系的协调,才能营造更好的纳税环境。要把纳
税服务作为税收工作的灵魂,努力打造服务型税务机关。把税收
服务工作提到"税收工作的灵魂"的高度,更进一步明确税收征管
工作的价值取向应当服务于经济发展,服务于纳税人,服务于全社
会转变这一指导思想。具体要实现以下目标:一是要从对纳税人
纳税过程控制导向向纳税过程服务导向转变,加快由单纯执法者
向执法服务者角色的转换。应牢固树立依法行政也是对纳税人服
务的思想,在执法环节,坚持公开、公正、公平执法,积极为纳税人
创造公平竞争环境,最大限度地保护纳税人的权益和依法纳税的
积极性;二是要从被动服务向主动服务转变。尤其在税收政策信
息传达方面,应利用信息技术和计算机网络系统,及时、准确、全面
地将税收政策向纳税人解释透彻,使企业与税务机关的信息交流
始终畅通,减少和防止企业由于政策了解不全面、不及时出现的问
题,真正维护纳税人的权利;三是要从形象性服务向实效性服务转
变。新形势下的税务机关的服务,不能只停留在程序为主的状态,
应当针对纳税人对税收知识与技能、程序、权益的需要,本着简化、
科学、高效的原则,提供实实在在的服务;四是要在全国统一规范
服务方式和服务标准,使纳税人享受税务行政服务的国民待遇,使
不同地区的纳税人得到同样的服务,同时要使税收服务在普遍化
的基础上兼顾个性化,为纳税人提供个性化服务;五是既要着眼于
降低征税成本,又要着眼于降低纳税成本,使纳税人用最低的纳税
成本获得最优的税收服务。

3. 加大税法宣传力度,提高公民依法"诚信纳税"意识

公民纳税意识的提高并非一蹴而就的,发达国家或地区都用

了几十年的时间培养公民"诚信纳税"的意识。由于税收涉及千家万户的利益，所以税法宣传就应该形式多样、注重实效。我国经过 10 多年来的税法宣传，公民的纳税意识已经由不认识到认识，由知道少到知道较多，由不自觉到相对自觉多了，应该说这是税法宣传的可喜成就。但由于我国规定，每年的 4 月是税法宣传月，所以往往也只有在这个时候，税法宣传才搞得轰轰烈烈。然而纳税行为却是每时每刻都在发生的，税法宣传不应该限制时间，应把它当作一项艰巨任务，坚持常抓不懈，应该将税法宣传渗透到税务机关的日常工作之中，通过多种形式进行宣传，比如把一些印有税收知识和税收案例的小册子放置于政府机关的办公场所，使纳税人随手可得，广受教育；比如通过对社会各界人士的教育、培训，灌输税法理念，特别是对大、中、小学学生的教育，应将纳税信用的理念写进教科书，从小培养纳税信用意识；又比如利用新闻媒体和税收网站，对纳税人进行广泛的宣传，通过不断增强公民的纳税意识，将公民的纳税意识提升到道德和诚信的层面，让公民意识到自觉纳税既是法制观念和社会公德的体现，同时更是诚信的体现，让纳税人意识到"诚信纳税"关系到个人、企业的信誉、商誉，更关系到企业的今后发展，提高纳税人对税法的遵从度。

（二）加快进度，完善诚信立法

诚实守信作为一种社会规范，不仅需要道德支撑，也需要上升到制度层面加以约束。法律是信用市场平稳运行的制度保障，是保护信用主体合法权益的屏障。通过建立健全社会诚信法律和制度，保障社会诚信体系建设的顺利进行。我国《民法通则》、《合同法》和《反不正当竞争法》中都有诚实守信的法则，《刑法》中对诈骗等犯罪也作了处罚规定，但是，在法律、法规体系中，还没有全面、系统地体现、适用经济的要求。经济活动中最重要的是对信用关系严肃性的维护,而信用关系的维护,要依赖于严密规定且严格执行的法律体系。因此,必须重视建立以《税收征管法》为核心的税收法律体系,完善纳税信用立法。在深入贯彻《税收征管法》及其实施细则的基础上,进一步建立健全纳税人的纳税服务法律体系、相关部门协作法律体系、纳税人法律救济体系,使税收信用管理纳入法制化轨道。逐步建立起税收信用评价、激励、监管和惩戒机制,形成合作、双赢、互动的新型征纳关系。

1. 总体上完善税收法律体系

首先要尽快组织制定维护纳税信用基本法,以健全和完善国家的税收法律体系。其次,进一步加大税收立法力度,逐步提升税收立法的级次,树立税法的法律权威,提高税收立法信用。再次,规范清理税收法规,统一法律口径。税务机关法规部门应按国家的要求对有关的税收法规进行清理规范,确保税收法律口径一致;进一步强化依法治税,强化税收执法力度,强化税收司法公正,提高税收司法信用。

2. 建立健全纳税服务法律体系

只有当税法充分反映纳税人的利益,体现纳税人的权利,并且使纳税人在社会生活中处处体验到税法的关怀时,才能使纳税人在理性上信任税法,从而确立税法在纳税人心目中的权威和地位。纳税人在履行纳税义务时,有权依法保护自己的合法权益,享有法律赋予的各种权利;税务部门在行使征税权力时,应接受社会和司法的监督,同时也负有税法规定的各种义务。因此,税收征纳关系中,纳税人既是税务机关的管理对象,又是税务机关的服务对象。为纳税人服务是税务机关征管工作的重要职责,享受税务机关提供的服务是纳税人的权利。随着全社会纳税意识的不断增强,纳税人对于维护自身权益的愿望日益强烈,对纳税服务的要求也越来越高,希望用法的形式对纳税服务的要求固定下来,取代当前各种临时性、应景性、不规范、形式主义的做法。因此,应按照国际惯例,在充分酝酿和广泛征求意见的基础上,适时制定出台《纳税人权利法》,建立健全纳税服务法律法规体系,提高纳税服务法律级次,使纳税服务真正从职业道德和思想政治工作范畴变为税务机关应尽的法律义务和法律行为,实现纳税服务的制度化。

3. 建立健全部门协作法律体系

法律必须赋予税务机关相应的权力。除正常的管理权和检查权外,税务机关还应有对企业开设账户、资金往来、对外投资等的知情权,要从立法上赋予银行、工商等部门一定的义务。由于网上支付越来越多,必须通过立法形式明确银行和其他金融机构向税务部门定期提供纳税人开立账户、资金流动等信息。银行部门要加强对纳税人开户的管理和现金使用的管理,严格执行银行法、现金使用管理办法等金融法规制度,严格限制现金交易的额度,超过一定金额的现金提取要问明用途,及时向税务部门报告,否则,追究银行等部门主管人员和当事人的责任。

建立工商、税务联合同步受理登记制度,明确工商行政管理部门向税务部门提供企业注册登记信息的具体义务。工商部门在办理开业登记时,应先查阅税务部门对开业申请人以前的纳税评估信息,看是否有不良记录,对有不良纳税记录者不予办理登记,直至其履行完纳税义务为止。从法律上使不良记录者在社会上逐渐无立足之地,从而加大违法者的社会成本。

除金融部门、工商部门外,法律还应对其他需要协作的部门的应尽义务进行详细规定,例如,公安部门、海关部门等。通过法律规范部门间的行为,建立广泛的社会协作网络,在社会信用体系框架下发展纳税信用。

4. 提供纳税人必要的法律救济途径

目前,我国已经出台了《行政复议法》、《行政诉讼法》、《国家赔偿法》等法律,税务部门也就以上各法在税务方面的应用相应制定了规则、制度,意图保障纳税人的权利。但由于纳税人长久以来形成的顾忌心理,以及某些税务部门的护短行为等,这些法律救济途径并没有充分的发挥作用。因此,当前,我国除适当借鉴外国做法外,更要严格约束税收征收人员行为,按照《刑事诉讼法》、《行政许可法》、《国家赔偿法》等严肃惩处违纪者,同时,尽快制定《行政强制法》、《违法行为矫治法》等相关法律。

(三)通过建立完善各项制度,提高纳税服务水平

首先,要消除纳税服务的初始偏差。一是,消除办税态度与人格尊重之间的偏差。纳税服务最低层次的服务要求就是将文明的语言、和蔼的态度、对纳税人人格的尊重贯穿到依法治税的各个环节,很难想象一位纳税人在被羞辱的情况下还会心甘情愿地纳税。二是,消除服务内容与服务需求之间的偏差。不同的纳税人在纳税遵从度和服务需求上也不同,要求税务机关不能搞一刀切。例如,美国就将其纳税服务目标定位为"为每一位纳税人的每一次纳税行为提供高质量的服务",还专门启动了"低收入纳税人诊所"计划,帮助低收入纳税人和不会说英语的纳税人[1]。因此,西方发达国家,虽然社会各界对当局的税收政策往往有不同的意见,但是大家还是依法纳税,很少发生"暴力抗税"现象,这种高度的服务意识功不可没。我国税收服务也应该在共性化的基础上兼顾个性化,即无论是城市还是农村,使每位纳税人都能得到其所真正需要的服务。三

---

[1] 潘力、范立新:《市场经济条件下纳税服务的制度条件与思路创新》,《税务研究》2004年第5期。

是,消除征税成本与遵从成本之间的偏差。在我国,传统的纳税服务对降低征收成本考虑较多,但这种减少有时是以增加纳税人的时间和费用为代价的,即增加了纳税人的遵从成本。对纳税人而言,遵从成本与其支付的税款一样,都是一种经济负担,其对不合理的、太大的遵从成本的抵触心态远大于正常税款的支付。四是,消除不同纳税人之间的服务偏差。"不患多而患不均"是要引起足够重视的心理。当"人情税"、"关系税"造成纳税条件相同、纳税数额却不同的纳税格局时,守法的纳税人只会觉得自己太傻或太亏,又如何会激起自觉纳税的热忱呢?执法与服务是统一的,相互促进的。依法治税、提高效率、严厉打击偷骗抗税,创造公平的税收法治环境等,这些实质上是对绝大多数守法纳税人权利的保护,其本身就是对纳税人最好的服务,这是最高层次的纳税服务要求。

其次,要及时阻断初始偏差的传递放大。首先,建立初始变化的预警机制。设置专门纳税服务部门,建立一整套发现、跟踪、监控纳税服务偏差的信息预警反馈机制,及时制止不文明征收行为,耐心宣讲税收法规,妥善化解征纳矛盾,督促纳税人依法交税,就可以在遇到服务纠纷时及时介入进行有效处理和解决,防止事件升级恶化。其次,制定应对突发事变措施。现阶段各级税务机关主要将纳税服务定位在为纳税人释疑解难,普遍缺少缓解矛盾和应对突发事态的措施,一旦发生涉税纠纷,如果处理不当就会使得本来很小的问题变得复杂化。如何化解矛盾也是税务机关工作人员的必修课。具体来说,要提高纳税服务水平应建立以下几项制度:

1. 完善纳税服务机制,提高纳税人满意度

纳税服务是税务机关根据国家法律和自身职责的规定,以国家税法为依据,以完成税收任务为前提,通过规范的征管手段、科

学的管理办法,帮助纳税人掌握税法,引导纳税人正确、及时地履行纳税义务,维护纳税人合法权益的一项综合性工作。国际货币基金组织的专家把税收征管体系比作一座"金字塔",那么为纳税人服务就是整个"金字塔"的基础。可见,纳税服务是整个征管体系的首要环节,具有重要的地位。随着我国社会主义市场经济的发展,税收越来越影响着人们的生活,税务机关应该在依法行使征税权的同时,保护纳税人的合法权益,建立一套科学、完善的纳税服务体系,为纳税人提供优质的纳税服务。这不仅是税务机关工作思路的转变,更能通过协调税务机关与纳税人的权力、权利、义务,有效地促进纳税信用水平的提高。

税务机关要切实将纳税服务落到实处,必须健全、完善纳税服务机制,建立一套从可行性分析、决策、实施到效果评价、信息反馈、服务监督、业绩考评和责任追究的服务工作机制,推动纳税服务工作持续、深入地开展。当前要重点落实以下几项制度:

(1)公开办税制度。即实行政务公开,将执法依据、执法主体、执法责任向社会公开,明确税务机关的权力和责任。建立税收法规信息库,公开税收法律、法规、政策,公开办税制度、管理流程、服务标准,公布受理纳税人投诉的部门和监督举报电话,对违反规定者予以严惩,并定期向社会公布奖惩结果。接受广大纳税人和全社会的监督。

(2)纳税服务责任制度。要创新征管程序,完善征管体系,重组税收征管流程,明确各项业务的岗责体系,科学落实岗位责任制。结合岗责体系的重组,明确征收管理服务工作岗位职责,推进责任服务。

(3)纳税服务承诺制度。向纳税人公开承诺涉税服务标准和办结时间。

（4）纳税服务质量考核制度。对纳税服务质量采取公众投票、打分、问卷调查等方式定期考查,并将纳税服务考评结果与税务人员的工作业绩挂钩。

2. 健全纳税服务机构、简化办税程序,实行"一窗式"办税服务

设立专门的纳税服务机构,是实现优质、高效纳税服务的根本的组织保证。近年来,随着纳税服务工作的开展,纳税服务的专门机构或场所应运而生,许多地方建立了纳税服务中心、办税服务厅、税务机关网站、纳税咨询台等。但是,这些机构和场所还需进一步地统一和规范,才能适应新型纳税服务工作的需要。同时,我国多年的征管实践证明,办税程序的复杂程度与纳税成本之间存在着正比例关系,即办税程序越复杂,纳税人的纳税成本越高。如果基层税务机关能够设立专职或兼职的纳税服务职位,负责纳税服务的主要工作,同时将分散的税务征管机构集中在一个办税服务大厅,纳税人每月只需去一个地方就可以解决所有的纳税问题,这样可以节省纳税人大量的时间和精力,让纳税人切实感受到纳税服务的优越性。

3. 创新纳税服务手段

（1）建立统一的纳税人登记代码及其使用管理制度

税务登记是纳税人依法履行纳税义务的第一道程序,也是税务机关对纳税人实施管理的第一道关口,直接关系到以后的税款征收和监督管理。因此,这个环节也是税源管理的最重要环节。税务登记不只是为纳税人登记在册并发个税务登记证而已,更重要的是通过登记、收集整理有关纳税人的基本资料,为以后的征收管理提供可靠的信息,使潜在税源变为现实税源。为此,需要建立和完善全国统一的纳税登记代码制度,对个人和企业法人都由税

务机关分配给唯一的登记代码,明确该代码的使用范围和管理要求,使该代码与企业、个人的生产经营活动,社会信用等情况相关联,以便建立税收管理信息网络,实现信息共享和系统控制。

(2)加速推进纳税服务信息化

要充分运用电子、通信等现代化科技手段改造税收管理,建立纳税服务网络系统,发挥网络互联,信息互通,资源共享优势,使纳税人和税务机关从繁杂的办税事务中解脱出来,用信息化推进税收管理现代化和税收服务社会化,为纳税人提供方便、快捷、高效的纳税服务。要建立信息服务系统,主要是进行税法宣传和税务咨询,提供电话自动查询系统,利用互联网进行有针对性的税法辅导,帮助纳税人及时、完整、准确地掌握税法信息,了解如何履行纳税义务。要建立程序服务系统,为纳税人提供多种简便、快捷的纳税申报方式和便利的纳税场所,如电子申报、银行网点申报、自助报税机等等,使纳税人享受到优质高效地服务。

(3)建立纳税人洞察体系,实现纳税服务个性化

所谓纳税人洞察体系,是西方国家近年来兴起的热点,其特点是以整合纳税人信息库为基础,以纳税人的需求洞察为主导,把纳税人当成顾客,及时为纳税人提供个性化、交互式的、有效的纳税服务,提升纳税服务质量,改善纳税人满意度,提高纳税人遵从度。"纳税人关系管理"就是"客户关系管理"的理念在税收管理中的应用和发展,将使纳税服务工作发生质的飞跃。不同纳税人在纳税遵从程度和服务需求上是不同的,税务机关不应该同样地看待所有的纳税人,而应该建立纳税人洞察体系,对纳税人进行细分,使税收服务在普遍化的基础上兼顾个性化,为纳税人提供个性化的服务。但是细分的目的不是给一个群体提供100%的服务,而给另一个群体提供50%的服务。其目的是每个人都能够得到他

们自身需要的服务,同时缩小需要重点管理的纳税人规模,以利用有限的资源实现更加有效的管理。

(4)建立规范的纳税信用等级制度和分类管理制度,强化制度约束,引导税收主体诚实守信

实行纳税信用等级制度实际上就是寓服务于管理、寓服务于执法,是对税务资源的最有效配置。目的就是通过建立纳税人依法纳税的激励机制,实现纳税人和税务机关的良性互动。通过税收上的利益诱导与激励机制,使纳税人从自身利益最大化出发,自觉或不得不选择与税法要求相一致的行为,以弥补法律自身功能的某些不足。纳税人信用等级评定制度,有可能在利益激励机制的诱导下,打破扭曲状态下的纳税人利益成本均衡,使依法纳税逐步成为纳税人利益最大化的最佳选择。

具体的做法是:一,按照纳税人守法程度的不同,将纳税人分为 ABCD 四个等级。评定的内容包括:纳税人连续两年的税务登记、纳税申报、税款缴纳、税务检查、发票管理、账簿管理,以及相关行政执法部门对纳税人社会诚信的评价等。对照评分标准为纳税人评分,在不同的分数范围内授予纳税人不同的信用等级。二,对不同级别的纳税人实行不同的管理。对 A 级纳税人的税收管理进行简化,强化对 D 级纳税人的管理。这两个变化表面看与以往差异不大,并且直接解决的仅仅是税收管理技术层面的问题,但是他们能够使纳税人的利益激励机制发生变化,因而影响深远。A级纳税人的身份,是其诚信守法纳税的最好证明,这对于树立纳税人良好的企业和个人形象,无疑是十分重要的。随着社会的法治化、信用化程度越来越高,这笔无形资产的价值也会越来越大,对纳税人的吸引力必定越来越强;同时,守法纳税人还可以因守法而减少纳税成本,对纳税人守法的利益诱导力量已经大大增强。与

此相反,经常存在纳税违法犯罪行为的 D 级纳税人则处于十分不利的地位,因为他们也被从普通纳税人的队伍中剥离出来,成为税务机关监控的对象,其违法犯罪的成本将大大增加。两相权衡,纳税人追求利益最大化的天平开始由违法向守法的方向倾斜。其与税务机关博弈的最优策略已经从偷税转化成依法纳税了。另一方面,对税务机关而言,依照纳税人的情况更易于进行全面、动态地把握,征纳双方信息严重不对称的局面会有很大改观。税收行政执法、监督的重点将逐渐向 D 级纳税人倾斜,税务管理的主动性、针对性必将增强。当纳税人信用等级制度进入政府建立的社会资信平台,与其他政府部门管理的信用制度连通起来时,纳税信用记录即可作为通用信息,实行税务机关与其他政府部门协调联动的约束惩罚机制,从而促使纳税人诚信纳税。这时其对纳税人守法纳税的激励与约束作用必将成倍放大,能够对信用社会建设起到重要推动作用。反过来,信用社会的构建,又使纳税人诚信纳税的价值进一步提升,A 级纳税人的身份不仅是守法纳税人的标志,也是其整个资信良好的标志,因此会成为更多纳税人追求的目标。同时,国家的税收损失也将大幅度降低,能够接近税收利益的最大化,征纳双方在税收博弈中就可以实现双赢。总体上讲,纳税人信用等级制度是以税收法律为后盾,借助纳税信用手段,以纳税人利益诱导与激励机制的重建与调整为核心,从根本上提高税收管理效率的有效方法。

(5)基于纳税评估的税务预警机制

所谓纳税评估,就是通过搜集纳税人有关税收方面的信息,包括税务登记、纳税申报、税款缴纳、发票管理、财务申报、税务稽查及政府相关部门提供的相关信息等,对纳税人的涉税情况进行分析、评价。纳税评估是目前国际上通行的税收管理方式之一,也是税务机关对纳税人履行纳税义务情况进行事中监控的一种手段，体现寓服务于管理之中的指导思想。因此，有必要以征管信息化手段为支撑，科学确定指标体系，建立管理型、服务型的纳税评估制度。税务部门可以根据评估纳税情况发现的问题和线索，通过信函方式告知纳税人，提醒、责成其核实自身纳税情况，依法履行纳税义务，即实施"税务函告"，可以根据纳税状况评估意见，通过约请当事人到税务机关面谈的方式，责成纳税人或扣缴义务人核实自身纳税情况，解释说明涉税问题，并根据核实情况依法接受税务行政处理，即进行"税务约谈"。也可以在约谈不起作用的情况下，直接转入税务稽查程序。

基于纳税评估的税务预警机制给予纳税人自我纠错的机会，使税务机关对纳税人的管理更加人性化，体现"管理就是服务"。是"监督打击型"向"管理服务型"转变的新措施，对于建立良好的税收环境、推动诚信纳税具有重要意义。通过纳税评估，可以掌控税源基础，掌握税源变化趋势，为税收综合分析奠定数据基础。真正落实"以管定查"，减少稽查工作的盲目性，促进重点稽查。

4. 强化内外监督，规范税收执法

要结合税收征管改革，明确税务机关和执法岗位的范围，实现执法权的上收和分解。加快现代信息技术的应用步伐，建立以机构制权、技术制权和制度制权为重要内容的税收执法机制。在税务机关内部，要严格落实执法责任制、案件审理制度和错案追究制，对税收执法进行全方位监督；在税务机关外部，强化纳税人的监督及人大代表、政协委员、新闻媒介、社会舆论的监督和评议，促使税收执法活动的规范化。

与个性化服务不同，税务机关各项执法行为必须严格准确。税收法令不可由征税者任意左右。纳税的时间、地点以及缴纳的方式,均须事先明确告诉纳税人,以便纳税人有所遵循,避免税务人员任意妄为,使纳税人蒙受额外的经济损失。这是对征税机关内部工作程序的严格规范,辅助以纳税人的个性化服务,可消除纳税服务初始偏差造成的扰动。

5. 建立有效的税务检查机制

一是建立税务检查复式防线,把检查的关口前移,全面开展税务稽核。通过对纳税人涉税信息全方位、大容量、多角度的搜集、掌握和整理,形成丰富、真实、准确、规范的信息资料,对纳税申报的真实性、准确性、合法性做出评价判断;二是要确定稽查重点,讲究科学选案,实施有目的的稽查;三是要强化打击力度,凡稽查的案件力求查深、查透,对查实的税务违法行为依法进行处理,构成犯罪的依法移送司法部门追究其刑事责任。

此外,还要合理设计处罚力度,使其成为可置信威胁。一般的说,处罚越严厉,收到的效果就越显著;反之,如果处罚过于轻微,使不诚信纳税者感到无足轻重,自然不会起到应有的威慑作用。例如美国联邦及各州、县税务局对纳税人偷税的处罚是相当严厉的,哪怕偷税数额很小,也会被罚到倾家荡产,声名狼藉。但需要注意的是,处罚力度必须和现有的经济状况和征管水平或征管能力相适应,否则很难执行到位,也就形同虚设了。过去,我国实行的是千分之二的滞纳金加收率,企业大多难以负担,最终的结果也是不得不进行减免,新《税收征管法》将滞纳金加收率由千分之二降为万分之五就体现了合理设计处罚力度的要求,也使加收滞纳金成为了可置信威胁,有利于提高纳税人的诚信纳税水平。

6. 正确认识和理解税收筹划活动

税收筹划是纳税人在法律许可的范围内,充分利用税法提供的差别待遇和优惠措施,筹划和安排投资、经营、理财等活动,以减轻税负、实现整体税后利润最大化的一系列活动的总称。按照法律的基本宗旨,纳税人有权按照法律的规定缴纳尽可能少的税收,因此,税收筹划是纳税人的基本权利。我国现阶段,纳税人的这项权利没有得到税务机关的重视,造成这种状况的主要原因是人们对税收筹划的含义存在模糊认识。税收筹划的实质是纳税人在遵守税收法律、法规并且合乎税法意图的前提下,采取合法手段进行旨在减轻税负的谋划和对策,它与避税有着本质的区别。由于对税收筹划含义的模糊认识,人们对税收筹划还有诸多顾虑。有人认为,鼓励税收筹划会激励纳税人偷逃税款,而且,由于对税收筹划和避税行为的界定不同,容易在纳税人与征收机关之间产生摩擦,不利于税收征管;此外,鼓励税收筹划会令纳税人曲解国家立法意图,滥用税收优惠条款也会削弱税收杠杆的宏观调控能力等等,因此税务机关的一些工作人员对纳税人的税收筹划行为持否定甚至反对的态度。这些都限制了税收筹划的发展,增加了纳税人的税收负担。根据税收征管法的规定,税务机关有义务向纳税人及时、准确地提供有关税收优惠政策等有利于纳税人的信息。因此,纳税人利用我国提供的各种优惠政策和税法本身所固有的差别待遇等,减轻自己的税收负担,是一种合理合法的行为。税务机关应当提倡纳税人的这种行为,必要时提供政策方面和操作程序方面的帮助,这是纳税服务中最为实质的内容。

(四)密切合作,以纳税信用信息为基础,整合社会信用信息资源,完善社会监督

要规范税收信用市场秩序与信用行为,必须首先消除制约纳税信用发展的消极因素,建立完善的纳税人信用数据库,以消除目前信息不对称和契约不完全的状况。从某种角度看,建立完善的纳税人信用数据库是纳税信用的基础。我国社会主义市场经济发

展到今天,经济主体日趋多元化,经济结构日益复杂,经济活动的范围扩展到世界各地,交易各方信息不对称的矛盾越来越突出。这些深刻变化要求我们运用现代科技手段,加强信用信息资源的互联互通,整合信息资源,实现资源共享。只有这样,才能尽量减少信息的不对称,增加信用市场的透明度,这些措施是有效防止逆向选择和道德风险行为,建立信用市场公开、公正、公平竞争的关键。而要做到这一点,就必须努力加强和完善信息披露的法规体系,要求市场参与主体在不涉及商业机密的条件下充分公开自己的信用及相关信息,增加信用过程的共同知识而减少私人信息或隐蔽信息,并通过《会计法》的完善,加大对会计信息违法性失真的处罚力度,加强对企业会计信息的检查,并建立社会检举制度,为国家市场信用的健康发展营造一个良好的信息条件和外部环境。同时,加强不同地区、不同部门之间的协作与配合,强化监管,优化服务,提高效率,堵塞漏洞,杜绝和防止违法违规、不守信用行为的发生,共同营造诚信光荣,失信可耻的社会氛围。通过税收信息运作,达到社会监督的目的。

1. 税务部门协助建立社会信用制度,提供社会服务

目前,国家正在努力完善社会信用制度,上海已率先成立了个人诚信有限公司,开始建立个人信用档案,将来可为用户个人、银行、司法、税务、工商等有关部门提供个人信用联合诚信服务。通过社会诚信,建立和完善企业和个人信用记录体系,为个人和企业建立"信用档案",使诚实守信者受到社会的信任和尊重,不讲信用者受到应有的惩处。

作为税务部门,应充分利用这一社会信息共享机制,同时,要发挥自己的优势。在收集分析纳税人社会信用资料的同时,也要借鉴加拿大、澳大利亚和新西兰等国家的经验,负责提供一定的社

会服务,如为纳税人、银行、工商等部门提供纳税资信证明、代收有关费用等,借以扩大税务部门的影响力,增强人们对依法纳税重要性的认识,自觉促进依法纳税的社会激励环境。税务部门要会同有关部门,在推进中小企业信用体系建设中公布一批重合同、守信用、依法纳税的中小企业,曝光一批拖欠银行贷款、拖欠税款的中小企业,发布一批信用担保机构名单,充分发挥舆论监督的作用,提高失信成本,对制造虚假的失信的机构和人员给予严厉的惩罚,甚至绳之以法。要加强舆论宣传,大大倡导"信用是最重要的资本"的观念,培育良好的社会风气。

2. 规范对中介机构的管理

中介机构是为提供维护市场信用服务的,对于促进市场经济的有序发展具有推动作用,它在培育纳税信用的进程中扮演着重要的角色。例如在美国,信用交易比较普遍,没有信用记录或者信用记录差的企业很难在市场上立足,信用记录差的个人在办理消费信贷、求职、开办企业等诸多方面也都受到很大制约,因而迫使各市场主体保持较强的信用意识。如此看来,中介机构在信用体系中占据重要的地位。因此,这些机构本身首先必须遵守诚实守信原则,行为要独立公正,不能向客户提供不准确的信息,做出不公正的评价,不能提供虚假的财务审计报告等等。所以,规范中介机构的行为,加强对中介机构的监管,对维护市场经济秩序是非常重要的。对蓄意出具虚假验资报告、资产评估报告及审计报告等的中介机构,要严格按照有关规定追究责任,直至取消其相关执业资格,严防中介机构与企业合谋欺诈的情况发生。

3. 鼓励发展以税务代理业为主的社会化纳税服务体系

税务机关的纳税服务,是法律赋予征税主体的应尽义务和责任,但它不可能承担纳税人的所有涉税事宜。在税务机关提供的纳税服务之外,纳税人所需要的其他税收服务项目,应当通过税务代理的途径来解决。越来越细的社会分工,使得税务代理成为现代纳税服务体系的重要组成部分,并且具有税务机关不可替代的重要作用。积极稳妥地发展税务代理业,已经成为构建现代税收征管新格局,为纳税人提供优质纳税服务的重要内容。只有将这两种服务相互结合、相互补充、相互促进、协调发展,纳税服务工作才能步入健康的发展轨道。

然而,由于税务代理体制和业务供需机制管理等方面的缺陷,我国税务代理市场面临规范的代理主体供小于求和纳税人对税务代理认识不足、无法接受的矛盾。因此,借鉴美国税务代理机构和其他社会团体合作开展税收管理和为纳税人服务的做法,我国税务机关必须借助社会力量形成一个社会化的纳税服务体系。促进税务代理的健康发展,当前要做好四方面的工作:一是要建立健全税务代理的规章制度,要明确税务机关无偿服务和社会中介组织有偿服务职责界限、业务范围,规范税务代理行为,根据市场规律,建立、培育与国际惯例接轨的税务代理市场;二是从政策上、管理上积极鼓励社会中介组织发展税务代理事业,加强宣传解释工作,鼓励纳税人在自愿的前提下积极寻求税务代理服务;三是要发挥注册税务师协会的作用,完善制度,实现依法代理,健康发展;四是加强对税务代理的指导和监督,依法支持并充分发挥税务代理的作用,使其真正成为介于税务机关和纳税人之间的独立、公正的社会中介组织。

第五章 纳税信用等级评定系统的研究

　　税收是我国财政收入的主要来源,在社会主义市场经济条件下,更是国家机器运转的重要基础,也是国家宏观调控的基本手段之一。税收的重要性,决定了建立纳税信用体系的重要性。通过建立纳税信用制度,将道德约束与法律法规约束结合起来,增强依法纳税意识的自觉性,从体制机制上最大限度地减少纳税信用,做到应收尽收,确保财政收入稳定增长。

　　2003 年 7 月国家税务总局公布《纳税信用等级评定管理试行办法》,正式拉开了纳税信用体系建设的序幕。三年多来,许多地方的国、地税局联合起来,共同开展纳税信用等级评定工作,有力地推动了纳税信用体系的建设。建立健全社会信用体系是建设现代市场体系的必要条件,也是规范市场经济秩序的治本之策。我国社会信用体系建设起步较晚,公民信用意识比较淡薄,各种偷逃税款、制假售假等失信、违法行为,还经常发生,严重影响社会经济生活的正常秩序。因此,加快信用体系建设刻不容缓。

第一节　国内外研究现状

一、国内研究现状

　　在我国,有关纳税信用等级评定系统的论述比较少。税收秩序是社会秩序的重要组成部分,适用经济学的一些逻辑分析,他从诚信治税的三个层面:诚信纳税、诚信征税和诚信用税来分析诚信治税的约束机制。① 另外还有学者单独强调诚信纳税,如邓力平对纳税信用等级评定系统作了精要解释。② 刘欣涛、陈枉泓③从信息经济学角度、管理学角度以及博弈论角度分别对纳税信用等级制度进行了理论方面的解释,认为科学的管理和公正的评估是纳税人信誉等级制度发挥应有作用的重要基础,要达到此目标,需要在制度建设上做出更多的努力,同时还认为落实不同纳税信誉等级的纳税人的不同待遇,尤其是落实 A 级纳税人的优惠待遇是纳税人信誉等级制度发挥应有作用的重要措施。崔源潮④认为纳税信用等级制度原则上税务机关通过对一般纳税人遵守税法和执行财务会计制度情况的审核来评定其纳税信用,每年审评一次,实行升降级制度。在管理方面,税务机关根据审核评定的纳税信用等级情况,在纳税检查、服务设施、税务登记证件年检和一般纳税人的资格年检、纳税申报、税款缴纳、发票供应以及出口退税等方面,实施一等、二等、三等 3 个级别的差别管理。对一等信用的纳税人可实行某些税收优待政策,对二等信用的一般纳税人实行常规的管理办法,对三等信用的一般纳税人则实行税务重点监控和稽查。

---

① 王国华:《诚信纳税　诚信征税　诚信用税》,《中国税务报》2006 年 4 月 6 日。

② 邓力平:《诚信纳税与讲真话》,《涉外税务》2002 年第 4 期,第 14 页。

③ 刘欣涛、陈枉泓:《纳税信用评估相关问题研究》,《税收与经济》2005 年第 6 期,第 9 页。

④ 崔源潮:《应重视税务行政行为中的纳税服务》,《税务研究》2003 年第 9 期,第 57—59 页。

二、国外研究现状

在美国,社会综合信誉资料是一个历史的全方位评价当事人经济活动信用水平的信息记录,记录着当事人在经济领域中所有行为信誉度。比如,依法纳税和不依法纳税的情况、正常进出口贸易和走私骗税的情况等等。其中,能否坚持诚信纳税,是当事人综合信誉资料中一项十分重要的信誉信息。假如纳税档案记录中有不良纳税行为,资信调查机构或中介机构就可以通过媒介或互联网数据库进行即时查询。这样,工商、税务、海关、银行、保险、能源等政府管理部门对其保持高度警惕,加强管理和限制。

新加坡是"无处不见税的国度",然而,诚信纳税和征税已成为公民和税务部门的自觉行动。良好税收秩序依赖严密严厉的执法手段,有效的激励机制和主动的税收服务。税务部门建立了一套高效的电脑监控系统,这套系统能在短时间里处理和输出大量资料,使登记、催缴和稽查等复杂工作变得简单易行、互相牵制。监控系统提供了一个与各政府机构紧密联系的平台,使获取情报非常便捷。

墨西哥人有较强的纳税观念,同时广泛利用现代科技完善税收服务,推进诚信纳税。从 2000 年起,墨西哥税务部门开始推行网上纳税服务,纳税人在财政部办的有关网站上下载相关软件和表格,就可以通过电子单据进行申报纳税。这一方法简化了纳税手续,降低了依法诚信纳税的成本,而且提高了税务部门的工作效率,加强了对不诚信纳税者的监督管理,这从另一方面推进了全社会纳税信用等级评定系统的建设。

日本的税收建立了蓝色申报表制度。凡能够做到如实记账、正确计税的,纳税申报时就可以申请使用蓝色申报表。蓝色申报表制度为纳税人在税收上提供相当多的优惠。

考察国外税收征管工作,一些做法值得我们学习和借鉴:

首先,社会信用体系和纳税人信誉管理系统完善。诚信税收根植于整个社会的信用体系,在完善的社会信用体系上建立诚信税收体系。其次,完善完备的税收法律法规体系,严厉的惩罚措施和良好的法律环境。第三,为纳税人提供优质服务,完善税务代理,帮助纳税人正确纳税申报,为纳税人申报纳税提供便利,而不是一味的强化征管稽查、惩处。第四,税收征管依托计算机网络系统,工作效率高。

总之,与国内相比,国外研究税收征纳不仅着眼于纳税人应怎样缴纳,而且对税收的征纳还强调以激励机制与惩罚机制相互配合来维持征纳双方对税法诚信,强调纳税服务。国外税收征管理论和实践证明纳税信誉档案是一种行之有效的监督激励机制,该制度加大了非诚信纳税人的机会成本,从某种意义上讲,是对非诚信纳税人的惩罚。

第二节 纳税信用等级评定的重要意义

一、我国纳税信用等级评定现状分析

(一)诚信纳税状况较差

在诚信纳税状况上,由于历史缘故,我国国民的纳税意识比较淡薄。不少纳税人把偷逃税款作为增收的途径之一,千方百计钻税收法律制度的空子,笼络各方关系进行税收违法犯罪。而且,由于我国整个社会信用系统缺失、法制意识淡薄,诚信纳税行为还未能形成社会风尚。从税收实践来看,以往我国每年都开展全国税收、财务、物价大检查,大量偷税、逃税、骗税等不诚信纳税的案子在大检查中被查出。据不完全统计,1994—1999 年 3 月,全国查

处涉及增值税专用发票犯罪的死刑案有 39 件,一审判处死刑的有 62 人,已执行的有 39 人;1998 年全国发生暴力抗税案件 2500 多起,是 1994 年的 5 倍;每年全国大约有 300 多名税务人员在与偷税抗税行为斗争中致伤致残,有的甚至献出了宝贵的生命。据国家税务总局 1997 年税收执法大检查汇总统计资料显示,共查出不符合国家税法的地方党委政府涉税文件 460 多份,造成税收流失 3.66 亿元。从历年大检查的结果看,违纪大户的数量呈上升状态趋势,涉税违纪案越来越多,查获的违纪金额也越来越大。① 从已有检查结果的资料来分析,我国诚信纳税状况的确不容乐观。

(二)诚信征税状况较差

在诚信征税状况上,征纳双方信息不对等,征税方"透明作业"、"对等披露"不够,在税务具体行政行为中造成纳税人不应有的损失,有的税务人员收人情税、执人情法、办人情案,故意少征税款,人为地造成税收收入的流失,把自己手中握的税收执法权当作谋取私利的工具;有些人曲解税收法规,擅自印发涉税文件;有的违规擅自减、缓、免税;有的厚此薄彼,重大轻小,甚至还有个别害群之马与造假偷税者串通一气,合谋违法犯罪。近年查处曝光的数起触目惊心的虚开增值税发票或骗取出口退税大案,几乎无一不与税务机关内部的"家贼"有关。据统计,我国 2001 年共查出与国家税法不符的涉税文件 1458 份,其中税务机关内部文件 387 份,地方党政和其他部门文件 1071 份,各地违反税收制度金额 21.4 亿元。② 凡此种种,虽表现形式各异,但本质一样,皆是职业

---

① 中和正信网 http://www.zhzxcpa.com/fgcx/pagetax.asp? rid=122117

② 范瑷瑷:《建立纳税信用等级制度的理论探讨及制度设计》,《吉林财税高等专科学校学报》2002 年第 3 期。

操守缺失、不诚信征税造成的。

二、纳税信用等级评定的重要意义

（一）有利于政府组织财政收入，强化政府宏观调控能力

税收是取之于民用之于民的，偷逃税、收人情税等非诚信税收行为的直接后果就是纳税信用、国家财政收入减少。经过多年结合个案调查和国税、地税基层征收单位实际征收情况的分析，以及对未经工商登记注册的地下工厂的有关资料分析后测算，自 1995年至 2000 年，我国每个年度纳税信用的绝对额均在 4000 亿元以上。① 而一个国家的政治、经济、文化、法制环境的建设资金主要来源于税收，大范围的偷逃税收造成剧减的财政收入与刚性的财政支出形成强烈反差，结果既造成各项社会事业特别是公益事业难以为继，又造成政府债台高筑。在目前政府收入机制尚未理顺、预算监督较为宽松、税收收入占 GDP 的比重偏低的情况下，各部门、各地方政府为了缓解财政支出的巨大压力，必然产生增加收费的冲动，甚至成为某些部门、某些地方乱收费的借口。由此可见，税收不诚信行为不仅会减少政府财政收入规模，而且还会对政府收入机制产生侵蚀和破坏作用，进而加剧政府收入行为失控，破坏经济的正常运行。同样，税收不诚信行为无疑会严重削弱税收作为"经济内在稳定器"的作用，削弱"相机抉择"的税收政策在经济宏观调控上的力度和效果。

（二）有利于企业公平竞争和企业信誉建设

从微观的角度看，偷逃税款对于纳税人而言，更确切地说是国

---

① 周德志、张永明：《对税收信用体系建设的思考》重庆市国税局网站 ht-tp://www. cqsw. gov. cn,2006 年 7 月 31 日。

家向不诚信纳税人所支付的"财政补贴"。① 这种"财政补贴"的存在,使同类企业或同类产品的税收成本不同,引起市场价格失真,错误引导社会资源配置,破坏优胜劣汰的市场竞争机制,迫使那些守法纳税的经营者要么转而效仿,要么被挤出市场,这就是所谓"劣企驱逐良企"的税收不诚信的市场效应。近年来疯狂的成品油走私对国内石化行业的严重冲击就是最明显的例证。走私分子通过偷逃关税,把远远低于国内市场价格的成品油走私到国内出售,从而引发了国内成品油价格大幅下跌,造成国内石化行业全行业亏损。

对于企业来说,诚信纳税是衡量企业商业信誉的重要标尺,是遵守市场竞争规则、维护商业道德的具体体现,是最好的形象宣传。相反,一个被曝光偷逃税的企业不仅将会失去生意合作伙伴和机会,而且即使在取得合作机会时,也易造成交易成本昂贵和程序的复杂。企业税收非诚信行为不仅败坏商誉影响生意,同时也会在融资投资方面遇到障碍,这对企业的长期发展有百害而无一利。

(三)减小贫富差距

由于个人所得税为累进制,不诚信行为直接减少了应税所得额,因而达不到法定的纳税档次,无形中降低了较高档次的边际税率。而政府要保证必要数量的税收,必然把所逃税额加收到诚信纳税人身上,加重了诚信纳税人的税收负担,有悖于税收公平原则,税收的收入再分配调节目标难以实现。不诚信行为严重破坏了收入的正常分配状态,使收入分配更加不公平。一项调查显示,

---

① 薛菁:《建立税收信用体系的必要性和对策思考》,《中共山西省委党校学报》2004 年第 6 期。

目前国有企业创造的产值约占全国的 30% ,而缴纳的税收却占全国的 70% ,而作为"三分天下有其一"的个体私营经济为国家财政所作的贡献与其经济地位明显不相符。① 尽管这里有税制设计、税收政策等因素的影响,但是在实际征管中,确实存在着对国有、集体经济管理较严,而对个体私营经济管理偏松的问题。这种状况的延续和加剧,必然导致私营企业主与普通老百姓收入差距的进一步拉大,特别是在国有企业面临困境,下岗职工增加的情况下,不利于社会的稳定。

(四)提高社会整体福利

根据公共财政理论,税收的存在源于公共需要以及为满足这种需要而提供的公共品,它是人类社会发展和进步的结果。社会公共需要源于个人需要,但是,个人又无法有效率地提供足够的公共品,这使得公共品的提供必须借助于超越个人力量的公共权利机构来实行,然而,政府不会生产,因此,为满足这些所需的庞大资金就主要靠税收这种形式。因此,征税人和纳税人的非诚信行为直接会减少政府的税收收入,归根结底却将导致个人需要得不到满足,进而损害个人自身利益。

总之,税收不诚信行为困扰着税收,也威胁着国家的经济秩序、经济发展和社会安定。

第三节　纳税信用等级评定的标准和方法

纳税信用等级评定标准是按照国际上的四分法分为四个等

---

① 林昶:《电子多元化申报纳税系统分析和设计》,《宁德师专学报》(自然科学版)2004 年第 1 期。

级。具体方法是根据每项业务和纳税的情况赋予不同的分数,最后累积得分,根据分数评定信用等级。

一、纳税信用等级评定标准分析

纳税信用评估核心内容是:业户申报、科学评估、差别待遇和动态管理。在具体的操作中应遵循以下主要原则:

(一)遵循公平无歧视的原则

WTO 涉税原则要求公平、公开、公正,纳税信用评估工作也是如此。纳税信用评估工作主要取决于业户的纳税意识、财务管理水平、纳税申报质量、税款入库情况、社会信用以及办税人员素质高低等因素,但不管纳税业户经济性质、规模大小、经营方式如何,也不论其应纳税税种多少、应纳税款大小,都应一律纳入纳税信用评估的范围之中,不容存在歧视。在纳税信用评估管理中,要平等对待,一视同仁,扩大评估范围,公开评定标准,逐步让所有的纳税业户都参与申报,参与评定,使应该享受到优惠待遇的通过评定后一律享受到相关的优惠待遇。考虑到我国纳税人的现状,实施范围应先放在增值税,实施对象应先是一般纳税人,等时机成熟后再推广到其他税种和纳税人。

(二)立足于纳税业户的日常管理,提高征管质量

纳税信用评估工作要立足于日常税务管理基础上,进行严格、细致的日常监控、考核和管理,才能保证评定的真实性和客观性,才能增强评定结果的科学性。为了增强评估的科学性,在评估方法的选择上应采取计算机自动评定为主,在纳税信息不对称的情况下,以人工采集的数据作为辅助的评定手段。考核工作也应以税务机关单方面的评定逐步引入多方参与评定工作。

(三)遵循分级负责,因地制宜的原则

国家本着"不增加纳税人额外负担,加强税收征管"的原则,宜简不宜繁,从宏观上制定指导性、框架性的办法,具体实施办法由省、市级税务机关制定。通过积累经验、完善措施,逐步形成国家、省、市分级负责、分级评定、分级管理机制。

(四)遵循以正面激励为主,反面惩戒为辅的原则

纳税信用是企业的一种宝贵的无形资产。在纳税信用评估工作中引入激励惩罚机制,对不同纳税信用等级的纳税人实施不同的管理方式,重点落实纳税信用等级较高的纳税人的税收及其他方面的优惠。对纳税信用等级较差的纳税人加强管理,重点稽查,增加和提高税法的遵从度。

二、纳税信用等级评定要解决的关键问题

实施纳税信用评估,是建立诚信税收机制的一项系统工程,重在立足于日常考核、动态管理、跟踪监控和后续服务。在具体的工作中应把握好以下几个环节:

(一)成立纳税信用评估机构

借鉴国际上的成功经验,考虑到我国社会联合征信的状况,应先由税务部门牵头协调成立由国税、地税、审计、财政、金融、海关、中介机构等部门和相关人员参与的具有相对独立、客观公正、行为权威的纳税信用评估等级管理机构。由该机构负责具体的日常评定工作,并将评定结果交付于相关部门使用,其他相关部门具体落实不同等级的纳税人应享受的差别待遇。评定机构制定统一的标准和办法,实行百分制考核,从纳税人税务登记、纳税申报、税款缴纳、发票使用情况和管理、财务管理等方面细化分解,根据纳税人得分高低评定出 A、B、C、D 四个等级。对达不到考核分数的纳税人,以及存在税收欺诈行为的纳税人取消纳税信用等级评定资格,

并予以公布,交与税务稽查部门作为监控的重点对象。

(二)加强日常考核管理

日常考核管理是纳税信用等级评定管理的基础和依据,为纳税信用评估提供了第一手资料。因此,评定机构应坚持日常考核在前、等级评定在后的程序,积极探索建立健全全方位的跟踪纳税人的管理体系。建立完善、规范的信用等级管理档案,对纳税业户日常纳税信用资料,做好检查和记录,连续、详细地收集业户经营和纳税情况,结合审核评税的日常管理工作,认真审核、分析纳税户的相关纳税资料,为评估工作提供真实可靠的第一手资料。考核评定中应突出强调其公正、公开,增加评定工作的透明度。

(三)坚持实行升降级的动态管理

动态管理是纳税信用评估工作的生命。对纳税信用等级评估工作不能采取终身制,必须实行升降级的动态管理,一年一评定,业户等级和所享受的差别待遇根据每年的评定结果的升降而做出相应的变动。评定机构内部应建立严密规范的纳税信用等级考核管理体系,对业户经营管理和履行纳税义务情况进行专业化、系统化的监控。

(四)认真落实优惠待遇

对不同的纳税信用等级的纳税户实行差别管理,是纳税信用评估的灵魂。而落实优惠待遇是提高纳税信用评估工作的吸引力和社会影响力的重要内容。在前面的有关章节中也着重地介绍了国际上把纳税信用等级高的企业直接与是否享受税收优惠政策挂钩。应积极探索符合我国国情的较高的纳税信用等级的优惠政策,如:政府表彰、与其他商业信用直接挂钩作为商业银行授信的重要指标、给予企业法人代表和财务人员各种社会上好处等,以期达到重点扶持 A 类企业,加强管理 B 类企业,重点稽查 C、D 类企业之功效。

(五)努力将纳税信用扩大到整个社会信用领域

诚信税收是一项社会性工程,需要全社会的共同努力,需要有一个讲道德、诚实守信的社会大环境,需要形成政府支持、部门配合、社会参与的良好氛围。加入 WTO 后政府部门是适应的主体,这就要求政府部门切实地转变职能,优化作风,积极支持建立诚信税收机制,诚实征税、诚实用税,营建信用税收的大环境。

(六)逐步将纳税信用评估工作纳入法制化轨道

"诚信税收机制的建立,既是一个道德范畴,更是一个法治范畴。"①加入 WTO 后要求我国建立完善税收立法机制,规范立法,规范执法。在市场经济条件下,要形成依法纳税的社会环境,有道德规范来引导和约束公民的纳税行为,自觉树立诚信纳税的道德观念,是全面推进依法治税的基石。而道德是一个流动的概念,单纯将诚信停留在道德建设的某一时点上,仅仅依靠纳税人自觉自愿如实履行纳税义务是远远不够的,将无法保证诚信的安全,必须靠无形的"道德之手"加上有形的"法律之手",才能构成诚信税收赖以生存的制度性条件,引导其由无序走向有序。② 法律是诚信税收机制平稳运行的保障,是保护征纳双方合法利益的有力屏障,建立强有力的法律法规,实施制度管理、法治管理是十分关键和必要的。应在全国范围内积极试点的基础上逐步建立诚信税收激励

① 詹姆斯·欧姆:《个人行为和福利的不确定税收政策》,《美国经济评论》1988 年第 3 期。

② Jarrow R. A. ,Turnbull S. M. :《市场与信用风险交集》,《法国银行业杂志》2000 年第 24 期。

机制和失信惩罚的机制,并形成法规,做到纳税信用评估有法可依、违法必究。

三、实现纳税信用等级评定的关键环节

(一)纳税信用评定的具体措施

考虑到目前我国联合征信机构的缺乏,纳税人的纳税资料只有税务机关才能集中、有效和低成本地收集,纳税信用评估的组织机构应先由税务部门牵头设置。根据我国几个城市的试点工作经验,一般由各级税务机关分别设立纳税信用等级管理办公室,负责纳税信用等级考核认定管理上作的组织实施、指导协调和监督检查。A级纳税人的认定、复核、升(降)级、取消信用等级等工作的权限应集中于地、市一级的税务机关;县市级税务机关和市税务局各分局负责纳税人的考核管理和B、C级纳税人的复核、认定、升(降)级、取消信用等级等管理工作;基层分局(所)、市税务局各分局管理科室,要指定专人,专职负责考核纳税信用有关信息的收集、整理、分析、汇总和报送工作。

(二)纳税信用评定的具体方法

1. 评估参数的选择

借鉴国际经验和我国税收征收管理的涉税的每个具体环节来确定纳税信用评估参数,这些参数主要有:税务登记、纳税申报、税款缴纳、取得使用发票、财务管理和其他因素,并对每个参数进行细化。

纳税信用等级评估认定标准、方法及实际分数确定。

(1)纳税信用等级评估认定标准。

根据国家税务总局的精神,结合我国几个试点城市的经验对纳税信用等级评估认定标准以表格形式加以详细说明。

纳税信用等级评估认定标准表

信用等级	分数	评定标准
D 级	20 分以下	财务会计制度不健全,不能核算应税收入,主动申报纳税意识差,无法保证税款及时足额入库。对税收法律法规和规章制度的遵从度差,工商、银行等部门的评定信用度低。
C 级	20 分以上 60 分以下	财务会计制度不健全,无法准确核算应纳税款,主动申报纳税意识不强,申报率及准确率较差,依法纳税意识较差,税收法律法规和规章制度的遵从度较差,工商、银行等部门的评定信用度低。
B 级	60 分以上 90 分以下	财务会计制度较健全,能比较准确核算应纳收入和应纳税款,按期纳税申报率及准确率较高。依法纳税意识较强,税收法律法规和规章制度的遵从度较好,工商、银行等部门的评定信用度较高。
A 级	90 分以上	财务会计制度较健全,会计核算准确,能比较准确核算应纳收入和应纳税款,一直能按期和准确申报纳税。依法纳税意识好,能自觉遵守和严格执行税收法律法规和规章制度,评定年度内没有税收违法违规行为,工商、银行等部门的评定信用度高。

(2)纳税信用等级评估认定方法及分数确定

纳税信用评估认定方法是将税务登记、纳税申报、税款缴纳、发票管理、财务管理和其他因素作为数学变量进入纳税信用评估函数,运用特定的数学方法和每个评估对象的历史数据,对每个参数确定其分值,其累计所得分值即是该评估对象的信用等级分值。为了防止纳税人缺少上表的项目而导致纳税人信用等级评估偏高的现象发生,对缺少上表中项目的纳税人,按总分数减除缺项分数后换算成标准分数计算实际得分,其具体的计算公式:

实得分数 = [(100 − ∑缺项得分) − 实扣分数]/(100 − ∑缺项得分)

2. 等级设置

依据上表各项评分要素和评分权重对纳税人进行纳税信用等

级评分,累计得到自己的实际信用分数,根据实际分数进入的档次来确定自己的纳税信用等级,并享受不同等级对应的税收及其他方面待遇。

各分值的信用等级如下表示:

评分	等级
20 分以下	D 级
20≤得分＜60 分	C 级
60≤得分＜90 分	B 级
90≤得分	A 级

3. 纳税信用等级评定需求分析

实施纳税人纳税信用等级评定的目的是提高纳税人依法诚信纳税意识,实行分类管理,整合税务机关的管理资源,增强税收管理的针对性和管理效能。所谓信用(credit),是指一种建立在授信人(债权人)对受信人(债务人)偿付承诺的信任的基础上、使后者无需付现即可获取商品、服务或货币的能力。由于现代市场经济中大部分交易都是以信用为中介的交易,其本身就是信用经济。当前的中国经济是由计划经济脱胎而出的,信用基础十分薄弱。在计划经济条件下,整个社会被组织成为一个全国范围的单一企业。在那里,经济资源由政府通过行政命令在自己所属各单位之间进行配置,信用只是资源配置的一个微不足道的辅助性手段,而且信用手段只是由作为政府出纳机关的国家银行掌握;以避免资源配置的自发性为理由,企业之间的商业信用是被严格禁止的。改革开放以来,市场的发展对信用提出了愈来愈高的要求,而信用制度和信用管理体系的基础设施建设却远远落后于这种要求。

4. 评定对象分析

纳税信用等级评定的范围:从事生产经营、应该办理税务登记的纳税人(除临时从事经营的纳税人)均应参加纳税信用等级评定。实行定期定额征税的纳税人账务不健全,生产经营状况无法核实,可以不作为纳税信用等级评定对象。主要评定范围是账务健全,能准确核算生产经营情况的纳税人。由国家税务局、地方税务局共同管辖的纳税人,由两局提供资料进行评定。单独管辖的纳税人分别由国家税务局、地方税务局负责评定。

5. 当前存在问题

市场经济需要税收信用,市场经济呼唤税收信用体系的建立和完善。但目前我国的税收信用尚有许多不尽如人意的地方,某些情况还比较严重。

(1)征税信用方面:一是现行实体税制在设计和具体业务的处理上尚存缺陷,不利于建立税收信用机制。主要有税种多、税种中的具体政策法规多等问题,不要说纳税人记不全,就是税务人员也可能遗忘;政策变化频繁,给贯彻执行带来诸多不变;计算复杂,纳税人与税务机关计算结果经常不一致,即使税务机关内部有时意见也不一。二是税务机关有时执法不规范,不依法征收、减免或稽查,自由裁量权滥用,这些对税收法律的不诚信,对税收信用产生了不良影响。三是税务机关长期以来采取的"有过错推定"的思维模式,忽视纳税人的权利,在税务管理中不相信、不尊重纳税人,侵蚀纳税人的合法权益时有发生。

(2)纳税信用方面:一是有的纳税人采取欺诈手段,收入不入账,使用虚假票据,不真实反映生产经营情况,逃避纳税义务。二是有的纳税人不申报、少申报应纳税款。三是少数纳税人以金钱、利益等手段贿赂税务人员达到不缴税或少缴税的目的。四是极少数纳税人采取威胁、暴力的手段干扰税务人员的正常执法。诸多表现反映着不公平、信用低的纳税环境。

（3）用税信用方面：一是财政支出透明度不够,纳税人对财政支出的项目、范围、数量不甚了解。二是由于财政支出急剧膨胀,预算外支出项目大量存在,税费不分,收费过高等现象普遍存在,给纳税人造成了负担过重。三是财政支出的监督措施不到位,财政支出的支出权力成了腐败产生的一个高发区。这些都是用税人缺乏诚信的集中表现。

（4）税收中介信用：一是税收中介服务机构目前还未有效建立。二是银行、工商、计监等相关职能部门的信息不对称,信息尚不能完全共享,其相关信用状况不能或没能有效的应用,纳税人的税收信用状况还不被社会认识,或社会无从认识。三是对中介机构的监管力度还处于初级阶段,缺乏有效的监督措施。导致这些现象的成因是多方面的,有历史原因,社会原因,制度原因,失信成本过低等原因。

中国经历了几千年的封建社会,封建社会是自给自足的小农经济社会,商品经济意识淡漠,商品交换多以生活资料为主,交换的时间和空间均受局限。新中国建立后,我国又长期处于计划经济体制,依靠的是行政手段,信用没有生存的土壤和条件。目前,我国仍处于社会主义初级阶段,市场经济还处于起步阶段,社会上不同程度存在着"诚信在生活中是理想化的美德,现实行不通,做不到"；"诚信者吃亏"；"我讲诚信,别人不讲诚信,我也不讲"等错误思想。这种信用基础的薄弱,使得税收信用的各种主体缺乏与市场经济相适应的道德规范和信用意识。

（三）信用等级评定策略的确定

1. 关于防范纳税信用评定风险

实施纳税信用等级管理制度以后,各地开展诚信纳税可能出现的问题有：一是税务机关由于失察，没有掌握纳税人的实际情况而评错其信用等级。二是由于客观原因，在评定了纳税人信用等级之后，又出现了反复，有的纳税人的信用等级与实际情况相差甚远，影响了税务机关的纳税信用评定管理工作。

2. 关于纳税信用等级评定指标的选择

根据《纳税信用等级评定办法》，结合税收工作实际，本系统采用 5 大类 25 个基本指标，对纳税人进行评定。这 25 个基本指标涵盖了对一个纳税人的所有税收管理环节。

第四节　纳税信用等级评定系统设计

一、系统结构设计

（一）设计原则和指标

纳税信用等级评定系统设计应遵循国家税务局关于《纳税信用等级评定管理试行办法》和其他有关条例，具体的设计原则主要包括以下几个方面：

1. 作好系统整体规划，确保系统的先进性，能适应未来发展的要求。这就要求系统从软件到硬件都要进行整体考虑，确保在相当一段时间内能满足业务发展的要求。采用基于 Internet 的 B/S 三层网络架构解决方案，能够很容易的添加新的功能，以满足不断增长的信用评定业务的需要。

2. 采用先进、成熟、可靠的网络方案。在信用评定系统中，采用目前技术比较成熟的快速以太网来搭建局域网。

3. 系统应注重实用性、方便性和可扩展性。以太网具有组网方便，易于安装、调试的优点，而且具有很强的扩展性。

4. 系统应注重安全性和容错能力。为了保证信用评定系统的安全性,采用了多项技术来保证系统的安全可靠。这包括:防火墙技术、SSL 安全套接层、数字证书技术等。由于使用系统的过程中不可避免的会出现误操作,因此在数据的设计和程序的开发中充分考虑到了数据的安全性和准确性。

系统设计指标:

为了满足应用不断发展的要求,系统平台应满足两个条件:

1. 满足系统初期的使用要求。

2. 满足系统将来的平缓扩展。

在系统的各项性能指标中,系统数据库的容量和系统处理的交易能力是最重要的两个指标。要求系统平台的选型应能满足系统的初期指标的要求。

(二)体系结构设计

目前流行的基于网络的电子业务体系的结构通常是以 3 层结构和两个防火墙为基础的。整个平台体系结构可以分为 4 个部分:

1. NET 基础设施和工具:用来构建和运行电子企业系统的基础设施和工具,包括 Visual Studio. NET、NET Enterprise Servers 及 NET Framework.

2. NET 基础服务:NET 服务包括一组用于 Internet 的信息共享服务,如 Passport. NET(用于用户身份验证),以及用于文件存储、用户偏好管理、日历管理的服务。这些服务将由微软公司及微软的合作伙伴提供。

3. NET 用户体验:这将是一个更广泛、更适应的用户体验,信息可以以各种方式提供在各种不同设备上。

4. NET 设备:这种设备可能使用网络服务的智能 Internet 设备。

二、系统功能设计

系统运用的主要目的是为税务机关营造一个方便、快捷的纳税信用评定系统环境。对税务机关来说，通过网上税务系统的实施，不但可以减轻税务工作人员的负担，还能够提高税务机关办事效率，宣传税务机关全新的办公形象，增强税务工作透明度，从而拉近纳税人与税务机关的关系。

通过纳税信用包涵的内容细致的分析，网上纳税信用等级评定系统主要提供如图5—1所示功能。

纳税信用等级评定系统是根据国家税务总局颁发《纳税信用等级评定办法》的规定而设计。本系统主要通过对纳税人的税务登记信息等进行分析、纳税申报信息、账簿凭证信息、税款缴纳信息、税收违法信息，按《纳税信用等级评定办法》进行自动评定算出其实得分数，再根据纳税人的总分数确定属于哪一个等级。该系统主要具有纳税人基本信息管理（含财务信息管理）、税务机关的审核管理、纳税信用等级自动评定管理、查询统计分析管理、系统维护管理等功能。

（一）结构模式的确定

时下软件的结构一般采用 B/S 或者 C/S 架构，针对它们的特点分析如下：B/S 架构，或称浏览器/服务器架构，其最显著的特点就是客户端操作界面，采用上网时常见的浏览器形式。客户端的后面是应用服务器和数据库服务器，客户端通过浏览器访问服务器以及与服务器相连的后台数据库，发出数据请求，由应用服务器（或者称之为 Web 服务器）向后台数据库服务器取出数据并进行计算，将结果返回浏览器，完成整个操作过程。

以往软件产品常采用 C/S 结构，或称为客户机/服务器结构，

```
                    ┌─────────────┐
                    │   信用评定   │
                    └──────┬──────┘
     ┌───────────┬─────────┼─────────┬───────────┐
┌────┴────┐ ┌────┴────┐ ┌──┴──────┐ ┌┴────────┐ ┌┴────────┐
│纳税人基本│ │税务机关审│ │纳税信用等│ │查询统计分│ │系统维护管│
│信息管理  │ │核管理    │ │级自动评定│ │析管理    │ │理        │
└─────────┘ └─────────┘ └─────────┘ └─────────┘ └─────────┘
```

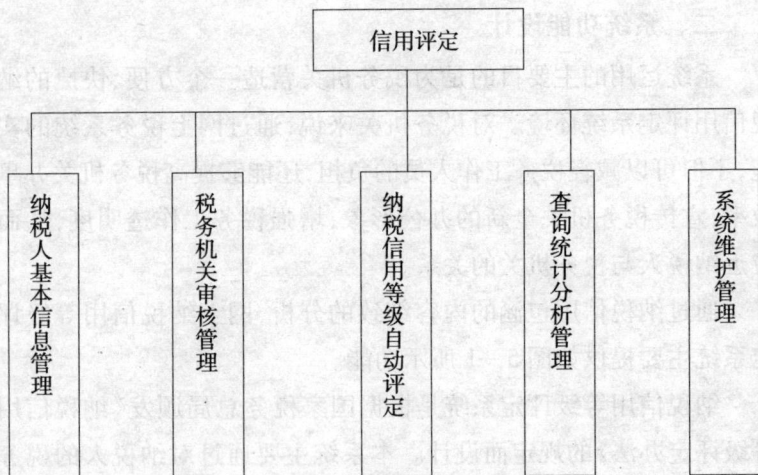

图 5—1　系统主要功能

整个应用系统被分为客户机和服务器两部分。客户端的界面采用的是专用的开发界面,比如说我们常见的 Word、Excel 等产品界面,客户端需要安装专用的软件,并进行管理和维护。

客户机主要用来管理接口,执行客户机软件应用程序、采集数据以及向服务器发出应用请求,完成应用处理。服务器主要用来承担系统的数据共享管理、通讯管理、文件管理和向客户机提供服务,完成数据访问和事务处理。

随着 Internet 技术的发展,各种应用系统包括数据库的处理、财务软件等都是基于 Internet 技术的,也既是 Browser/Serve 结构的,客户端软件使用网络浏览器,如 Netscape 公司的 Communicator 和 Microsoft 公司的 Internet Explorer,服务器软件在 Web Server 基础上开发,其优点是:

1. 用户界面统一、友好:对开发人员而言缩短了开发周期,对用户而言省去了培训时间而且在不同的软件、硬件平台上都有相同用户界面。

2. 开发费用低：整个系统仅需要在 Web Server 的基础上开发应用程序，开发周期可以成倍缩短。

3. 扩展性好：各个模块相对独立，增加某一模块只要编写相应的应用程序，对原有系统无须做大的改动。

4. 移植性好：由于用脚本语言如：ASP、CGI、Java 开发的程序与操作系统无关，当系统需要做跨平台移植时，几乎无须修改即可运行。

纳税信用等级评定系统采用 Browser/Server（B/S）结构，实现实时的工作人员录入、审核、查询、维护，纳税人的查询功能，以及后台纳税人的一些信息管理等功能。其优势在于系统简单、功能强大、扩展能力良好以及能够公正、公平、合理地对纳税人进行纳税评定，方便跨地域操作等性能。

对于本系统，其目标就是要将传统的纸质资料的传递、审核评定方式向基于 Web 的在线操作，电脑自动评定转变，同时能够实现对纳税人信息税收政策以及税务机关执行政策情况进行管理。

（二）系统分析与功能目标设计

纳税信用等级评定系统主要是通过对纳税人的财务数据，按税收相关法律、法规的规定，电脑自动进行分析处理后而得出纳税人的纳税信用等级情况，税务机关根据这个情况对纳税人实行分类管理。在系统层面上主要提供以下功能：

1. 纳税人基础数据的录入维护。可由税收管理员本人录入自己管理的纳税人的基本信息。

2. 纳税人基础数据的修改调整。只能在"未审核"或审核"不同意"的情况下才能进行修改调整。

3. 纳税人基础数据的审核,由部门领导和上级主管部门负责实施。

4. 税收法律法规的维护。这是本系统的核心,系统的成败就在于此,特别是当前我国全面实行纳税信用等级评定还处于初级阶段,手段落后,评定方法不尽合理,税收法律法规有待进一步完善,这是最需要及时更新维护的一块。

5. 纳税信用等级的生成。这是按《纳税信用等级评定办法》规定,根据纳税人的总分数评定纳税信用等级。

6. 查询统计。支持对纳税人各种信息的查询,以及税务机关的各个审核环节的查询。

7. 系统维护。

三、系统数据库设计

(一)数据库的选择与设计

纳税信用评定系统的设计考虑到和税收软件的结合,其中税收软件的数据属于机密内容,安全特别重要,出于对国家和企业负责的态度,系统的设计选择了 SQL Sever 2000 作为后台数据库。

SQL Sever 2000 的特点:

1. 与 Internet 紧密结合

SQL Sever 2000 的数据库引擎集成了对 XML 的支持,同时以可扩展,易于使用和安全的特点,成为建设大型 Web 站点最好的数据存储设备之一。

2. 可扩展性和可用性

为了兼顾各种配置计算机使用,SQL Sever 2000 的数据库引擎可能运行在重装 Windows 98 的台式机、笔记本电脑到安装 Windows 2000 数据中心的多处理器计算机上。SQL Sever 2000 企业版,具有联盟服务(federated servers)视图索引(indexed views)以及超大规模的内存支持特征,完全可以支持最大规模的 Web 站点的性能需求。

3. 企业级数据库

SQL Sever 2000 关系数据库引擎具备有完善而强大的数据处理功能。它在有效保证数据库一致性的基础上,尽量降低成千上万的数据库用户进行并发访问时的管理和延迟成本。SQL Sever 2000 的分布式查询允许用户同时引用多处数据源,但其友好的界面使用户觉得好像自始至终是在操作一个数据源。

4. 简单、友好的操作方式

SQL Sever 2000 包含一整套的管理和开始工具。这些工具都具有非常友好的用户界面,在提供强大功能的同时,易于安装、使用和发布。用户可以把更多的精力放在自己的业务问题上,可以非常迅速地建立并发布强大而复杂的数据库应用系统。

5. 数据仓库支持

SQL Sever 2000 为了满足现代企业对大规模数据进行有效分析和利用的要求,包含了一系列提取、分析、总结数据的工具,从而使联机分析处理成为可能。同时,SQL Sever 2000 提供了英语查询工具和编程接口,使得以英语为基础设计和管理、查询数据库成为了可能。

SQL Sever 2000 体系结构:

从不同的应用和功能角度出发,SQL Sever 2000 具有不同的系统结构分类。

1. 客户机/服务器体系结构:划分为客户端组件、服务器端组件和通信组件三部分。主要应用于客户端可视化操作、服务器端功能配置以及客户端和服务器端的通信。

2. 数据库体系结构:又划分为数据库逻辑结构和数据库物理结构。

3. 关系数据库引擎体系结构:主要应用于服务器站的高级优化,如查询服务器(Query Processor)的查询过程、线程和任务的处理、数据在内存的组织和管理等。

4. 服务器管理体系结构:主要面向 SQL Sever 2000 的数据库管理员(DBA),具体内容包括分布式管理框架、可视化管理工具、数据备份和恢复以及数据复制等。

典型客户机/服务器计算的特点:

(1)服务器负责数据管理及程序处理。

(2)客户机负责界面描述和界面显示。

(3)客户机向服务器提出处理要求。

(4)服务器响应后将处理结果返回客户机。

(5)网络数据传输量小。

SQL Sever 是 SQL Sever 2000 数据库管理系统的核心数据库引擎,它在数据库管理系统中的地位就像发动机在汽车上的地位一样,是最重要的组成部分,同时可以监督客户对数据库的操作,实施企业规则,维护数据一致性等,具体体现在:

负责存储过程和触发器的执行;对数据库加锁,实施并发性控制,以防止多个用户同时修改同一个数据;管理分布式数据库,保证不同物理地址上存放的数据的一致性和完整性;加强系统的安全性。

纳税信用等级评定系统对数据库的设计应遵循以下原则:

(1)最小冗余的原则。

力求做到数据库的表与表之间数据冗余量最小。按照这一原则,往往现实世界是一类的事物,数据库中用多个表来表达。

（2）充分利用数据字典的原则。

凡某一类信息只要是有限可列举的都归结为一个数据字典表，以便于程序引用和用户维护。

（3）关联的原则。

如果程序中都要用到某一数据，也就是这一数据把几个程序关联在一起，则将其设为一个表中增加不同的列以适应不同程序的需要，而不再将其设为一系列小表。当然，这样可能产生空闲列。如申报、征收、入库、会计系统中都用到了税票表，在该表中设置了很多不同的标志列。

纳税信用等级评定系统数据库需求分析：

对于纳税信用等级评定系统数据库，可以列出以下数据项和数据结构：用户管理表：用户名、用户属性、所属地编号、密码。

管理员信息表：管理员编号、姓名、用户属性、所属地编号。

评定内容表：税务登记证号、复审标志、定审标志、税务登记、纳税申报、账簿凭证管理、税款缴纳、税收违法行为、合计、信用等级。

纳税人基本信息表：税务登记证号、税网号、纳税人名称、登记注册类型、法定代表人、财务负责人、税务登记时间、注册地址、经营地址、经营范围、注册资金、营业执照号码、年检情况、联系方式。

所属地表：所属地编号、所属地名称。

成绩评价表：税务登记证号、税务登记得分评价、纳税申报得分评价、账簿凭证管理得分评价、税款缴纳得分评价、税收违法行为得分评价、评定时间、评价人。

成绩标准表：评定等级、表现。

反馈表：用户名、主题、内容、时间。

数据库的逻辑设计如下：

(1)数据录入系统；

(2)数据修改删除系统；

(3)数据审核系统；

(4)查询统计系统；

(5)系统维护。

数据库的结构设计：

根据需求分析,建立以下几张表,下面就是这些表的具体 SPL 语句及结构。

◆用户管理表

CREATE TABLE[dbo][用户管理表]

[用户名][varchar](50)COLLATE Chinese_PRC_CI_AS NOT NULL,

[用户属性][varchar](50)COLLATE Chinese_PRC_CI_AS NOT NULL,

[所属地编号][varchar](50)COLLATE Chinese_PRC_CI_AS NOT NULL,

[密码][varchar](50)COLLATE Chinese_PRC_CI_AS NOT NULL

◆管理员信息表

CREATE TABLE[dbo][管理员信息表]

[管理员编号][varchar](50)COLLATE Chinese_PRC_CI_AS NOT NULL,

[姓名][varchar](50)COLLATE Chinese_PRC_CI_AS NOT NULL,

[用户属性][varchar](50)COLLATE Chinese_PRC_CI_AS NOT NULL,

［所属地编号］［varchar］（50）COLLATE Chinese_PRC_CI_AS NOT NULL

◆评定内容表

CREATE TABLE［dbo］［评定内容表］

［税务登记证号］［varchar］（50）COLLATE Chinese_PRC_CI_AS NOT NULL,

［复审标志］［int］（4）COLLATE Chinese_PRC_CI_AS NOT NULL,

［定审标志］［int］（4）COLLATE Chinese_PRC_CI_AS NOT NULL,

［税务登记］［numeric］（9）COLLATE Chinese_PRC_CI_AS NULL,

［纳税申报］［numeric］（9）COLLATE Chinese_PRC_CI_AS NULL,

［账簿凭证管理］［numeric］（9）COLLATE Chinese_PRC_CI_AS NULL,

［税款缴纳］［numeric］（9）COLLATE Chinese_PRC_CI_AS NULL,

［税收违法行为］［numeric］（9）COLLATE Chinese_PRC_CI_AS NULL,

［合计］［numeric］（9）COLLATE Chinese_PRC_CI_AS NULL,

［信用等级］［char］（10）COLLATE Chinese_PRC_CI_AS NULL,

◆纳税人基本信息表

CREATE TABLE［dbo］［纳税人基本信息表］

［税务登记证号］［varchar］（50）COLLATE Chinese_PRC_CI_

AS NOT NULL,

　　［税网号］［varchar］（50）COLLATE Chinese_PRC_CI_AS NOT NULL,

　　［纳税人名称］［varchar］（100）COLLATE Chinese_PRC_CI_AS NOT NULL,

　　［登记注册类型］［varchar］（50）COLLATE Chinese_PRC_CI_AS NOT NULL,

　　［法定代表人］［varchar］（50）COLLATE Chinese_PRC_CI_AS NOT NULL,

　　［财务负责人］［varchar］（50）COLLATE Chinese_PRC_CI_AS NULL,

　　［税务登记时间］［varchar］（50）COLLATE Chinese_PRC_CI_AS NOT NULL,

　　［注册地址］［varchar］（100）COLLATE Chinese_PRC_CI_AS NULL,

　　［经营地址］［varchar］（100）COLLATE Chinese_PRC_CI_AS NULL,

　　［经营范围］［varchar］（200）COLLATE Chinese_PRC_CI_AS NOT NULL,

　　［注册资金］［varchar］（50）COLLATE Chinese_PRC_CI_AS NULL,

　　［营业执照号码］［varchar］（50）COLLATE Chinese_PRC_CI_AS NULL,

　　［年检情况］［varchar］（50）COLLATE Chinese_PRC_CI_AS NULL,

　　［联系方式］［varchar］（50）COLLATE Chinese_PRC_CI_

AS NULL

◆所属地表：所属地编号、所属地名称。

CREATE TABLE［dbo］［所属地表］

［所属地编号］［varchar］（10）COLLATE Chinese_PRC_CI_AS NOT NULL,

［所属地名称］［varchar］（50）COLLATE Chinese_PRC_CI_AS NULL

◆成绩评价表

CREATE TABLE［dbo］［成绩评价表］

［税务登记证号］［varchar］（50）COLLATE Chinese_PRC_CI_AS NOT NULL,

［税务登记得分评价］［varchar］（500）COLLATE Chinese_PRC_CI_AS NULL,

［纳税申报得分评价］［varchar］（50）COLLATE Chinese_PRC_CI_AS NULL,

［账簿凭证管理得分评价］［varchar］（50）COLLATE Chinese_PRC_CI_ASNULL,

［税款缴纳得分评价］［varchar］（50）COLLATE Chinese_PRC_CI_AS NULL,

［税收违法行为得分评价］［varchar］（50）COLLATE Chinese_PRC_CI_ASNULL,

［评定时间］［datetime］（8）COLLATE Chinese_PRC_CI_AS NOT NULL,

［评价人］［varchar］（50）COLLATE Chinese_PRC_CI_AS NOT NULL

◆成绩标准表

CREATE TABLE［dbo］［成绩标准表］

［评定等级］［varchar］（10）COLLATE Chinese＿PRC＿CI＿AS NOT NULL，

［表现］［varchar］（200）COLLATE Chinese＿PRC＿CI＿AS NOT NULL

◆反馈表：用户名、主题、内容、时间。

CREATE TABLE［dbo］［反馈表］

［用户名］［varchar］（50）COLLATE Chinese_PRC_CI_AS NOT NULL，

［主题］［varchar］（50）COLLATE Chinese_PRC_CI_AS NULL，

［内容］［varchar］（500）COLLATE Chinese＿PRC＿CI＿AS NULL，

［时间］［datetime］（8）COLLATE Chinese＿PRC＿CI＿AS NOT NULL

（二）纳税信用等级评定系统的数据库和文件配置

SQL Server 2000 数据库性能、可伸缩性及可靠性是 SQL Server 2000 数据库实现的基本要求，还为数据管理与分析带来了灵活性，允许单位在快速变化的环境中从容响应。作为一个完备的数据库和数据分析包，SQL Server 2000 为快速开发新一代企业级商业应用程序、为企业赢得核心竞争优势打开了胜利之门。SQL Server 2000 是一个具备完全 Web 支持的数据库产品，提供了对可扩展标记语言（XML）的核心支持以及在 Internet 上和防火墙外进行查询的能力。

具有以下一些特点：

1. 完全的 Web 支持

2. 电子商务

3. 在线商务

安装 SQL Server 2000 数据库的过程同一般的应用程序相同，安装完毕后，可以在程序菜单里找到 Microsoft SQL Server 2000 程序组，单击服务管理器以启动 Microsoft SQL Server。在 SQL Server 组的 TSINGHUA-OLS1R9 Windows NT 服务器中，有几个比较重要的文件夹，它们是用来管理 SQL Server 数据库。

1. 数据库

在数据库列表中列出了这个数据源中包含的数据库，有些是系统自带的数据库，如：master model，也可根据需要自建数据库。

2. 数据转换服务（DTS）

数据转换服务（DTS）的设计器（Designer）是一种非常简单快捷的数据导入、导出和转换工具。DTS 设计器可以完成以下功能：面向事务的工作流引擎能够设计招待复杂工作流的 DTS 包；集成化的数据移动；DTS 设计器使用百分之百的 OLEDB 体系结构；在众多流行的客户机/服务器数据源间完成拷贝、转换等操作；它提供了与 Access \ Excel \ FoxPro \ SQL Server \ dBase Paradox \ Oracle \ DB—2 和 AS/400 多种数据源的连接。

3. 数据管理

包括：SQL Server 代理、备份、当前活动、数据库维护计划、SQL Server 日志和 Web Pubnishing.

4. 数据安全

（1）登录用于管理使用该 SQL Server 的登录用户。

（2）服务器角色用于管理该 SQL Server 登录的角色。

（3）联结服务器用于管理连接的服务器。

（4）远程服务器用于管理远程服务器。

在完成了数据库的设计以后，要进行后台文件配置 ASP. NET

的 web. config 配置文件是基于 XML 格式的纯文本文件，存在于应用的各个目录下。这个文件决定了所在目录及其子目录的配置信息，并且子目录下的配置信息覆盖其父目录配置。

第六章　纳税评估研究

　　税收是政府财政收入的最主要来源,是政府为满足公共需要而向社会提供公共产品的成本和费用,也为政府实施宏观经济调控提供必要财力。然而由于我国市场经济体制还不成熟,纳税人遵从度水平明显较低,纳税人很容易仅从自身经济利益出发,为减少税负的税收不遵从行为如影随形,导致纳税信用这一税收征管中的大难题。据专家估测中国 50% 的国有企业、60% 的乡镇企业、80% 的私营企业、95% 的个人存在偷漏税行为,在 15000 亿美元的世界隐形经济中,中国占了 1/10 即 1500 亿美元,占全国 GDP 的 15% ,其中偷漏税就占了相当的一部分①。因此,如何对纳税人纳税申报内容的真实性、合法性进行评估具有重大的现实意义,有关纳税评估的理论与应用已引起政府机构、学术界和信息产业部门的普遍重视。

　　国家税务总局已要求各税务局逐步建立由专门机构负责处理的纳税评估工作,进一步要求掌握并积累资料,建立科学、实用的纳税评估模型,尽早形成依托信息化手段的新型纳税评估工作体

---

　　① 马世领,李峻岭:《3000 万奖励换回 9 亿税》,《国际金融时报》2002 年 7 月 31 日。

系①。国家自然科学基金委数理科学部多次将金融与财政科学中的数学问题作为鼓励研究领域,各级政府也给予了纳税评估模型相当重视。这其中,纳税评估数量模型是研究的核心问题,也是税务管理的基础,而纳税评估的核心工作就是根据相关的涉税信息,运用一定技术手段来识别、评判纳税人的诚信水平。

第一节　研究背景及现状

一、纳税评估溯源

(一)纳税评估的概念

纳税评估又称审核评税,最先应用于增值税,我国从 1999 年在青岛市国税局试点而正式提出纳税评估这一概念。纳税评估是一项国际通行的管理制度,大部分国家都已建立纳税评估体系和税收评估模型,纳税评估工作更是新加坡等国家的税务局的核心工作。美国早在 1963 年就设立本质上就是"纳税评估"的"纳税人遵从测度"工作项目(TCMP——Taxpayer Compliance Measurement Program),该项目由专门税务评估机构(Examination Branch of the Internal Revenue Service)定期执行,其主要目的就是评估纳税人纳税的自觉性、纳税申报材料的真实性和是否存在偷漏税及其他违规违法行为。② 具体来说,纳税评估是指税务机关根据纳税人报送的纳税申报资料、财务资料和日常掌握的征管资料及其他信息资料,运用一定的技术手段和方法,对纳税人的纳税情况进

---

① 国家税务总局:《国家税务总局关于进一步加强税收征管基础工作若干问题的意见》国税发[2003]124 号

② 财政部《税收制度国际比较》课题组:《美国税制》,中国财政经济出版社 2000 年版,第 50—55 页。

行审核、分析,并依法及时进行评定处理的管理工作。具体表现为税务机关通过对纳税人纳税情况的真实性、准确性、合法性进行综合评定,及时发现、纠正和处理纳税人纳税行为中的偏差与错误,实现对纳税人整体、实时的控管,以促进纳税人的真实申报,提高税收监控管理水平。

1. 评估对象不仅包括纳税人的纳税情况,也应包括税务机关的征管情况。税务机关通过建立评估体系,按照科学的方法对同类型的纳税人进行纳税评估,同时可以作为预防内部舞弊行为,准确实行绩效考核的依据,从而规范税务机关的征管行为,改变只对纳税人进行检查,而难以对征管质量进行考核的情况。

2. 纳税评估只能对纳税行为的合理性进行评估。至于是否合法,必须进行核实。

3. 纳税评估是在纳税人超过管理宽度的情况下使用的征管手段。一般说来,管理宽度越大,越容易出现偷漏税。在传统管理制度下,管理宽度在 50 户以内比较恰当,而目前普遍达到了300 户。①

4. 运用的技术手段和方法应具有普遍可信性。各地税务机关的纳税评估办法一般都设置了纳税评估模型和指标,如果模型设置不科学、技术手段落后,运用纳税评估对纳税人进行监管就成为一句空话。

5. 纳税评估也是税收服务的要求。实行纳税评估将使税收征收管理趋于科学化、制度化、标准化,创造和谐的税收环境。

近些年来,我国税务机关逐步推行纳税评估工作,并组织相关

---

① 梁云凤等:《纳税评估制度框架的构成要素》,《税务研究》2006 年第 2期,第 65 页。

人员进行了认真细致的研究,初步制定了由"评估分类评定—初审—复审(约谈取证)—评定处理—成果分析—资料整理"等流程组成的纳税评估操作规范,同时利用税务管理软件对涉税信息进行采集、加工、分析和处理。为确定稽查对象、实施纳税信誉等级管理提供了全面的信息来源,提高了税源监控能力,降低了异常申报率,堵塞日常管理的一些漏洞,取得了一定的效果。然而在我国,纳税评估问题远未解决,纳税评估理论与应用研究还仅仅处于起步阶段。毕竟纳税评估本身就是一个复杂的系统工程,需要综合各种手段、多部门通力合作才有希望取得理想的实际成果,即使在西方发达国家也仍处于不断完善发展阶段。

纳税评估从本质上讲是对纳税不遵从行为的评判、测量,是对征管工作的总结,也是涉税信息的深度加工、处理。特别是 WTO 规则的深化,纳税评估作为国际通行的税收管理惯例与做法,是税收征管改革的方向性选择,纳税评估工作是新条件、新形势下,提高税收征管效率的客观要求。目前,纳税人税收不遵从现象广泛存在,使得纳税评估工作尤为重要,特别是在我国这样一个纳税意识较淡薄、税收制度不甚完善的发展中国家。税收不遵从造成的纳税信用问题相当严重,改善纳税人的税收遵从情况、减少纳税信用问题是目前税收征管迫切需要解决的问题。

(二)纳税评估的基本假设

1. 正当怀疑假设。对于纳税人的涉税行为以及反映这种行为的相关信息,除非有明确的、绝对的证据,否则没有理由给予完全的信任,所以需要通过评估手段来进行客观、公正的评价与确认。该假设明确了评估的直接原因和原始目标,为纳税评估提供了依据。

2. 无罪推定假设。由于纳税评估主要是对纳税人的纳税合理性而不是纳税合法性进行评估,因此其结果不能作为纳税人是否偷逃税的直接证据。即使评估模型完全达到科学完善的标准,也不能确定据此模型评估出的对象一定具有偷税事实,必须经过约谈、函询、实地检查进行核实才能最终定性。

3. 无反证判定合理假设。一是在无证据表明不正确的情况下,要把纳税人提交的涉税资料视为诚信和正确的,否则纳税评估所需要的数据将全部来自税务机关或者其他机关的数据;二是如果没有明确的反证,被评估纳税人过去经检查被认为是真实的情况,将来也应属真实,否则税务机关将不断、重复地对一个评估数据进行检查。

4. 独立客观假设。一是指税务机关及其工作人员排除干扰,避开个人利害关系,秉公实施评估并提出客观、公正的检查结果;二是评估体系建立在科学的数学模型之上,较少采用税务人员的专业判断,具有可重复性和可验证性,由计算机程序自动计算,值得评估双方信赖。

(三)纳税评估应遵循的原则

1. 合法性原则。各地现行的纳税评估都处在探索阶段,其实践的效果主要取决于设计者的水平。作为一项全新的改革,即使不能立刻达到理想的效果,也不能突破法律底线。此外,应该及时确立其法律地位,以便评估双方操作。

2. 最小成本原则。主要是指评估数据获得成本最小化、评估反馈机制成本最小化、评估风险成本最小化三个方面。评估数据获得成本最小化是指两个方面:一是评估指标设计要实事求是,如果最优指标获得成本非常高昂,则应选取次优指标;二是评估指标数据获得方式要多样化,多采取分布式、电子化采集方式,避免所有数据由税务机关手工采集。评估反馈机制成本最小化是指两个方面：一是评估体系要由程序自动控制，减少人工判断的参数和指标；二是评估模型要具有实时进行修正的功能。评估风险成本最小化是指在评估的各个环节要充分考虑违反法律等风险。最小成本原则最终体现为降低税务工作的复杂度和工作量。

3. 公平原则。评估体系在数据录入、参数设置、专业判断等环节需要评估双方的参与。由于社会经济的复杂性，人工环节越多，干扰因素也会越多。但是，没有公平的体系是没有生命力的。因此纳税评估体系要建立数据录入和评估分析等关键环节相制衡的制度，减少或消除人为干扰的因素。

（四）开展纳税评估的必要性

新的征管模式是通过信息化的手段，强化税务机关税源监控能力和水平，保证税款征收与税务稽查协调运行的税收征管工作机制。税源监控的能力体现税收征管能力，税源监控是税收管理的核心，也是防止税款流失的基本途径。纳税申报是纳税人履行纳税义务的主要内容，建立在其基础之上的纳税评估，就是对税源进行动态监控，发现在纳税申报、税款征收、发票管理等各业务环节中的异常行为，及时做出相应的处理，必要时要通过税务稽查的行政手段去解决。纳税评估是对纳税人、扣缴义务人是否履行税法规定的义务，以及履行程度的一种评价，通过信息反馈机制，解决征收管理中"疏于管理、淡化责任"的问题，是税务稽查实施体系的基础环节，是构建依法、统一、协调的税务稽查体系的重要内容，其工作质量直接影响到税务稽查的实施效果。纳税评估使税收征管的各个业务环节形成一个有机的整体，在税收征管与稽查之间建立了一条联系纽带，是税款征收与税务稽查的结合点，有效防止两者之间的脱节与断档，保证税收征管格局更趋合理，效能更好地发挥。

二、理论文献综述

(一)国外部分

西方发达国家在"纳税评估"理论方面已积累了丰富的学术成果,Allingham 和 Sandmo(1972)首次建立规范性计量经济模型研究"主动纳税行为评估"问题①,其研究结果从理论上证明逃税规模与稽查处罚的概率存在负相关等有意义的结论,然而工作远未结束,这个数学模型方法的先行者受到很多批评。比如 Graetz and Wilde(1985)②,Alm,McClelland and Schulze(1992)以及 Frey and Feld (2002)等,主要原因是大量实证研究结果表明此威慑因素模型对逃税的预测能力不强;再者,理论上依法纳税的风险厌恶测度与实际报道的风险厌恶测度两者之间存在很大偏差,根据 Graetz 和 Wilde(1985),Alm,McClelland 和 Schulze(1992)③研究结果,美国"风险厌恶 Arrow-Pratt 测度"介于 1 和 2 之间,而实际观测到能够解释的依法纳税率的真实值是 30;最后,实证结果表明大多数的纳税人财产收入申报额要高于模型的预测结果。为了解决这个难题,许多研究者把道德和社会变迁因素引入模型中,试图给出依法纳税行为更为合理的解释,Andreoni,Erard 和 Feinstein(1998)指出这仍是一个尚待解决的研究领域。计量经济学发展

---

① Allingham,M. G. and A. Sandmo. Income Tax Evasion:A Theoretical Analysis,Journal of Public Economics. 1972. Vol(1):323—336.

② Graetz,M. J. ,Wilde,L. L. . The economics of tax compliance:fact and fantasy [J]. National Tax Journal,1985,38 (September):355—363.

③ Alm,J. ,Mcclelland,G. H. ,Schulze,W. D. Why do people pay taxes? [J]. Journal of Public Economics,1992,48:21—38.

和计算机数据库的建立为深入对纳税评估问题进行数量化研究铺平道路,Erard(1997,2001)通过对 IRS 提供的数据分析,建立了 6 个回归方程来研究纳税准备方式、稽查效率和违规行为之间的关系,得出税务中介、边际税率与遵从度的相关关系。Frey 和 Stutzer(2002)应用加权有序 Probit 模型给依法纳税相关变量排序,能解释变量之间的相互影响,测算出边际效果,边际效果能定量反映纳税人依法纳税程度变化的规模与趋势。然而 Frey(2003)指出模型中的威慑因素还是不能起到很好的实际效果,这个问题在国外学术界还在进行着激烈的探讨。

日本学者 SIWASAK 和 KTONE(1998)利用层次分析法建立的子准则,具体包括信息(information)、稽查期间(interval of investigation)、行业类型(type of business)和申报内容(contents of declaration)4 个方面合计 5 个指标。

(二)国内部分

国内高等院校、科研院所与政府部门通力合作,已有一些相关的理论和应用成果,特别是国家自然科学基金课题"金融数学、金融工程及金融管理"的子课题"税收系统工程研究"①,丰富了这方面研究的广度和深度。钱澄鉴、王健、金静学(1997)在研制的税务稽查决策支持系统(TCDSS)中,运用峰值分析和推断方法,建立税负模型、偷漏增值税模型、偷漏企业所得税模型②。上海财经大学"税收征管系统工程研究"课题组(1999)运用贝叶斯判别、

---

① 马国庆:《我国税收制度的改革和税收征管问题研究报告》,国家自然科学基金课题"金融数学、金融工程、金融管理"之子课题《税收系统工程研究》结题报告,2001 年,第 30—36 页。

② 钱澄鉴、王健、金静学:《税务稽查决策支持系统》,《运筹学杂志》1997 年第 1 期,第 33—37 页。

Logistic 函数变换方法建立税收诚实申报识别指标体系①。中国台湾大学管理学院会计系 Rebecca C. Wu(1997)在台湾岛内收入署协助下,采用神经网络方法进行诚实申报的判别研究,取得较好预测效果②。浙江大学管理学院马庆国、王卫红、陈健等(2002)建立 BP 网络模型对企业纳税人的诚实申报情况进行识别与预测。③

三、工作现状分析

(一)国内纳税评估工作现状分析

正因为对纳税人纳税申报内容的真实性进行评估具有重大的现实意义,有关纳税评估的理论与应用已引起政府机关、学术界和信息产业部门的普遍重视。例如,国家税务总局要求各地税务机关在信息化支持下,实施对所辖税源的全方位、全过程监控,及时全面掌握纳税人生产经营、财务核算情况,对纳税人申报情况进行评估;除对纳税申报直接相关的财务、会计账本、报表以及凭证等资料审核评估外,要加强对与生产经营相关信息的真实性审核,要逐步建立由专门机构负责处理的纳税评估系统;进一步要求掌握并积累资料,建立科学、实用的纳税评估模型,尽早形成依托信息化手段的新型纳税评估工作体系。

北京市地税局在 2003 年全系统年度工作会议上明确把"树立一流观念,积极开展纳税评估工作"作为工作重点,并和北京 SPSS

① "税收征管系统工程研究"课题组:《税收征管中诚实申报识别研究》,《上海财经大学学报》1999 年第 12 期,第 11—17 页。

② Rebecca C. Wu. Neural network models:Foundation and application to an audit decision problem. Annals of Operation Research. 1997, Vol (75):291—301.

③ 马庆国、王卫红、陈健等:《神经网络在税务稽查选案中的应用研究》,《数量经济技术经济研究》2002 年第 8 期,第 98—101 页。

公司展开合作,把数理统计方法引入到纳税评估工作中,期望通过SPSS 软件在建立完整规范的数据库系统之上提出一种成熟、科学的纳税评估问题的统计分析解决方案;国家税务局把 2004 年定为"纳税评估年",并积极推行纳税评估理论和应用解决方案的研究;国内大部分税务机关已成立了纳税评估工作小组或管理局。

然而我国税收征管现代化程度较低,虽然我国税务机关以"金税工程"为核心,基本完成涉税信息的搜集与整理工作。但还没有形成与海关、银行联网的完善税务数据库。并且数据后期加工和处理方法与技术落后,使大量信息闲置浪费,成为目前税务信息化进程中的"瓶颈"。目前国内还没有对纳税评估问题从数量化、模型化的角度进行系统的研究,基本上还停留在传统的定性分析和经验研究层次上。由于缺乏相关理论的指导和可操作的管理方案,无法深入到纳税评估的具体问题,使得实际评估工作往往流于形式或泛泛而谈,停留在看表对账的浅层次上,无法达到预期效果,不能充分发挥纳税评估工作在税收征管与稽查中的枢纽作用,因此定量管理和科学决策已成为纳税评估制度建设当务之急。

国内一些软件公司已做出尝试,如"浪潮软件"推出的"浪潮税务总体解决方案","南开戈德"推出的"戈德税务系统解决方案"等应用人工智能和数理统计方法给出纳税评估部分问题的方案,国外 IT 公司如 IBM 为天津地税、武汉地税、西安地税、北京地税等提供了不同的解决方案。但国内税务管理研究没有系统的理论为支撑,专业人才缺乏,整体起点低,智能化水平不高,目前还难以达到预期目标。

(二)国外纳税评估工作现状分析

1. 美国纳税评估工作

美国国税局(IRS)下属各级检查部负责纳税申报资料准确性、

真实性的评判工作,首先由弗吉利亚州的计算中心自动对申报资料分类,然后通过筛选过程(TaxReturn Selection Processes)去核实纳税人是否正确估算其税款。具体由 5 种常用方法(程明红,2002)[①]:

(1)判别函数系统(Discriminant Function Systerm,DFS),此为计算机实现的模型系统,通过对历史数据的分析选出最可能有不遵从行为的纳税人;

(2)纳税人遵从测度程序(Taxpayer Compliance Measurement Program,TCMP),即通过数理统计方法给出判别函数系统的参数估计值;

(3)资料完善程序(Document Perfection Program),通过此程序检查出申报表填写计算错误,并通知纳税人国税局重新计算后的应纳税额;

(4)信息匹配程序(Information-matching Program),该程序通过和银行、劳工委员会的相关资料与纳税申报表对比,检查遗漏和不正确的项目;

(5)特殊审计程序(Special Audit Program),国税局运用的由计算机和定期改变的手工选择标准而设计的很多特殊审计程序,比如退税额、所申报扣除额、调整后的毛收入(Adjusted Gross Income)。

其中 TCMP 采取统计抽样选取申报表,对申报项目分析,其结果是 DFS 的计算机系统参数设置。DFS 是由包括纳税申报表信息成百上千变量复杂计算机程序所组成,IRS 对所有纳税申报表打分,首先计算机筛选出 10% 的高 DFS 分数的申报表,评定员根据申报资料的解释决定是否放过这些申报表,然后书面通知该纳

---

① 程明红:《建立税收风险管理体系,提高税收管理水平》,《税务研究》2002年第 2 期。

税人被选为稽查对象。美国国税局计分标准的模型及参数经常调整,因而很难从几个指标就判别出哪些纳税人易成为检查对象,纳税人很难弄虚作假,保证评估的有效性、公平性和权威性。

2. 澳大利亚纳税评估工作

澳大利亚国税局(ATO)认为纳税人实行自行申报、自行审核后,效率提高的同时风险也增大了,因此必须对纳税人资料进行分析,重点是纳税风险评估,主要有以下过程:

(1)首先将纳税人信息进行收集整理。信息来源分为内、外两部分。外部信息主要是税务人员甄别后的举报、银行、海关、移民局、证券市场信息,以及外部商用数据库(该数据库能提供澳大利亚1000户企业、母公司的财务等多方面信息)。内部信息主要是税务当局数据信息库,包括纳税人申报资料、历史评估资料、审计资料等。这些信息全部录入计算机网络数据库,供评估人员调用。

(2)然后是信息的分析。ATO的纳税评估人员将采集的内、外部信息输入由专家设定的标准模型中,自动生成评估报告,主要有财务分析、欠税情况分析、征收情况分析、营收行为报表等。然后评估人员根据个人分析和经验修正,得出公平、合理、权威的结论。

(3)最后是纳税风险的判定与对策。把纳税人(企业)按风险大小分级,实行区别管理。对遵从度高的纳税人主要是自我管理、自行评估策略,税务机关只是简单的监督与观察。而对于抵触税法、遵从度较低的纳税人的管理具有强制性,通常采用纳税审计和移送法办的措施。

ATO在评估结果确定后会以面谈、电话或信函方式给纳税人一个解释的机会,以达到节约时间、增加政府执法透明度、改善征纳关系的目的。如果纳税人解释不清或解释不能让评估人员满意,则进入实地审计程序,并将结果和纳税评估资料录入数据库。

四、国外纳税评估成功经验的借鉴

第一、国外非常重视涉税各方面信息的搜集、整理工作,依托各方面力量建立了全国联网、和各部门对接的数据库,并积极依靠外力。目前全国广泛推广应用的中国税收征管系统(CTAIS 系统)是基于 SYBASE 数据库基础上开发的,而金税工程软件是在GRACIE 基础上开发的,还有很多种征管软件,数据库的不统一,给信息共享带来技术障碍。当然数据库接口的程序编码是相对容易的事,关键是我国涉税信息搜集的技术与方法方面比较欠缺,需要政府联合高校、科研机构、信息产业部门等单位大力合作。

第二、国外评估的技术和手段智能化程度高,管理主动,能取得很好的效果。而纳税评估工作本身是技术性很强的工作,不可能通过法律、法规硬性规定,我国税务管理处于"等制度、等方案"的被动状态,缺乏"主动管理"意识,也没有相应技术、手段和人员,还没有行之有效的工作方法。必须依靠科技手段,广泛采集各方面的信息。在现有的征管、申报资料的基础上,要重视企业的会计资料信息,进一步拓展资料的占有领域;依赖《税收征管法》的规定,积极开发应用软件系统,加强与工商、银行、政府等部门的横向联系,获取最新数据;充分考虑企业所处的环境、面临的风险和资金投向等信息资料;随时掌握企业的经营动态信息,了解结算资金的变化情况,实现对企业经营行为的全方位监控。

第三、完善的社会信用体系是市场经济有效运行的推动剂。如果市场参与者的每次交易行为都被记录,并可以提供给其他参与者,那么失信行为会因为社会成本过高而避免,整个社会交易成本将大大减少。我国市场经济还不完善,信用意识缺乏,现金交易猖獗,纳税信用现象比较严重,因而纳税评估工作将是个系统工程,需要多部门和全社会的协调和合作。

第二节 纳税评估的方法

在纳税评估时,可以借鉴已有的信用评估模型,对不同类型的数据依据不同的方法进行分析。这里,我们先介绍一般的信用评估方法,然后,根据我国的纳税信用等级评估中的指标数据的额类型,给出相应的评估方法。

一、信用评估方法

这里介绍的是在进行纳税评估时一般所使用的方法,而并非实际评估过程中的所有方法。

(一)经验模型

1. 单变量模型

在单变量的模型中,分析者将关于借贷者(企业)的各种重要的财务指标与行业或集团的标准相比较,并预测这些变量的趋势,从而判断该企业的信用状况。这与传统的企业财务管理技术类似,局限在企业获利能力、资产的流动性、偿债能力等指标与行业标准的比较。在所有的单变量模型中,最具代表性的是基于资产报酬率(Return on Assets ROA)的模型。

资产报酬率＝净利润/资产平均总额×100%

信用分析者需要就特定的指标展开行业调查,但是不同的行业中的企业的信用特征不尽相似,同时当某公司的某个指标低于行业标准而另一个指标却远高于行业标准时,单变量模型就无法对该公司整体的信用状况做出判断。如何在一个企业的强指标和弱指标之间做出权衡,对这些指标的重要性做出排序? 如何比较多个不属同一行业的企业的信用状况？这两个问题无法由单变量模型得到答案。

2. 判别分析模型

判别分析是在已知研究对象分成若干类型,并已取得各种类型的一批已知所属类型的观测样本,在此基础上建立起一套判别准则后,根据判别准则通过研究未知类型个体的观测指标来推断该个体所属类型的统计方法。Altman(1968)开创性地运用判别分析技术对企业的会计指标进行研究,建立了能够对企业是否破产做出预测的 Z—Score 模型,直到 20 世纪 80 年代,判别分析一直是在企业信用分析中运用最为广泛的方法。基本 Z 评分模型沿用至今,并且已经拓展应用于私人企业、非制造企业以及新兴市场的公司。

判别分析之所以有效是因为信用状况好的企业与信用状况较差的企业所呈现的会计指标和财务趋势截然不同。每个企业可以认为是多维空间中的一个点,它的会计指标是维度上的坐标值,每个会计指标都对企业的信用状况有一定的贡献度,判别分析模型就是要选择适当的角度将企业的信用状况投影到同一维度上,才能就信用状况对企业进行排序,判断出企业信用状况是好是坏。

3. Logistic 判别模型

Logistic 判别模型主要被运用于研究二值响应变量的概率与自变量之间的关系。像判别分析一样,这种方法也对公司的各个会计指标赋予权重,计算出一个企业信用状况是好是坏的概率。

Logistic 判别分析较判别分析的先进之处在于它并不需要假设自变量为多元正态分布和协方差矩阵,同时还考虑了非线性的影响。建立 Logistic 回归分析式的方法与判别分析的方法一样,一般主要采用逐步回归的方法引入新的变量,该变量是否显著的判断标准是基于调整后的直方分布。Logistic 回归有一个基本假设:

似然比的自然对数成线性。因此在建模型的时候,要注意这条基本假设是否得到满足,如果不满足,可以采用对自变量进行变换的方法做出调整。

4. 决策树模型

决策树模型是将样本进行分类的一种现代方法。在遵循某种简单的分类规则下划分空间,一次只分离开发样本的某一特征,因此空间划分的最终结果是不重叠的单元。一个具有 X 特征的企业是否会落进给定单元是根据开发样本的点集落入的这个单元的比例。例如,如果落入某一被定义信用状况较好企业的单元的点的比例大于临界值 t,那么一个落入这一单元的新评价的企业也被认为信用状况较好。

赖以划分空间的特征和该特征所处的位置,需要遵循某种回归分类过程来找到,所以分类的结果能用树状图的形式表现。全部数据作为分类树根部的节点,而且树往下就会有越小的子集落在叶节点上。最终分类完毕的单元就是树的叶结点,考察一个新评价企业所落入的叶结点就可以在一定置信区间上判断该企业信用状况的好坏。与传统的参数估计方法相比,决策树从训练样本中充分提取信息后就能直接处理非同质关系的数据,而不用对这些数据进行某种变换处理。由于决策树采用的是一种递归的方法,因为每一个分类都来源于对前一次分类所得的一个子集的再一次分群。因此决策树的建立需要考虑以下一些问题:(1)有些什么样的分类方式? (2)怎么样分类最好? (3)什么时候终止分类? (4)对于分类所得的最终结果是否需要将其中的一些子集归并? 现在可行的分类方式很多,但是没有什么运算法则能够完全检验分类后的所有可能结果。因此在实际运用中需加上了各种限制去限定对分类的考虑。

（二）神经网络模型

企业的信用评级过程主要是通过基于会计指标的信用特征推出该企业的信用风险,然后根据不同的信用风险划分等级。而企业的会计指标与信用风险之间往往表现出非线性的特征。比如某公司的会计指标(净利润/总资产)可能从 -0.1 增加到 0.1,也可能从 0.6 增加到 0.8,在线性的方法中,这两种情况体现出了相同的结果,因为该指标的值都增加了 0.2。但对于一个公司来说,净利润/总资产从 -0.1 增加到 0.1 意味着该公司扭亏为盈,获得了生存和发展的机会;而从 0.6 增加到 0.8 意味着公司获利能力进一步增加。这两种情况具有不同的意义。神经网络更适于描述这种指标间的非线性特征,从 1990 年 Odom 首次将神经网络的方法引入信用风险评测中,到 Moody's 公司在 2000 年公布了以神经网络为主要方法的上市公司信用风险模型,神经网络方法得到研究者和实践者的广泛关注。

人工神经网络模型各种各样,目前已有数十种,他们是从各个角度对生物神经系统不同层次的描述和模拟。代表性的网络模型有感知器、GMDH 网络、RBF 网络、双向联想记忆(BAM)、盒中脑(BSB)、Hopfield 模型、Boltzmann 机、自适应共振理论(ART)、CPN 模型等。在信用评级领域使用最为广泛的主要有 BP 算法的前馈神经网络、概率神经网络和自组织映射网络三种。

（三）粗糙集的方法

粗糙集理论最早由 Pawlak(1982)提出[1]。在过去 20 年里,他们的贡献迅速推动了粗糙集的应用于发展。粗糙集可以用来研究一个指标集内部的相关关系,挑出最为显著的指标并对这些指标

---

[1]　史开泉、崔玉泉:《S—粗集与粗决策》,科学出版社 2006 年版,第 33—36 页。

赋予不同的权重,描述出一个研究客体的某些特征。粗糙集理论作为一种处理不完全(不确定、含糊)信息的理论,对概率论、模糊理论等是个有效的补充。

对于研究的每一个客体,我们总能够得到能描述该客体的一些信息,即使这些信息往往是不完全的、含糊的、甚至是错误的。如果对一些研究客体取得了相同或相似的信息,那么将难以把这些具有相同或相似信息特征的客体区分开来,即等价类。处理因这种方式而产生的客体间的难以区分的关系,构成了粗糙集的理论基础。粗糙集理论可以用于特征归约(识别和删除无助于给定训练样本分类的指标)和相关分析(根据分类评估每个指标的贡献和意义)。

(四)混合模型

近年来对信用评级建模方法的研究主要着重于混合模型的研究,因为各种方法都有自己的特点,而且没有一种方法绝对优于另一种方法,因此,专家们希望能够综合几种方法的特点,取长补短,开发出更具优势的混合模型。Lee H. J. 等(1996)研究了基于统计方法和神经网络的混合模型,Mood's(2000)也公布了采用统计方法和神经网络的混合模型,Ahn B. S. 等(2000)在对韩国企业的信用研究中,采用了基于神经网络和粗糙集的混合模型①。

(五)结构模型

有三类信息与一个公司的信用状况密切相关:财务报表、股价(反映了公司的负债和股权的市场价值)、投资人对该公司前景和风险的主观评判。财务报表反映了公司过去一个时期的信用状

---

① Ahn B. S. , Cho S. S. , Kim C. Y. The Integrated Methodology of Rough Set Theory and Artificial Neural Network for Business Failure Prediction[J]. Expert Systems with Application, 2000, 18:65—74.

况。资本市场上充斥着许许多多或真或假的关于宏观经济状况、行业及公司的信息,这些信息会以很快的速度传递到投资者和投资分析者,当投资者对这些信息评判后做出买或卖的指示之后,公司的股价开始上下波动。因此,公司的股价蕴藏了有关公司信用状况的信息,而这些信息正是投资人对公司未来信用状况的一种预期。基于股价的信用评级模型由此得到开发,其中最著名的是KMV 公司(该公司已被 Moody, M. D. & Sons, Inc. 公司收购)的期望违约频率(Expected Default Frequency, EDF)模型。根据公司法,如果公司违约,公司的资产将优先清偿给债权人,如果资不抵债,则股权没有任何价值。因此可以认为公司的股权是以公司资产为标的的看涨期权,执行价格为公司债务的面值,期限为公司债务的期限。而对于债权人来说,他可被认为是持有一个看跌期权的空头,当公司的资产价值大于执行价格,该看跌期权得到执行,否则不执行。所以,公司的违约风险越大,卖权的价值就越大,债务的价值也就越低,对该卖权的价值及它可能被执行的概率分析就能对该公司的信用状况进行评价。Black and Scholes 和 Merton在期权定价方面做出了卓越的贡献。引入 B—S 公式之后,能够计算出公司资产的市场价值和该价值的波动,由此再根据公司负债的账面值可以计算出公司的违约距离,但这个违约距离并不是违约概率,即不能准确量化公司的信用风险。一种做法是假设公司资产价值成正态分布,则可根据违约距离计算出违约概率;另一种做法是根据大量的样本分析,由在给定的违约距离下,将所有样本中的违约公司的个数与样本总数的比值认为是该违约距离下的预期违约概率。根据不同的违约概率可以确定企业相对应的信用等级。在 Wilson(1987)的离散时间动态模型的基础上,Mckinsey(1997)开发了 Credit Portfolio View 模型,J. P. Morgan(1997)开发了 CreditMetrics 模型，CIBC（1997）开发了 Credit Metrics 模型。在 Jarrowand Turnbull（1995）假设企业违约遵循泊松过程的基础上，Credit S uissefinancial Products（1997）开发了 Credit Risk + 模型。这些模型是企业信用评级模型的继续发展，主要侧重于在已知信用等级、信用等级相对应的信用风险、信用等级之间的转移概率的基础上，进行信用产品的投资组合分析。

二、纳税评估指标体系

（一）纳税评估指标体系构建的基本原则

纳税评估指标体系的全面性、可靠性、客观性、可行性是保证评估质量的"四大基本原则"，基于目前评估指标的设置方法的缺陷，有必要建立完善系统的纳税评估指标体系，采用科学有效的评估方法，得到准确、合理、公正的评估结论。

1. 全面性：要选出能够反映纳税人全貌的指标，既要考核现状，也要考察历史记录，还要观察发展趋势。此外将定性资料和定量资料相结合，全面考虑纳税人所处的环境、面临的风险、资金流向等诸方面的影响。

2. 可靠性：纳税评估指标的敏感度必须通过实验或实践来考察其可靠性、有效程度，不能凭主观臆断、妄加猜测其结果。

3. 客观性：指标选取和评估方案的设计要客观、公正、公平，尽量淡化主观色彩，并且评估人员应不受评估对象及其他外来因素的影响，独立做出客观、公正、公平的评判。

4. 可行性：可操作性是评估方法能否推广使用的一个重要因素，依托信息化手段是评估工作开展的必由之路，同时指标选取不可脱离本地税收征管实际、盲目"照抄照搬"国外评估指标和方法。

（二）我国纳税评估指标体系研究

我国的社会信用体系尚不完善,纳税信用体系的建设也处于起步阶段,尤其是如何制定一套既符合中国实际又能体现边疆地区企业特色的纳税信用指标体系是一件非常紧迫而又重要的问题。为了准确地反映我国企业纳税信用现状、税务机关税收征管能力和内在潜力,现将我国企业纳税信用指标体系划分为三个部分,即企业纳税诚信度指标体系、企业纳税申报质量指标体系和企业纳税信誉等级评价指标体系。

1. 我国企业纳税诚信度指标体系

诚信度简单地说就是做人做事要说话算话,不能反复无常。诚,即真诚、诚实;信,即守承诺、讲信用。诚信的基本含义是守诺、践约、无欺。我国企业纳税诚信度是指我国企业以税法为依据,在一定生产经营或行为条件下,正确计算应缴纳的税款及时如实申报缴纳的比例。具体由以下几方面组成:

(1)企业基本信用认证合格率。包括:1)企业主体资格认证合格率(企业登记注册情况,企业的生产、经营所必需的行政许可情况,企业的资质等级情况,企业拥有和使用商标情况,企业年检情况);2)法定代表人的信用认证合格率(学历情况,个人经商的履历情况,个人守法情况,个人债务情况);3)企业生产经营行为的信用认证合格率(企业的生产、经营能力,产品质量状况,技术创新能力,企业市场状况,企业历史发展情况);4)企业资本循环认证合格率(资本利润率、资产负债表);5)企业工资、劳保认证合格率(工资发放情况、福利情况、企业劳动保险情况);6)企业其他认证合格率(企业债务履行情况,企业银行贷款偿还情况,企业合同行为的信用状况,企业守法经营情况)。

(2)企业违章行为发生率。包括企业长期欠税记录,偷逃税款记录,代开、虚开增值税专用发票记录,骗取国家出口退税记录,暴力抗税记录,更改财务会计制度记录等发生数占总发生数的比例。该指标反映企业履行纳税义务与国家税收法律、规章制度的吻合度。该比率越低,说明企业的纳税诚信度越高。

2. 我国企业纳税申报质量指标体系

我国企业纳税申报质量指标体系主要有五个:即申报率、申报准确率、逾期申报处罚率、未申报率、增值税一般纳税人的零、负申报率和增值税小规模纳税人的零申报率。

(1)申报率:是指纳税人在法定申报期限内实际办理纳税申报的户数与应申报户数之间的比例。主要用于衡量纳税人依法申报的遵从程度,以利改善服务措施,强化稽查力度,提高遵从水平。

申报率的计算公式为:申报率=按期申报户数÷应申报户数×100%

(其中,"按期申报户数"是指在税法规定的期限内实际办理纳税申报户数。应申报户数=期初开业户+本期复业户+本期迁入户+本期非正常转正常户-本期批准延期申报户数-本期批准注销户数-批准的本期停业户数-本期认定的非正常户-本期法院正式宣布破产户数-非独立纳税户-审定的不达起征点户数-其他)

(2)申报准确率:是指纳税人申报的纳税数额与税务机关查获的应纳税额之间的比例。主要用于衡量纳税人申报的真实程度,为稽查工作提供有效的选案依据,有针对性地开展稽查,打击和遏制偷逃税收行为。

申报准确率的计算公式为:申报准确率=纳税人申报的纳税数额÷(纳税人申报的纳税数额+税务机关查补的税额)×100%

(3)逾期申报处罚率:是指一定时期内因逾期申报被处罚的户数占全部逾期申报户数的比例。主要用于衡量税务机关对逾期申报处罚的广度,以利于促进纳税人自觉按期申报,提高申报率。

逾期申报处罚率的计算公式为:逾期申报处罚率 = 逾期申报被处罚的户数 ÷ 逾期申报户数 × 100%(公式中逾期申报被处罚的户数是指所有在本期内因逾期申报而被处罚的户数。逾期申报户数是指以前各期逾期申报户在本期被处罚的户数 + 本期实际逾期申报的户数)

(4)未申报率:是指一定时期内未申报户数占全部申报户数的比例,是申报率的一个补充分析指标,也可以看作是申报率的一个逆向指标。

计算公式为:未申报率 = 未申报户数 ÷ 应申报核数 × 100%

(5)增值税一般纳税人的零、负申报率和小规模纳税人的零申报率

1)增值税一般纳税人的零、负申报率是指在一定时期内零申报或负申报的增值税一般纳税人户数占全部已申报的增值税一般纳税人户数的比例。

计算公式为:增值税一般纳税人的零、负申报率 =(增值税一般纳税人的零申报户数 + 负申报户数)÷ 已申报的增值税一般纳税人户数 × 100%

2)增值税小规模纳税人的零申报率是指在一定时期内零申报的增值税小规模纳税人户数占全部已申报的增值税小规模纳税人的比例。

计算公式为:增值税小规模纳税人的零申报率 = 增值税小规模纳税人的零申报户数 ÷ 已申报的增值税小规模纳税人户数

3. 我国企业纳税信誉等级评价指标体系

如果要给我国企业诚信纳税者以激励,让不诚信纳税者得到惩罚,纳税人的信誉等级评定是一项基础性工作。按照国家税务总局 2003 年公布的《纳税信用等级评定管理试行办法》的规定,

可通过采集我国省税务管理中的许多原始数据来综合评定等级。如:当事人有无长期拖欠税款未缴的记录;有无偷逃税的记录;有无利用假发票进行增值税非法抵扣的记录;有无走私货物出口骗税的记录;有无长期不按时申报纳税的记录;有无恶意制作和更改财务会计记录的行为;有无制作贩卖假发票的记录等等。然后,将其主要方面,结合违规行为的严重程度,给予一定的赋值,归纳为"我国企业诚信指数",它是一套包含了我国企业诚信状况的综合评分系统,将企业的诚信度等因素展现为具体分值,是企业之间相互了解和选择对方的重要参考依据,也是税务机关判断企业是否诚信纳税和分层管理的重要指标。

我国企业纳税信誉等级评价指标体系

税务登记情况:(15分)	纳税申报情况:(25分)	账簿、凭证管理情况:(15分)	税款缴纳情况:(25分)	违反税收法律、行政法规行为处理情况:(20分)
其中:1、开业登记(2分) 2、扣缴税款登记(2分) 3、税务变更登记(2分) 4、登记证件使用(2分) 5、年检和换证(2分) 6、银行账号报告(2分) 7、纳税人认定(包括一般纳税人认定等)(3分)	其中:1、按期纳税申报率(8分) 2、按期纳税申报准确率(8分) 3、报送财务会计报表和其他纳税资料(5分) 4、代扣代缴按期申报率(2分) 5、代扣代缴按期申报准确率(2分)	其中:1、报送财务会计制度或者财务会计处理办法和会计核算软件(2分) 2、按照规定设置、保管账簿凭证并合法记账、核算(5分) 3、发票的保管、开具、使用、取得(5分) 4、税控装置及防伪税控系统的安装、保管、使用(3分)	其中:1、应纳税款按期入库率(10分) 2、欠缴税款情况(10分) 3、代扣代缴税款按期入库率(5分)	其中:1、涉税违法犯罪记录(10分) 2、税务行政处罚记录(5分) 3、其他税收违法行为记录(5分)

加总为100分即满分为最高信誉等级,如果某方面有问题就要扣分,可以按得分如:90—100分为A级,80—89分为B级,70—79分为C级,60—69分为D级,使企业得到一个综合等级。

A级纳税人:(1)除专项、专案检查以及金税协查等检查外,两年内可以免除税务检查;(2)对税务登记证验证、各项税收年检等采取即时办理办法,主管税务机关收到纳税人相关资料后,当场为其办理相关手续;(3)放宽发票领购限量;(4)在符合出口货物退(免)税规定的前提下,简化出口退(免)税申报手续;(5)各地可以根据当地情况采取激励办税的服务措施。

B级纳税人:主管税务机关除在税务登记、账簿和凭证管理、纳税申报、税款征收、税款退免、税务检查、行政处罚等方面进行常规税收征管外,重点是加强日常涉税政策辅导、宣传等纳税服务工作,帮助其改进财务会计管理,提高依法纳税水平,提升纳税信用等级。

C级纳税人:(1)追究违法违规行为的有关责任并责令限期改正;(2)列入年度检查计划重点检查对象;(3)对验证、年检等报送资料进行严格审核,并可根据需要进行实地复核;(4)发票的供应实行收(验)旧供新、严格限量供应等办法;(5)增值税实行专用发票和税款先比对、后抵扣;(6)纳税人申报办理出口货物退(免)税时,应从严审核、审批;(7)各地根据情况依法采取其他严格的管理措施。

D级纳税人:除可采取上述C类纳税人的监管措施外,主管税务机关还应当将其列为重点监控对象,强化管理,并可实施以下措施:(1)依照税收法律、行政法规的规定收缴其发票或者停止向其发售发票;(2)依照税收法律、行政法规的规定停止其出口退(免)税权。

这种等级应采用浮动制，一年或两年评一次。在企业中既要有企业的信誉等级，也要有企业法人的信誉等级，防止信誉等级差的企业，通过另成立新企业来摆脱差信誉。还应把此法人的信誉等级也要跟着他走，除非换了法人代表。有严重税务违法、违章行为的企业要进入"企业纳税失信不良行为警示记录系统"黑名单，定期给予曝光，对依法纳税的企业进行通报表彰。

（三）实施纳税评估应注意的几个问题

一是要正确处理纳税评估与税务稽查的关系。目前，应该严格掌握纳税评估工作的度，并严格按界限开展纳税评估工作。第一，对于纳税评估中的疑点问题应由评估人员质询，纳税人主动举证，认为纳税人的举证资料可以说明问题的，则不进行稽查，但必须做好纳税评估报告以备核查；相反，如果纳税人的举证解释无法使评估人员排除疑问，或纳税人根本不作解释或举证，则应移送稽查部门实施稽查。第二，在纳税评估人员质询，纳税人主动举证的情况下，还需要到企业实际调查予以核实，主要了解企业生产经营、财务管理、成本核算等方面的情况，通过这种关口前移的管理活动，提高纳税人依法纳税的能力和自觉性，尽量减少纳税人偷逃税行为。这里要注意尽量少下企业调查。第三，对于纳税人自查自补的税款应作明确界定。如果收到纳税评估通知书的纳税人确有少缴税款行为，则其必须在评估约谈之前向税务机关补申报税款，可作为自查补税，不作处罚；如果纳税人是在约谈过程中或在约谈后才申报税款，并说明不了正当理由，则应视为偷税。

二是开展纳税评估的最终目的，是为了帮助并促进纳税人依法自觉申报纳税，这是一项长期的管理工作。应正确其定位，把规范税收管理、落实税收政策作为纳税评估效能的体现，更重要的是达到强化管理意识，增强纳税人纳税意识的目的。

三是要强化对纳税评估岗位的监督。纳税评估工作面广、工作量大,且纳税评估的执法刚性相对不强,税务干部主观意识起的作用可能会大些,为杜绝人为错误,必须加强对纳税评估人的监督,明确各岗位职责,细化、量化岗责考核体系和岗位目标管理,加大日常检查、考核、监督力度。

四是纳税评估原始数据既有来源于国家行政管理机构、司法机关及有关行业管理部门公布的有关纳税人的设立、行业经营、经济统计等有关涉税信息资料,也有来源于报纸、广播、电视等信息载体的有关纳税人的商情、广告、重大投资和房地产营销等方面的涉税信息资料。这就要求税务机关要加强与相关部门的联系,加快信息化建设,努力提高纳税评估效率和水平。

第七章　透视税收遵从意识的培养

遵从（Compliance）是一个社会学范畴的概念，描述了作为一个社会个体在面对强制性指令时的行为倾向和现实反应。它首先是对人的"行为"的表达，而行为又是个人心理的一种外显。一般来说，只要个体的行为表现遵循了法律和规章制度的要求，就是"遵从"。

税收遵从（Tax Compliance）是西方国家流行的一个术语，目前已为各国财税界人士所关注。税收遵从的理论状态是：按要求进行税务登记；及时进行纳税申报并按要求报告有关税务信息；及时足额缴纳或代扣代缴税款。税收遵从度的高低直接影响到一个国家税收征管效率，越来越多的人认识到它的重要性，并试图通过各种手段加以衡量和提高。但是，一个国家的纳税人税收遵从度，不仅仅与其税收征管工作有关，而且与其税收文化底蕴息息相关。税收遵从度实质上是一种税收行为指标，而行为在很大程度上是对意识的反应。纳税人的税收遵从意识既反映着一国的税收征管效率，也在很大程度上反映一个民族的社会文化。

从我国情况来看，整个社会意识并没有形成一个"偷逃国家税款可耻"的积极理念，相当一部分人对"自己作为一个社会成员、一个公民在享受国家提供的公益设施、公共服务的同时理所当然应承担起相应的纳税义务"这种观点的认识还是十分模糊的。

这种现象直接阻碍着国家税收征收管理工作的正常进行。为此，必须从社会心理、社会认知调整的角度着手来培养人们的税法遵从意识。任何一种法规的强制性都必须有当事人自觉遵守意识的配合才得以实行，法律规范首先体现在对人们遵从意识的要求，法律的处罚永远只针对极少数"不遵从者"。

心理学、社会学在经济领域的渗透由来已久，近些年来在税收领域的研究也越来越广泛。本部分试图从心理学、社会学的角度，将税收遵从纳入"意识"的范畴加以分析和研究。研究纳税人的税收遵从心理，有利于我们完善税收法制，优化税收环境，提升税收文化，以提高纳税人的税收遵从度，从而提高税收征管效率。①

第一节 税收遵从意识的基本概念

一、税收遵从与纳税遵从意识

（一）税收遵从

税收遵从是指税务机关或纳税人对法律的解释以及对法律事实的相应实施，包括征税遵从与纳税遵从两个方面。征税遵从是针对征税方，即税务机关而言，是指税务机关严格按照税法规定进行征收管理工作。纳税遵从则是针对纳税人而言，是指纳税人自觉遵守税法，自觉执行税法规定的权利和义务。本书所讨论的"纳税人的遵从意识"，即纳税遵从。

（二）纳税遵从意识

---

① 对于所有税制来说，征管成本的最小化是优化与改革的目标，而在实现这一目标的过程中，必须考虑那些可能影响税收遵从度大小的心理预期因素。参见锡德里克·桑福德：《成功税制改革的经验与问题》第 2 卷，中国人民大学出版社 2001 年版，第 162 页。

1. 意识

意识的概念相当复杂,它可以从不同的角度进行理解。就心理状态而言,意识是一种觉知,意味着人们觉察到了某种现象或事物;就行为水平而言,意识意味着受意愿支配的动作或活动,它不仅仅是对信息的被动觉察和感知,还具有能动性和调节作用。

2. 纳税意识

纳税意识是一定团体中所有成员共同具有的关于纳税的认识、思想、信仰、价值等,是这个团体中的每个成员对税收制度以及自身涉税行为准则的认知体系,反映其利益取向和价值取向。

3. 纳税遵从意识

纳税遵从意识是指纳税人对税法规定的纳税人权利和义务的觉知,以及这种觉知对其纳税行为的影响。

二、纳税遵从行为

(一)纳税遵从行为的种类及特征

1. 纳税遵从行为的种类

行为是意识的行动表现。西方学者将税收遵从分为防卫性遵从、制度性遵从、自我服务性遵从、习惯性遵从、忠诚性遵从、社会性遵从、代理性遵从、懒惰性遵从八类:[①]

(1)防卫性遵从。具体表现为:纳税义务人有逃避纳税的企图,但对逃避纳税被发现的概率估计较高,对因逃避纳税可能受到的处罚十分畏惧。为避免由于逃避纳税所受到的处罚,不得不依法纳税。

---

① 中国国家税务总局税收科学研究所:《中国税收法制体系研究》,第384页。

（2）制度性遵从。具体表现为：纳税义务人有逃避纳税的企图，也不惧怕逃避纳税受到的处罚，但由于税收制度和税收管理十分严密而没有机会逃避纳税，结果只能是不自觉地履行纳税义务。

（3）自我服务性遵从。具体表现为：纳税人在法律许可的范围内，根据政府的税收政策导向，通过经营活动的事先筹划或安排进行纳税方案的优化选择，以尽可能地减轻税收负担，获得"节税"的税收利益的合法行为。

（4）习惯性遵从。具体表现为：纳税人长期以来已经养成了遵从税法的习惯。

（5）忠诚性遵从。具体表现为：纳税义务人对履行纳税义务具有正确认识，同时，税收管理部门为纳税义务人依法纳税提供的服务比较完善，所以，纳税义务人总是能自觉、准确及时地履行纳税义务。

（6）社会性遵从。具体表现为：纳税义务人受社会优良的纳税环境及其他纳税人税收遵从行为的影响而产生的税收遵从行为。

（7）代理性遵从。具体表现为：纳税人寻求律师、会计师、税务师的帮助，由其代为处理纳税事宜。

（8）懒惰性遵从。具体表现为：纳税人出于懒惰不愿全面学习复杂多变的法规、理解复杂的表格和相应制度要求，采取简单形式来填写申报表。

制度性遵从和防卫性遵从是税法遵从的最低标准，它不在道德上要求纳税人，但需要税法相对健全和征管体制相对完善；习惯性遵从和忠诚性遵从是税法遵从的最高标准，它是对纳税人道德的要求。自我服务性遵从、代理性遵从和懒惰性遵从处于中间层面。自我服务性遵从是一种较为积极的、有利于征纳双方的遵从，它促使纳税人积极学习税法。代理性遵从能在纳税人自身税法知识较为欠缺的情况下促进纳税人遵从税法,它对税务代理的要求相对较高。懒惰性遵从是种较为消极的遵从。

2. 纳税遵从行为的特征

从我国纳税人的税收遵从行为看,无论是畏惧税收处罚而产生的防卫性遵从还是出于税收制度和税收征管的严密而产生的制度性遵从,或是真正理解了税收的社会本质而产生的忠诚性遵从,一般说来,我国纳税人的税收遵从行为都具有以下几个特征:

第一,纳税人按税法规定的时间和地点积极主动地缴纳税款。

第二,具有较高的纳税自觉性,依凭证管理,按时报送会计报表和纳税申报表,依法缴纳税款、罚款和滞纳金。

第三,能够严格按照税务机关的规定完成各项税收任务,不拖不欠。

第四,能够同税务机关及其工作人员密切配合,不人为设置障碍,影响征管工作的顺利进行。

第五,实事求是地向税务机关提供纳税资料,接受税务机关的财务监督和纳税检查。

(二)我国纳税人税收不遵从行为的种类及特征

税收不遵从行为是指一切不符合税收法律意图和精神的纳税人行为。它可以分为三种类型:1. 自私性不遵从。具体表现为纳税人具有强烈的自私心理,经常把自身利益与公众利益对立起来,为了自身利益而有意采取各种方式逃避纳税。2. 无知性不遵从。具体表现为纳税人主观上没有逃避纳税人企图,但对税法规定的纳税义务和履行纳税义务的程序缺乏必要了解,往往不能准确、及时地履行纳税义务。3. 情感性不遵从。具体表现为纳税义务人对政府行为不满意,对财政支出使用方向不满意,对税收制度和税收管理的不公平方面不满意,对纳税人权利缺乏保障不满意,为发泄不满意情绪,有意识地逃避纳税。

从我国纳税人的税收不遵从行为看,无论是为了自身利益而有意采取各种方式逃避纳税的自私性不遵从,还是由于对税法规定的纳税义务和履行纳税义务的程序缺乏必要的了解而产生的无知性不遵从,或是由于纳税人对财政支出的使用方向和税收制度的不满意产生的情感性不遵从,一般说来,我国的纳税人不遵从行为具有以下行为特征:

第一,纳税人缺乏正确的纳税意识,受个人价值观念或其他因素影响,对依法纳税有抵触情绪。

第二,纳税自觉性较差,不能准确、按时地计算并缴纳税款。

第三,纳税人不如实申报纳税资料,跟税务机关讨价还价,虚报、隐瞒收入、成本的真实情况。

第四,纳税人违纪,人为地制造各种障碍阻止税收征管工作的进行。

第五,纳税人对税务机关工作人员态度生硬,辱骂甚至殴打税务工作人员。

第二节 税收遵从意识的心理学、社会学理论分析

一、舆论效度理论

(一)舆论效度的概念

舆论就是通常人们说的"公论"、公众的意见。舆论的具体含义是指,在大家共同关心的有争议的问题上多数人意见的总和。

由于所有的人类都有相似的感觉和神经系统,他们对现实性的认识也有许多相似之处,人们往往也倾向于在对现实性的一般

认识上达成一致。这种观点的一致化和相互印证现象,叫做舆论效度或同感效度。比如,在同一社会的大多数人的意识中,对于什么是危险的、安全的、厌恶的、可追求的东西,往往达成共识。

(二)从舆论效度看纳税人的税收遵从意识

纳税人税收遵从意识同时受着内在因素与外在因素的影响。舆论效度在这里属于外在因素,可以理解为社会税收环境。社会税收环境认为怎样的税收行为是可行的、明智的,纳税人微观意识就会怎样去采取行动,体现出一定的模仿效应和追求心理平衡的个体心态。

二、柯尔伯格的道德推理阶段理论

心理学家柯尔伯格(Kohlberg)以其对"汉斯偷药"两难问题①的追踪研究,提出了一套关于道德发展的理论。他认为,人们是一个独立的方式做出道德判断的,而不是将父母、老师或同伴的标准加以内化得到的。道德推理存在三个层次的发展时期,分别为:

习俗前道德(4~10岁):儿童处于外在控制时期,服从于得到奖赏、逃避惩罚的道德原则。

习俗道德(10~13岁):儿童将权威的标准加以内化,他们服从法则以取悦他人并维持秩序。

后习俗道德(13岁以后):道德观完全内化,他们认识到道德原则之间的冲突以及如何从中进行选择。

———————

① 一个患癌症的妇女濒临灭亡,医生认为只有一种药能挽救她的生命而这种药只有一家药店有售。于是病人的丈夫汉斯到这家药店买药发现药价为2000元,是成本的10倍,汉斯想尽了办法四处借钱,只弄到1000元,于是他求老板把药便宜点卖给他,或者以后再особ欠款还清,但药店老板一口拒绝,说卖药就是为了赚钱。汉斯无奈,只好夜里闯入药房将药盗走。

纳税人基本上都是处于"后习俗道德"的成年人,因此本书仅对这一时期的道德发展做进一步的阐释。后习俗道德时期又分为两个发展阶段:

法制观念阶段:人们以理性的方式思考,重视多数人的意愿和社会福利,认为依法行事是最好的行为方式。

价值观念阶段:人们以个人良心为原则,依据自己认为对的方式行事,而不理会法律或他人的意见。他们的行为是依据内在的标准做出的,并受着自我良心的约束。

在法制的约束下,大多数人都会依照法律行事,否则法律将不成为法律。但这样的行为并不代表每个人都是发自内心的。有些人视法律为至高无上的思想,而有的人却视法律为一种客体,自我意识既为法律所限制,又为法律所保护,于是自己的思想被提升成为至高无上,法律成为思想的附庸或工具。

三、弗洛伊德的"三我"人格理论

弗洛伊德将人格结构分为三个层次:

本我:位于人格结构的最底层,是由先天的本能、欲望所组成的能量系统,包括各种生理需要。本我是无意识、非理性、非社会化和混乱无序的。它遵循快乐原则。

自我:是从本我中逐渐分化出来的,位于人格结构的中间层。其作用主要是调节本我与超我之间的矛盾。它遵循现实原则,以合理的方式来满足本我的要求。

超我:位于人格结构的最高层次,是道德化了的自我,由社会规范、伦理道德、价值观念内化而来,其形成是社会化的结果。超我遵循道德原则,它具有三个作用:一是抑制本我的冲动;二是对自我进行监控;三是追求完善的境界。

在人格结构里,本我、自我、超我三者相互交织在一起,构成人格的整体。本我是生物本能我,自我是心理社会我,超我是道德理想我,它们各自追求不同的目标,本我追求快乐,自我追求现实,超我追求完美。

纳税人的税收遵从意识水平取决于微观个体的"自我"调节。本我追求利益最大化,表现为不愿纳税的潜在心理;超我追求道德的完美,表现为完全依从社会法律和道德,自觉依法纳税,优先考虑社会利益,而不计较个人得失。自我处于本我与超我之间,调和二者之间的矛盾,最后做出怎样纳税的决定。

四、行为决定理论

个体经济行为客观层面受个人情况、一般经济环境和环境限制,其影响流程如下图:

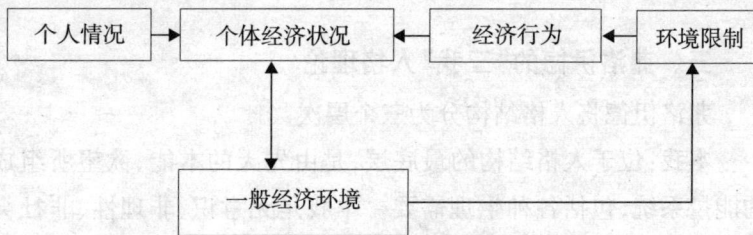

图7—1 个人经济行为客观因素影响流程

如图7—1所示。环境限制包括通常讲的经济约束,比如预算约束、时间和地点约束等。这些约束被认为可以影响(限制)经济行为。经济行为能够影响个人的经济状况。比如少申报应税所得直接增加纳税人的收益等。

个人经济状况汇总起来便构成了一般的经济环境。从另一个方面讲,一般经济环境又会影响到个人的经济状况,比如税收制度以不同方式影响到每一个人的经济状况。

纳税人遵从行为同样受纳税人个体情况、个体经济状况,比如年龄、学历、收入状况等因素的影响,同时受经济环境、制度环境等制约。

个体经济行为的主观层面受到社会观念、动机和人格的影响,其影响流程如图7—2所示。

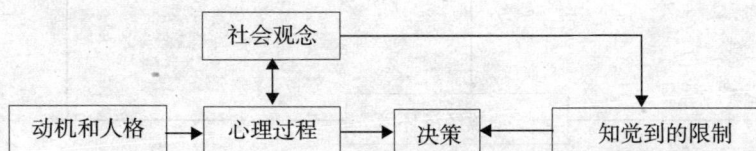

图7—2　个人经济行为主观因素影响流程

动机和人格在儿童早期就已经形成,这些因素被认为能以不同的方式影响心理过程。社会观念包括关于社会、政治、经济和文化的社会文化观念。比如,习惯、传统、伦理、预期和有关人与政府的公共形象都是社会观念的表现。社会观念形成了行为结构中特殊的一部分,并构成了群体中的综合个人观念。沟通过程和传媒,这些都在社会观念的形成过程中发挥着相当重要的作用。在心理过程中,人们认为这些社会观念可以与个体目标、动机和态度相提并论的。

知觉到的限制属于影响决策的内化因素。一些知觉到的限制来自社会观念,比如,人们普遍认为"偷逃税行为可以理解"的话,会直接影响纳税人的涉税行为的选择。

主观层面通过对世界的知觉、解释以及行动执行决策而与客观层面相联系。如图7—3所示。

从图7—3可以看出,人类行为受一般经济环境、社会观念、个

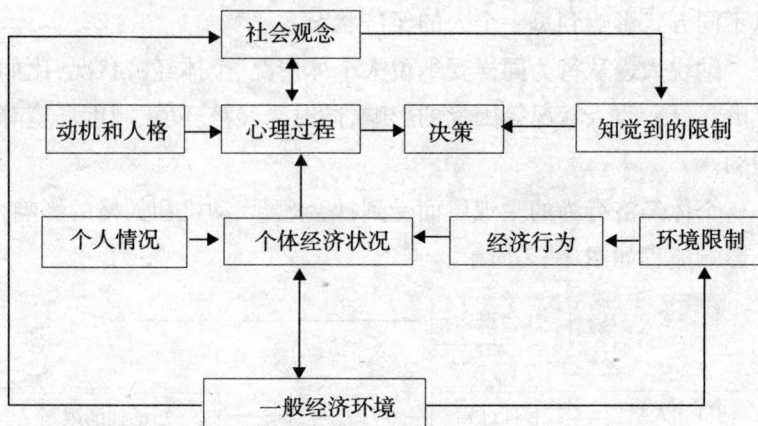

图7—3 个人经济行为影响因素流程

人情况、动机和人格等多重因素的影响。因此,纳税人税收遵从行为由纳税环境限制、税收遵从意识所决定,而纳税环境、税收遵从意识又受一般经济环境、社会观念、动机和人格等影响。

行为人在行为选择之前,往往先要观察他人作何种选择,以他人行为选择的后果为参考决定自己的行为选择,这就是心理学上所说的旁观。当行为人在实际存在或想象中的群体压力下,行为主体放弃自己原有态度和观点,而采取和大多数人相一致的行为或态度,这就是心理学上所说的从众。旁观和从众是现实生活中十分普遍的心理状态。纳税人在做遵从税法与否的选择前,会观察社会中绝大多数纳税人是否遵从税法,以及不遵从可能被惩处的几率、惩处的严厉程度、社会对税法不遵从行为的评价等等后果。当纳税人观察到其他纳税人的税法不遵从行为被查处后的不利后果没有超出自己的预期的话,就可能选择不遵从税法。而当现实经济生活中偷、逃、欠税等税法不遵从行为成为一种比较普遍的现象时,许多纳税者也可能在从众心理的推动下,采取和大多数纳税者一样的税法不遵从行为。标识心理是指当某一群体被贴上某种标识之后,这一群体中的原本不具备这一标识特征的主体也会逐渐认同这种标识并采取符合这种标识所要求的行为的心理状态。当税法不遵从行为成为纳税人中的比较普遍的现象时,社会就会给纳税人贴上税法不遵从的标识,社会也倾向于用这一标识来看待这一群体中的所有的个体。这样,某些遵从的个体便感到无论其是否符合这一标识,社会的其他群体都会用这一标识来看待自己,因此,守法与否对这些个体已没有实际意义或意义不大,这时,这些遵从的个体便会逐渐采取符合本群体标识的行为。①

　　近年来中国税收违法现象有严重化趋势,很大部分原因是由于其他税收违法人的违法行为在广大纳税人中间产生了一种示范效果,使广大纳税人由旁观和从众心理支配下选择这一行为。而普遍的税法不遵从现象更使遵从的纳税人在标识心理的支配下放弃原本遵从税法的意愿。

　　通过梁俊娇对北京、湖北两地自然人关于“如果您有机会偷税而不会被发现的话,您会:A 决不偷逃;B 偷逃税;C 很难说,看情况吧”的问卷调查统计中,两地均显示出税收遵从行为受职业的影响。从表7—1 及表7—2 可以看出,北京、湖北两地从事服务、其他和无业人员回答“决不偷逃”的比例明显低于平均值。另外从两地调查统计结果来看,存在明显的地区差异性。北京地区回答“决不偷逃”的人员比例为78%,湖北地区这一比例为42%,这说明税收遵从行为除了受个人情况影响外,还受社会环境、税收观念等非个体因素的影响。

―――――――

　　①　中国国家税务总局税收科学研究所:《中国税收法制体系研究》,世界银行第四期技术合作项目,2005 年5 月,第385 页。

表7—1　北京地区调查结果统计表

	决不偷逃	比例	很难说,看情况吧	比例	总计
军人	4	100%		0%	4
公务员	6	100%		0%	6
其他	18	75%	6	25%	24
教师	5	71%	2	29%	7
商人	12	92%	1	8%	13
干部	7	88%	1	13%	8
农民	1	100%		0%	1
服务	12	52%	11	48%	23
离退休	11	100%		0%	11
无业 ~	2	67%	1	33%	3
总计	78	78%	22	22%	100

资料来源:梁俊娇:《税收征管效率研究》,中国财政经济出版社2006年版,第168页。

表7—2　湖北地区调查结果统计表

	决不偷逃	比例	偷逃税	比例	很难说,看情况吧	比例	总计
军人	2	67%		0%	1	33%	3
公务员	2	67%	1	33%		0%	3
其他	9	25%	2	6%	25	69%	36
教师	3	60%		0%	2	40%	5
商人	9	56%	1	6%	6	38%	16
干部	6	75%		0%	2	25%	8
农民	1	33%		0%	2	67%	3
服务	3	27%	1	9%	7	64%	11
离退休	6	60%		0%	4	40%	10
无业	1	20%		0%	4	80%	5
总计	42	42%	5	5%	53	53%	100

资料来源:梁俊娇:《税收征管效率研究》,中国财政经济出版社2006年版,第168页。

五、理性经济人理论

古典经济学家认为人是理性的,总为自己打算,是受自我利益驱使的,这就是经济人的假设。每个人天然是他自己利益的判断者,如果不受干扰,他的行为可以使他达到自己的目的(最大利益),人的经济行为受利己心的支配。

理性意味着每个人、每个企业都会在给定的约束条件下争取自身的最大利益,这些条件包括政策条令、预算约束性、生产技术条件等。理性经济人是自利的。对于个体,自利行为就是用有限的收入最大限度地满足个人的欲望;对于企业而言,自利行为就是在给定的生产技术条件下,取得最大的利润或经济效益。

"自利"是经济发展、社会前进的动力。人的自利性是不可回避的现实,承认自利是解决人类社会问题的一种现实的、负责的态度。"自利"不是损人,理性经济人的自利行为要遵守社会规范,以此作为必要的约束条件。

纳税人是在社会经济状态中从事生产、消费、交换的行为个人或者个人的集合体,是追求自身最大经济利益并以此作为选择行为方式准则的"经济人"。在经济人理性支配下,最小的纳税支出和最大的税后收益是纳税人时时处处都要刻意追求的目标。面对税收形势、税法严密性、税收征管环境、税收负担情况、税收征纳关系、自身税收筹划水平等外部条件,纳税人总是寻找一切可能的手段在一定的约束条件下达成自身减轻税负的目标。纳税人作为理性经济人,如果纳税人依法纳税后,未能享受到相应的权利,甚至一些政府官员往往倚仗手中的权力,凌驾于纳税人之上,以权谋私,贪污腐化,纳税人心理失衡,便会增加对税收的抵触情绪。

六、心理成本理论

在正常的社会生活环境中,纳税人偷逃税行为不仅违法,一般也会受到社会道德的谴责,会有一定的负罪感和内疚心理。因此,纳税人在进行偷逃税决策时,由此而产生的心理成本就会影响到纳税人的选择,可用 $V(X)$ 表示纳税人的心理成本,则纳税人的效用函数为:

$$E(u): (1-P)U(Y) + Pu(z) - V(X) \qquad (7—1)$$

其中,U 表示纳税人的效用,Y 表示净收入或净所得,如果纳税人在全部收入或所得 W 中只申报 X 而没有被查获,则 $Y = W - \theta X$,θ 表示税率;P 表示纳税人偷逃税被税务部门调查审计而发现的概率;X 表示纳税人向税务部门申报的收入额或所得额,如果 $X = W$,则有 $V(X) = 0$,也就是说如果纳税人按照税法的规定足额申报其所得,没有进行偷逃税,则他的成本为 0,否则存在心理成本。$Z = (1-\theta)W - \pi(W-X)$,$\pi$ 表示罚款率。

其最优解的条件为一阶导等于 0,即:

$$dE(u)/dX = -\theta(1-P)U'(Y) + \pi Pu'(Z) - v'(X) = 0$$

调整为:

$$-\theta(1-P)U'(Y) + \pi Pu'(Z) = V'(X) \qquad (7—2)$$

因此我们可以得出以下结论:

第一,一般情况下偷税的社会心理成本为正,即 $V(X) > 0$ 成立,如 $V'(X) < 0$(申报的应税收入越高,则社会心理成本越低,即隐瞒不报的收入越低从而偷税额越低,社会心理成本越低)成立,根据公式 7—2 可知,公式 7—2 的内部最优解大于公式:$-\theta(1-P)U'(Y) + \pi Pu'(Z) = 0$(即不考虑心理成本)的内部最优解的,也就是说此时纳税人申报的应税收入是高于偷税没有社会心理成本

时申报的应税收入的,即此时纳税人隐瞒不报的收入及偷税额是低于没有社会心理成本时隐瞒不报的收入及偷税额的。

第二,如果 V(X) >0 的同时且 V'(X) =0(偷税的社会心理成本是固定不变的,即不管偷税额多大,只要偷税,社会心理成本是一样的,或者说不管偷税额多大,只要偷税,内疚感是一样的)成立,则公式 7—2 变为"−θ(1−P)U'(Y) +πPu'(Z) =0",此时纳税人申报的应税收入和偷税没有社会心理成本时申报的应税收入是完全一样的,即此时纳税隐瞒不报的收入及偷税额和没有社会心理成本时隐瞒不报的收入及偷税额是完全一样的。也就是说如果"只要偷税,不管偷税额多大,内疚感是一样的",则只要偷税,纳税人的偷税额和没有社会心理成本(内疚感)时的偷税额完全一样。

第三,如果在极不正常的社会环境下,即在社会舆论和社会环境对偷逃税态度不是谴责而是同情或是赞同,偷逃税者对自己偷逃税行为不以为耻,反以为荣的情况下,纳税人进行偷逃税不仅没有感到心理内疚的负担和压力,而且还从偷逃税中获得某种程度的满足和荣耀时,这时纳税人偷逃税心理成本为负。

通过对社会心理成本这一影响因素的分析,我们可以看到社会舆论、道德观念等等社会因素对偷逃税正、反两方面的影响和作用。

第三节　影响纳税人税收遵从意识的因素

一、动机

(一)动机的心理学定义

心理学家一般认为,动机是由一种目标或对象所引导、激发和维持的个体活动的内在心理过程或内部动力结果。对于这种内部过程，我们不能进行直接的观察，但是可以通过任务选择、努力程度、对活动的坚持性和言语表达等外部行为间接地推断出来。通过任务选择我们可以判断个体行为动机的方向、对象或目标；通过努力程度和坚持性我们可以判断个体动机强度的大小。各种动机理论都认为，动机是构成人类大部分行为的基础。

"行为之后必有原因"，这个原因就是人行为的动机。所谓动机就是直接推动个体活动以达到一定目的的内部动力。个人的一切活动都是由一定的动机所引起，并指向于一定的目的。动机是个人行为的动力，是引起人们的活动的直接原因，它是一种内部刺激。动机这一概念包含如下意义：

动机是一种内部刺激，是个人行为的直接原因。

动机为个人行为提出目标。

分析人们的经济行为时，必须揭示其行为的动机。只有这样，才能判断其行为的出发点，预见其行为重复出现的可能性，衡量个体行为的后果及其责任的轻重等。

动机是人格的一部分，动机的倾向或需要是个人心理特征的一部分，即人格的一部分。人们的个性品质（人格）主要表现在他们对待客观事物的态度上和行动方式上，反映着他们在社会中所处的地位及与周围环境的相互关系。个性品质是在社会实践活动中形成的，由于生活环境不同、实践活动不同，会形成不同的个性品质。

人格特点是在人的社会化过程中形成和发展的，反过来又影响人的社会适应性，并以固定的可预见的方式影响其行为。现代心理学以人的机体变量（人格）、环境因素和行为三者交互作用的模式来讨论行为，认为人的机体变量和环境因素对理解行为是必要的,人格和环境变量的区别在于引起行为激励因素的性质:如果个体以特定方式行动是由内在的激励因素引起的,则这是人格因素的作用。如果行动是由外在的激励因素引起的,则这是环境变量的作用。当然两者往往是混合地对行为发生作用;总之,动机是对行动的决心,稳定的动机倾向构成了人格的一部分,并使个体的经济行为具有人格化特征。

(二)税收遵从行为的动机因素

既然动机是构成人类大部分行为的基础,那么非税收遵从行为就很自然地被人们认为其中蕴涵着纳税人的动机,即属于纳税人的"有意"行为。由于纳税人是理性经济人,不一定都处于后习俗道德的法制观念阶段,在"自利"、本我力量的驱使下,他们难免追求自身利益的最大化,他们可能不再认为法律规定的行为方式才是最优行为方式。法律不可能尽善尽美、毫无空隙,于是存在着寻租行为的可能性。诱因的存在,导致动机的产生。

如果考虑纳税人的动机因素,那么诱因的存在是非遵从行为产生的重要原因,既然有"空隙"可钻,那些"精明"的处在"后习俗道德"价值观念阶段的纳税人,便宁愿承担一定的风险,并且将其行为归因于法制的不明确,同时在良心上为自己开脱。另外,税法的不明确还可能导致税务机关超越自身的职责权限,侵害纳税人的合法权益,这种情况同样会诱发纳税人的不遵从。

动机是需要和行为的过渡点,引起人们某种行为、维持该行为,并将此行为导向某一目标的过程,它是直接推动人类行为的内在动因。它表现为通过一定行为达成相应需要的心理过程。在纳税人的纳税行为中,出于各种层次的需要,会产生抵触或积极的心理状态。

马斯洛的需求层次理论①对我们研究合理的纳税人行为是适用的,这五个层次的需要都因为税收关系的存在而被强化。同时,在税收管理这个环境的外在刺激下,纳税人每一种需要的被尊重和被轻视都会在其心头积累起越来越想做什么的念头,这种念头就构成动机。对纳税人的需求层次加入税收管理这个因素后,可以表述如下:

第一,生理的需要。这是一个人生存的底线,也是纳税人可以承受侵犯、刺激的绝对底线。一旦这种最基本的人生需要都得不到满足,他的反应可能是强烈的、破坏性的、完全非理性的。历史上的许多次饥民造反、商人抗税多是因为政府的税收负担已经突破纳税人的生存底线。

第二,安全的需要。安全感是一种让人身心放任的精神状态,它使人平添几分安宁和娴静。纳税人的安全需要,除了需要社会、政治、经济秩序安全以外,主要是税收政策和管理两方面对其本身提供的安全需要。从税收政策的角度分析,如果税收政策稳定、公平且具有连续性,就能满足纳税人安全需要,其纳税行为就会比较规范和积极;如果税收政策不稳定且又不连续,甚至朝令夕改,以致纳税人无所适从,就会使纳税人产生一种不安全感,势必削弱纳税人的诚信纳税行为的积极性和规范性。从税收征管的角度分析,如果税收征、管、查严密,执法严格,纳税人的各种税收不遵从行为势必受到不同程度的惩罚,直至追究法律责任。在这种局面下,纳税人为了安全的需要,就会采取规范或积极的税收遵从行为。反之,如果税收征管上有疏漏,执法不严,则对纳税人的安全

---

① 马斯洛:《动机与人格》,中国社会科学出版社 2003 年版。马斯洛理论把需求分成生理需求、安全需求、社交需求、尊重需求和自我实现需求五类,依次由较低层次到较高层次。

需要不构成威胁,势必鼓励纳税人采取各种税收不遵从行为。

第三,社交的需要。前两种需要得到满足后,归属感的需要就成为支撑行为的主要动机。每一个纳税人为了实现尽可能高的利润,都渴望一个较好的经营环境。维持与税务机关的良好关系成为纳税人的一种自然要求。不论纳税人自己对税收、税务机关的内在感觉是怎样的"好恶交织",他希望税务机关接纳和认可自己的念头总是很强烈的。

第四,尊重的需要。这种需要也可以称为荣辱的需要,它比生存、安全和社交的需要均高一个层次。尊重需要既有自尊、自重的需要,也有受社会尊重的需要。自我尊重的需要包括独立、自主、自信和成就等,社会尊重的需要则包括贡献、名誉、地位、社会认定及他人尊敬等。纳税人在这种心理需要的作用下,一方面渴望本身具有活力和实力,能独立自主地取得成就,做出贡献(缴纳更多的税款);另一方面,纳税人希望得到他人或社会的高度评价,获得一定的名誉和地位。当纳税人尊重需要得到满足时,便会刺激其纳税行为趋于积极主动,增强信心,觉得在社会上有地位、有价值、有发展前途,从而努力争取做出更大的贡献;反之,纳税人可能会自暴自弃,索性采取不合作甚至对抗态度。

第五,自我实现的需要。一个志向高远的人,总是希望在以上需要得到满足的情况下尽可能地发掘自身的潜能,挥洒全身心的激情,追求一种崇高的自我实现的境界。事业成功的纳税人在追求自身利润最大化的过程中,仍然会选择自觉纳税,原因在于:纳税本身是对社会的贡献,它可以赢得人们发自内心的尊重,由纳税推及经济成就,人们对他们充满了羡慕;纳税帮助纳税人获得一种权力的感觉,因为是纳税人,他可以拥有一种主人的感觉,至少在心理上,他可以对政府的运作有一定的建议权和监督权。

二、态度

态度是对待任何人、观念或事物的一种心理倾向。它包括认知、情感和行为三个成分。认知成分指物或人被知觉到的方式,即在大脑中形成的心理映象,它包括人对于对象的所有思想、信念及知识在内。情感成分是个人对某态度对象持有的好恶情感,也就是个人对态度对象的一种内心体验。行为成分则是个人对态度对象的反应倾向,即行为准备状态,准备对态度对象做出某种反应。态度具有工具性、调整性和功利性功能,这是态度在经济行为中最重要的功能。个体为了争取获得外界环境的最大利益或尽可能减少损失,因此常常选择与"客体"态度效能相一致的态度,例如好的纳税服务态度有助于纳税人依法纳税。态度具有自我防御功能,该功能是指每个人都力求使自己的"自我"认知与现实环境保持协调。当人们的"自我"受到内、外因素的威胁时,他便会采取一种保护"自我"的态度,如一个正遭受"自身价值感"冲击的人,常常会购买一些时髦的消费品,从而达到抵御"自我价值"所受的危机。态度具有认知功能,认知功能是指个体通过态度来了解自身的需要并建立一种和谐的认知环境。态度是关于个体和环境中诸多因素的组合信息,在信息加工过程中,可以省掉不少步骤。因此,认知功能可以加速作决定或行动。

社会态度是由社会认知、社会情感和社会动机构成。认知和感情是态度反应中情境规定的主要因素。认知的情境规定作用,主要表现在对态度对象的评价和判断上。当一个人把自己的态度对象评价为无意义的时候,就会觉得没有必要付出一定代价去追求,他的态度是消极的、否定的。只有在把态度对象评价为有意义的前提下,才会形成一种积极的、肯定的态度。感情作为内心体验,也起情境规定作用。

税收态度是纳税意识的一种反映,是纳税人对一定时期税收法律政策的认可程度,对税收强制性的理解和感受水平。纳税人良好的税收态度有利于税收环境的优化,有利于提高税收征管效率。[①]

纳税义务人对与纳税相关的一些事物不满意,包括对政府行为不满意,对财政支出的使用方向不满意,对税收制度的某些不公平方面不满意,对自身权利缺乏保障不满意,为发泄各种不满情绪,便会采取一种保护"自我"的态度,有意识地逃避纳税。而一旦纳税人形成了对纳税相关事物不满的"认知"态度,可以加速纳税人税收不遵从决定或行动。

三、社会心理

社会心理,是人们在社会生活中自发产生,并互有影响的主体反应。社会心理的内在过程包括社会认知、社会情感、社会动机和社会态度。社会认知是社会主体对社会生活的反映、摹写;社会情感是社会主体对社会生活的内心体验;社会动机是社会主体的内部动力;社会态度是在前三个社会心理过程基础上形成的综合性心理过程,是社会行为的准备阶段。社会态度表现为支持、拥戴或反对、抗议等。

社会心理作为生活意识,首先它具有实用性。对现实生活的心理是从眼前状况出发,相信感官,缺乏深思熟虑。社会心理具有

---

① 公众对税收及税务机构的态度是十分重要的,现代民主的一个基本认识就是,与被管理者进行协商,将达成的一致性意见作为指导原则。税务机构也应根据纳税人与公众的协商意见作为引导。纳税人与公众对于税务机构的专业性、一贯性、道德水平的可信赖程度,将成为税收及其征管可接受性的判断因素,这种可信度是相当重要的。参见锡德里克·桑福德:《成功税制改革的经验与问题》第4卷,中国人民大学出版社2001年版,第139页。

迎合性,表现为随波逐流、人云亦云等。

如果纳税人对征税机关工作、政府公共服务满意,或者纳税人在危难时能得到政府的帮助,纳税人便会产生感激之情、欣慰之感,对政府产生尊敬和遵从感。

由于税收的"无偿性"特征,纳税人税款资金的支付便意味着自身利益的减少,在这一矛盾面前,社会心理的实用性决定了纳税人存在偷逃税行为的动机。在目前税收执法环境不尽如人意的情况下,其他纳税人的偷逃税行为愈益加剧了税收不遵从行为。

四、社会文化

所谓文化是指人类在社会发展过程中所创造的物质财富和精神财富的总和。文化经常是用来形容精神财富的,人对事物的认识、人的思维、人的价值取向、人的行为习惯都是文化的表现。文化是凝聚在一个民族的世世代代的人的身上和全部财富中的生活方式之总体,因而是形成民族性格的东西。社会文化是通过社会成员共同遵守的社会规范和规范行为表现出来的文化。社会规范包括制度、法律、纪律、道德、风俗、信仰等,对社会成员起约束作用,调节和协调人际关系及社会关系,因而使人们的社会行为能够形成一种比较一致的、共有的类型和模式。社会文化是在人们的各种社会关系中起作用的文化。

(一)传统中国与西方国家社会文化差异及其特征

在对传统中国与以美国为代表的西方国家公民的大量测试与考证后,为数不少的社会心理学家对两种文化背景下的社会心理特征得出了几乎一致的判断:以中国为代表的东方国家体现为以"集体意识"为重的集体主义心理态势;而西方国家则是"自我意识"至上的个人主义心理特质。

集体主义是一个由情感、信念和行为组成的,由各种人际关系交织于其间的症候群。集体主义强调团体的规范与责任,是一种以内团体为核心的信念表达。在集体主义为主要社会心理倾向的国家,社会成员生活在高度一致性的社会化环境中,接受同样的道德教育和品德培训,其行为被高度一致的评价系统评判,体验着高度一致的社会化经验,因而,其对社会事件的观念、态度以及基本的价值取向都具有很高水平的一致性。而个人主义则强调个人是社会的基础,重视个人尊严与发展、自主与个人隐私,不容忍社会压力下的从众信念,以个体"自我"为最终目的。

(二)社会文化差异对税法遵从意识的影响

从表面上看,在集体主义环境中产生的"集体意识"似乎更有利于税法遵从意识的培养。按照一般的逻辑推理,具有浓重集体意识的社会成员在行为与决策时,不仅考虑自身利益,而且常常顾及对他人的影响。税法是体现全体公民利益的法律规范,因而,"集体意识"越强的公民,越易形成对税法的遵从理念。但不幸的是,众多社会心理学家研究的结果表明,集体意识的体现需要特定的场景与环境。(这里暂且不谈公有制社会成员利益边界模糊的经济体制等宏观环境,仅从个人行为决策的具体环境看。)集体意识的体现常常需要这样的背景:首先,群体成员利益直接相关;其次,须他人在场的监督。当这种环境不存在时,集体意识会明显淡化。从税法遵从意识形成的环境看,第一,税法所代表的社会成员整体利益的联系方式是间接的,不易直接感受的。第二,税法执行中,也无法保证执法者随时在场监督。这样,集体意识对税法遵从理念的形成并没有必然的因果联系。进一步讲,普遍的集体意识反而淡化了社会成员作为个体的责任意识,当税法将纳税的义务、责任定位于具体的社会成员个人时,相当一部分社会成员个人就会出现"无意识"状态。

20 世纪 80 年代以来我国经济运行机制与社会管理模式的重大变革,动摇了传统中国社会心理构架赖以形成的体制环境和社会文化环境,引起整个社会心理模式的巨大变化。在"西风东进"的历史进程中,一方面,源远流长的中国传统文化形成的社会心理特征无处不在;另一方面,外来的、并有新的体制为环境背景的社会心理态势也不断得到强化,两者常常处于一种矛盾状态。

首先,在"集体意识"为重心向"自我意识"为重心的转变过程中,相当一部分人"自我意识"的体现出现明显偏差。只讲个体利益、个体权力(权利),而却忽视个体对社会的义务。对"理想自我"常常定位于"个人获得了多少财富","个人有多大的知名度"等名利层面,而较少强调对社会的责任、义务与贡献,忽视完整的"自我意识"表达。

其次,传统中国文化形成的、对政治权威的被动的、盲目的"依从"心理仍有很强的惯性。这种惯性在市场经济中行政管理约束越来越宽松,政治权威逐渐向法律权威转移的过程中逐渐淡化。当社会成员不再像高度集中的管理体制下,被具体的行政权力所约束,而是直接去面对法律等广义的社会责任时,被动的权威依从心理对人们行为的约束力就越来越小。

显然,这些社会心理倾向对在公民中形成普遍的税法遵从意识起着消极的作用。而在一个人文化的社会中,税法功能作用的体现应主要为"引导"和"规范",因而也就要求以普遍的、自觉的遵从意识为环境。

五、税收环境

税收环境作为社会环境的一部分,影响纳税人的心理,进而影响其行为的选择。

(一)税收文化

税收文化是社会文化的一个组成部分。税收文化①是指税收征纳双方构成的特殊社会群体各自内在的税收行为活动的文明成果以及征纳主体之间相互作用而形成的意识形态,属于哲学上的社会意识和社会心理范畴。税收文化的内涵非常丰富,包括税收思想、税收观念、纳税意识、税收道德及修养、征纳双方的关系等等。税收文化对税收的影响是通过改变税收环境来实现的,一方面通过提高纳税人的纳税意识,形成自觉纳税的税收文化氛围;另一方面利用税收征管服务中的非法律、非行政的人文力量约束征纳双方的行为。税收文化特别是税收道德修养在一国范围内造成一定的社会舆论效度,从而对公民纳税心理造成深刻而长远的影响。俄前联邦税收和关税局局长乔格伯斯曾说:"没有哪个国家的人们高兴纳税,但由于其税收文化的影响,他们确实依法纳税了。"②

税收文化是文化在税收领域的反映和体现,是文化的缩影,往往受到传统文化的影响,税收文化的根源在于一国的传统历史文化背景。奴隶社会及封建社会"家天下"的思想和强权压制,导致征收赋税的随意性加大,人们纳税意识低下,对赋税产生逆反心理,甚至产生暴力对抗。国民党政府的滥征滥收,导致社会整体缺乏自觉纳税意识。而建国以后的"非税论"和"计划经济"观念,以及人们长期生活在没有"明税"的环境中,也影响公民自觉纳税意识的形成。

---

① 比格·纳瑞认为,税收文化是与国家税收制度特别是执法活动联系在一起的全部正式与非正式制度的总和,它历史地扎根于该国的文化,因为相互影响而产生依赖与联系。

② 中国税网 http://www.ctaxnews.com.cn/sw/ywss/hwsz/200404/t20040417_156762.htm

中国是一个历史悠久的文明古国,税收法律制度随着生产力的发展由简单走向复杂,从战国秦汉的租赋制,魏晋至隋唐的租庸调制,唐代中后期的两税法、明代中后期推行的一条鞭法,一直到清朝推行的摊丁入亩,中国税收文化也在经历了漫长的封建时期后日渐形成。

中国在先秦时期就开始建立大一统的中央集权专制制度,以官僚政治代替贵族政治,将一切权力集中君主一人之手。这种封建专制持续了两千多年,一直到明清,中央集权高度发达,君主拥有至高无上的权力,君主不仅是整个国家的拥有者,更是所有人生活和命运的主宰。在这样的政治环境中诞生的传统税收文化不可避免地嵌映着封建统治者的意志,带有深厚的专制集权主义色彩。首先便体现为征税权力的人治特征;其次,传统税法还存在着不公正性的特征,皇亲国戚历来享有免税的特权。传统税法的人治化和随意性使得税法在民众的心里作为一种无可奈何的、消极的外部强制义务的印象根深蒂固,也加深了人们对不纳税身份的崇拜和对税法的厌恶恐惧。在专制社会,税法与特权和等级制度相融合,不纳税是身份、地位和能力的象征,而缴税则是意味着低贱的身份、贫苦的生活和受压迫的地位。可以说,民众的潜意识里普遍崇尚的是能够不守法。

税收文化的提高不是一朝一夕的事情,可能需要几代人甚至更长的时间。因此,要在短期内提高公民的税收道德和税收修养,增强纳税人的税收遵从水平并非易事。

(二)宏观税负

关于偷逃税的研究表明,大多数的偷逃税案例都出自一个原因,那就是纳税人感到税负过重,致使其心理上难以接受将一大块"蛋糕"切给别人的"残酷"现实。税收实践反复证明,过高的税负不利于把"蛋糕"做大,不利于税收的长期发展,同时会扭曲纳税人自觉纳税的心理,加剧偷逃税现象。

用弗洛伊德的"三我"人格理论①来分析,在纳税人感到税收负担过重的情况下,其本我的需求难于得到满足,以至于掩盖了超我的精神力量,自我在其间难于决断,从而在很大程度上增加了本我自然内在驱力战胜超我社会完美人格驱力的几率。

梁俊娇在对北京地区 100 位自然人"相对您的收入而言,您认为自己目前承担的税收占收入比例的评价是:A. 太重;B. 还行;C. 不清楚"及"如果您有机会偷逃税而不会被发现的话,您会:A. 决不偷逃;B. 偷逃税;C. 很难说,看情况吧"的问卷调查中,统计结果显示,对税负认为"太重"的人员选择"决不偷逃"的比例(63%)低于平均值78%,这说明纳税人的税收遵从行为与税负水平高度相关(见表7—3)。

表7—3　税负水平与偷逃税行为交叉统计表

项目	总计	决不偷逃	百分比	很难说,看情况吧	百分比
太重	19	12	63%	7	37%
还行	68	59	87%	9	13%
不清楚	13	7	54%	6	46%
合计	100	78	78%	22	22%

资料来源:梁俊娇:《税收征管效率研究》,中国财政经济出版社 2006 年版,第188 页

所以,轻税严管模式下的纳税遵从率比重税松管模式的纳税遵从率要高得多。轻税严管的好处在于,当税负较轻,对纳税人的

---

①　弗洛伊德对疾病尤其对精神病的认识,概括为"三我"失调。所谓"三我"是指本我、自我和超我。"三我"关系失调就可能产生疾病,当然主要指精神疾病。

本我需求不会造成太大的限制,严格的征管制度迫使纳税人的自我协调机制权衡利弊之后,倾向于服从超我的决断。

(三)税收征管力度

税收征管工作会影响纳税人税收遵从意识。征管力度不够或管理松散,导致偷税、漏税成为某些纳税人经常使用的小伎俩,初犯转变成惯犯,形成心理适应。同时,对于原本具有良好税收遵从意识的纳税人,由于征管工作的不力,造成其心理失衡,可能影响其税收遵从意识转变为税收遵从行为这一环节,从而大大降低税收遵从度。[①]

以我国的税收执法环境为例,我国的税收执法环境较为严峻,具体表现为:首先,纳税人理性化程度不高。纳税人理性化程度受到历史文化积淀的影响,从基本层面上看,纳税义务观念淡薄,经营管理水平不高,纳税遵从水平很不理想。其次,转轨时期寻租行为严峻。现阶段我国处于由计划经济向市场经济转型期,新旧体制交替,监督体系乏力,规范建设滞后,使寻租活动的伸展空间相当广阔,偷逃骗税的动机和诱因强烈。另外,"地下经济"的存在也扰乱了依法治税的税收环境。我国金融及其他管理体制漏洞颇多,商业银行为争夺客户造成企业多头开户,假名开户,现金交易大量存在,财务审核制度缺乏。所有这些,为"地下经济"的滋生提供了土壤,严重阻碍了税务机关对纳税人的有效监管。严峻的

---

① 斯派瑟和希罗(SNeerandHero)的研究得出了不同的结论,斯派瑟和希罗 1985 年考察了逃税水平与感受到的其他人逃税的关系。三分之一的参与者被告知在上一轮游戏中其他人只报告了应缴税款后的 10% ;三分之一的参与者被告知在上一轮游戏中其他人只报告了应缴税款的 50% ;剩下的三分之一的人被告知在上一轮游戏中其他人只报告了应缴税款后的 90% 。结果表明,尽管被告知的其他人逃税水平差别很大,但是对于参与者的逃税决策没有显著的影响。

税收执法环境使得纳税人的税收遵从意识水平整体偏低。

在现实征管工作中,对于有些税源较小,征管难度较大的所得,例如企业的境外所得,税务机关由于自身征管资源的有限性,未能对其进行全面、深入的税收征管和稽查,这种诱因的存在容易激活纳税人的本我冲动,造成企业税收遵从度低。

(四)税制公平程度

税制公平是税收制度伦理价值中的应有之义,公平收入分配是赋予税制的更高层次的政策目标,税制公平是实现收入分配公平的基础。哈耶克在《自由宪章》中认为税制应遵循两个原则:其一为税制的效率原则,也就是即税收设计的中性原则,它是指税收制度一方面应使得税收对经济主体活动的扰动和扭曲影响降低到最低程度;另一方面是指国家征税除了使纳税人因纳税而损失或牺牲这笔资金以外,最好不要再导致其他经济损失,不应产生额外负担;其二为税收公平原则,他的税制公平原则有别于一般财政学教科书中所理解的纳税能力原则,哈耶克强调防范"多数暴政"和保护包括少数在内的全体公民的基本个人权利,具体表现在:

1. 最低收入群体作为少数应得到一些救济,其形式是一种比例较低的征税;

2. 征税总额应当多高一般由多数决定,它也因此应该最大程度地承受这一税收负担;

3. 高收入群体作为另一种少数群体,多数不应当有权对之强加歧视性的税收负担,不应对同种劳务计以不同的税后净报酬(即要保持不同纳税人每一笔收入的净额之间的相对关系),不应因为作为少数的高收入群体的收入与其他阶层的收入不合拍就使得一般的激励机制实际失效。也就是说,要遵守这样一条规则:"允许多数为扶持少数而对自己征税,但不鼓励多数对少数施加它认为正确的任何负担的行为"（税收征收管理逃税漏税行为也引起了学者们的研究兴趣）。刘易斯（Lewis, A.）1982 年研究个体纳税心理时还发现，只有在纳税人感到就他的收入而言税收政策是公平合理的，才可能自觉地缴纳税款，否则就逃税，产生"搭便车"行为。因此，公平是纳税的心理前提。

（五）税收知识

纳税义务人主观上没有逃避纳税的企图，但对税法规定的纳税义务——包括作为义务和给付义务不了解，对履行纳税义务的程序不了解，往往不能全面、准确、及时地履行纳税义务。

丰富的税收知识，包括如何作为、如何给付和不作为、不给付将受到的处罚，可以增强防卫性税收遵从的意识，提高防卫性税收遵从的可能性。税收知识贫乏，既不懂得如何作为、如何给付，也不了解不作为、不给付将受到的处罚，必然造成无知性税收不遵从。税收知识的范围与程度，一方面取决于纳税义务人对税收知识的需求，另一方面取决于税收管理部门对税收知识的供给。

（六）税收制度

公平和确实、简便的税收制度，有利于保护忠诚性税收遵从、创造制度性税收遵从、防止情感性税收不遵从和减少无知性税收不遵从。税收制度不公平和不确实、不简便，必然破坏忠诚性和制度性税收遵从，诱发情感性税收不遵从，增加无知性税收不遵从。另外，税法越是复杂，纳税人申报出错的机会就越大。大企业的经营会涉及相当复杂的法律，比如税法和其他法律，所以大企业纳税人无意中申报出错的机会就会更大。税收制度是否公平和简便、确实，主要由税收所承担的任务和税收立法的体制与程序所决定。

我们当然不能排除某些纳税人的蓄意行为，比如偷税、逃税、避税等，但是，并不是所有非税收遵从行为都出自纳税人的有意动

机。大型企业在所得税方面的非遵从行为就是很好的例证。一般
而言,所得税法的有些规定并不很明确,特别是有关大型企业方面
的涉税规定不是特别清晰。纳税人和税务机关可能对税法规定产
生不同的解释。当税法规定不明确时,税务机关和纳税人经常会在
纳税遵从解释上有不同的定位。依法治税的前提是有法可依,作为
税法主体的征纳双方的权利和义务必须由法律来界定。如果税收
立法缺位,将造成很多涉税问题的处理无法可依,无法保证执法的
需要,从而增大了征纳双方税收遵从的难度。当税法规定不明确时,
税务机关和纳税人可能会对税法产生不同的解释,从而在税收遵从的
解释上也可能有不同的定位。在这种情况下,即使不考虑纳税人的动
机因素,法制的不明确也会造成纳税人客观税收行为上的非遵从。

第四节 提高纳税人的税收遵从意识水平

纳税人的税收遵从意识表明纳税人对税收法律制度的认可,
这种认可是税收法律实施的重要支撑。当税收法律规范内化为纳
税人自觉的价值追求和行为准则时,良好的税收法律秩序才能得
以实现。只有纳税人具有良好的税收遵从意识,能够自觉地按照
税法规定的要求,准确计算应纳税额,及时填写申报表,按时缴纳
税款,税款的征收才能顺利实现,纳税人的奉行成本和征管成本才
能有所降低,并有效减少税法实施过程中的摩擦,从而促进税收法
制秩序的形成。因此,提高纳税人的税收遵从意识意义重大。

一、优化纳税心理

（一）平衡纳税人心理——简化税制、公平税负
税制过于繁杂就会给纳税遵从带来一定的难度,纳税人的遵

从成本和心理成本都会偏高,从而影响纳税人的税收遵从意识。税负的公平与否也会直接或间接地影响纳税人的税收遵从意识,过高的税负或不公平的税负都将造成纳税人心理失衡,从而导致行动上的不遵从。简化与公平是税制改革成功的关键。1994 年税改后,税制有所简化,但当时制定的税法不甚详细,实行十余年来进行过多次政策调整,给征收管理带来了难度。值得指出的是,税制需要简化,以便于征纳双方,但简化不等于粗陋,税法必须详细完备,以避免偷漏行为。

因此,在完备的基础上尽可能地简化并力求公平,这样才能满足纳税人寻求简单易行、追求公平待遇的基本纳税心理,鼓励纳税人自愿守法,提高税收遵从率。

(二)转变纳税人心理——建立和完善纳税服务体系

党的十六大报告强调,贯彻"三个代表"重要思想,本质在坚持执政为民。我们要增强税务人员的服务意识,建立为纳税人提供纳税服务的有效载体,树立以纳税人为本的理念,构建寓服务于管理之中的新型管理模式,在管理之中体现服务。管理加服务是国际税收征管的主流发展趋势,有利于充分维护纳税人的合法权益,以情感人,以理服人,使纳税人从制度型的税收遵从过渡到情感型的税收遵从。美国税收服务中心的广告是"我们的名字就叫服务"。①

纳税服务体系的建立与完善是一种基本理念的转变,其意义在于使纳税人完成从被管理者到接受服务者的心理转变,并降低

---

① 同服务领域中所有事务一样,税务机构需要强大的服务意识与较高的源于纳税人群体的市场可授受程度。渐渐地,这种事务中的市场性遵从将会出现。参见锡德里克·桑福德:《成功税制改革的经验与问题》第 4 卷,中国人民大学出版社 2001 年版,第 132 页。

纳税遵从成本,从而在心理上更加乐于接受依法纳税行为,变被动纳税为自觉纳税。

(三)营造舆论效度——加强税收宣传,实施信息公开制度

目前,我国公民在税收方面的素养普遍偏低,在税收行为上理性化程度不高。大多数纳税人处在蒙昧理性向一般理性过渡阶段,只有少数人从一般理性向高级理性过渡。加强税收宣传,实施信息公开制度能够营造良好的社会舆论效度,是提高纳税人税收道德修养和税收遵从意识的有效途径。

我们应该疏通纳税人了解税收规章制度的渠道,建立税收政策宣传辅导和执行监督的办法。税务部门对国家新出台的税种、税率及其他税收政策变化原因及其后果要做出详尽的宣传解释,因为这些变动必然会影响到纳税人税负的增减,而且还会影响市场物价和居民的生活。进一步完善普及税法宣传方式、手段,积极倡导依法诚信纳税,而对于偷逃税案件则要充分利用各种宣传媒体及时曝光,使偷逃税者承受巨大的社会舆论与心理压力。将过去宣传的"纳税光荣,偷税可耻"这一道德范畴理念上升到纳税是义务,偷逃税是违法这一法律范畴理念。

(四)量化意识水平——建立有效的税收遵从衡量体系

目前,美国在对纳税人税收遵从水平的衡量上主要采用稽查数据(audit data)、调查数据(survey data)、税收赦免数据(tax amnesty data)及实验数据(laboratory experiment data)等四种数据结合而成的综合数据库。

其中用来取得稽查数据的 TCMP(Taxpayer Compliance Measurement Program)被认为是估量纳税遵从程度最为可靠的一种方法。TCMP 是由美国国内收入署 IRS 负责实施的,从 1963 年开始,每隔约三年进行一次 TCMP 调查。其具体做法是分层抽取一

批家庭的联邦个人所得税申报样本,由具有丰富经验的稽查人员严格审查,并详细记录原数据与修正数据,从而提供详尽的非税收遵从信息。

目前,人们普遍认为我国公民的税收道德和税收修养普遍偏低,税收遵从意识水平不高,具体表现为对税收的了解肤浅,对税法不够熟悉,对履行纳税义务存在能逃则逃、能拖则拖的心理。但这只是人们在印象水平上的主观评价,并不属于客观估量。

我国目前还没有权威机构对纳税遵从水平进行估量,在纳税遵从的统计和研究方面几乎是空白。随着社会经济的发展,在我国建立起纳税遵从衡量体系,对纳税人税收遵从水平进行衡量,显得越来越重要。只有建立有效的衡量体系,税务机关才能客观地了解我国纳税人整体的税收遵从意识水平,并及时地分析原因,采取措施,总结经验,从而提高纳税人的税收遵从意识,规范我国的税收执法环境。

(五)重塑政府形象——改善纳税态度

政府形象直接影响着人们对纳税的态度。政府形象是通过政府治理国家的能力和效率,通过政府的各种政治经济决策所代表民意的程度,以及政府职能部门及其职员的工作态度、廉洁奉公和遵纪守法等行为表现出来的。政府形象愈好,人们对政府的信赖程度便愈高,纳税态度便愈端正。

1. 提高税收政策的民主程度,使政府所制定的各项政策能得到纳税人的充分理解和支持。政府在制定税收政策时,开展充分的调查研究,被实施的税收政策做到先公布后执行,保证征纳双方有足够的时间去熟悉和理解法律的精神和操作方法,防止出现由于理解失误而造成执法的偏差。

2. 排除各种干扰税法公正执行的因素,用法治手段确保税权的独立行使和税法的公正执行。这在重塑政府形象方面尤为重要。执法不公是纳税人对政府不满的重要原因。规范各级政府行为,对任何妨碍税权独立行使的人必须追究其法律责任,充分发挥社会舆论的监督作用,以促进税法的公正执行。

3. 反腐倡廉,提高政府治理国家的能力和效率。这是提高纳税意识,端正纳税态度的根本点。一个廉洁且办事效率高,治理国家能力强的政府,才是纳税人值得信赖的政府。由这种政府制定出来的税收法律、政策,才易被纳税人所理解和接受,纳税人也能够在一种比较轻松和谐的心态下履行纳税义务。

二、建立健全税收法律体系

促使纳税人自觉遵守税收法律规范,首先要有比较健全和完备的税收法律体系,这样才能发挥法律引导和调整纳税人行为的作用,让纳税人没有机会逃避纳税,在制度上消除纳税人实施不遵从行为的可能性。

(一)中国现行税收体系存在的问题

1. 法律缺位

现行的中国税收法律体系的主要组成是税收行政法规、税收部门规章以及其他税收规范性文件,法律在其中所占的地位微乎其微。一般来讲,一个完善的法律体系应该是以一部或者若干部基本法律为主导,下面辅之以具有行政法规地位的实施细则以及具有部门规章地位的具体实施办法,在必要的时候也可以发布效力层次更低的解释、通知、规定和批复等。法律的缺乏造成了大量的税收行政法规、税收部门规章甚至税收通告代行税收法律,各种法律规范之间重复、矛盾和不协调问题突出。

2. 结构不完整

现行的中国税收法律体系中的某些组成部分缺乏和不完整，各组成部分难以形成一个有机联系的统一整体。中国税收法律体系的首要组成部分应是税法通则，这是在整个税收法律体系中居核心地位、起统领作用的法律。但是在目前的税收法律体系中尚没有这样一部起这种作用的基本法律。税法通则的相关规定散见于其他一些法律法规之中，而且很不完整，很多具体问题都没有相应的法律规范，由此导致税收法律体系群龙无首，无法将其有机统一起来的问题。

3. 缺乏稳定性

中国现行税收法律体系的内容变动频繁，在很多情况下使得纳税人无所适从。这里所讲的中国税收法律体系的内容变动频繁主要是指税收通告的内容变动频繁。

(二) 中国税收法律体系的完善

1. 提升效力级位

低层次的税收立法使税法的整体效力层次较低，权威性和稳定性也较弱，影响着纳税人对税法的遵从。低层次立法也影响税法的透明度，大量税法以行政法规甚至内部规章的形式实施，纳税人难以获得需要的税法知识。

提升中国税收法律体系效力的最终目标是全部或者几乎全部税收实体法即各税种法由税收法律来规范，主要税收程序法由税收法律来规范。其方法就是在现行的税收行政法规的基础上制定税收法律。

2. 完善内部结构

完善中国税收法律体系内部结构的目标是形成一个以税法通则为统领的，以税收实体法和税收程序法为骨干的，配以对外税收协定的有机联系的统一整体。中国的税收法律体系中应当有一部统领各领域的法律,即《税法通则》或者《税收基本法》。并同时构建层次分明、结构完整的体系。尚未建立的制度要抓紧时间建立,已经比较完善而且切实可行的制度应该保证其在现实生活中贯彻实施。

3. 提升应对能力

一个完善的税收法律体系应该是一个能够随着客观世界的发展而进行自我调整,保持自身相对稳定的体系。也就是说,税收法律体系自身应当具有一定的应对性和动态稳定性,可以随着客观世界的变化而相应进行调整而不完全为客观世界所左右。提高中国税收法律体系的应对能力必须做到税收立法建立在客观经济发展水平的基础之上,以适合当前国情为标准。税收立法还必须具有一定的超前性,能够适应较长时期经济社会发展的客观需要。税收法律规范本身也可以设定一些应对客观经济状况变化的应对机制。这样,当客观经济形势发展变化时,税收法律规范的具体内容就自动发生变化了,而整体的税收法律体系则保持了稳定。比如,个人所得税法中的扣除额根据物价上涨指数进行自动调整就是一个典型的税法自身设置的应对客观经济状况变化的应对机制。

三、完善税收征管社会环境

(一)培育非正式约束要素

新制度经济学认为,制度提供的一系列规则是由社会认可的非正式约束、国家规定的正式约束和实施机制所构成。这三部分构成制度的基本要素。非正式约束是人们在长期交往中无意识形成的,具有持久的生命力,并构成世代相传的文化的一部分。从历史来看,在正式约束设立之前,人们之间的关系主要靠正式约束来维持。即使在现代社会,正式约束也只占整个约束的很少一部分,人们生活的大部分空间仍然由非正式规则来约束。非正式约束主要包括价值观念、伦理规范、道德观念、风俗习性、意识形态等因素。在非正式约束中,意识形态处于核心地位。因为它不仅可以蕴涵价值观念、伦理规范、道德观念和风俗习性,而且还可以在形式上构成某种正式制度安排的"先验"模式。意识形态有可能取得优势地位或以"指导思想"的形式构成正式制度安排(或正式约束)的"理论基础"和最高准则。新制度经济学认为,正式规则只有在社会认可,即与非正式约束相容的情况下,才能发挥作用。在实际社会经济生活中,正式约束与非正式约束对经济发展的"共同影响"是很难分割开的。

税收制度的人文条件是指人们关于税收的价值观念、道德规范、纳税意识和行为习惯等,它属于税收制度中的非正式约束。人文条件表明一定时期人们对税收的认识程度,从而也就决定了人们在一定时期对税收的遵从程度。现行税收制度属于"国家规定的正式约束",它必须与税收制度的非正式约束相容。即通过法律程序形成的有关课税的制度安排必须与一定时期人们关于税收制度的价值观念、道德规范、纳税意识和行为习惯等相适应,否则,正式约束难以有效实施。特别是在征管手段及征管措施的选择中,要看是否与当时的人文条件相匹配。一般而言,社会成员具有较强的纳税意识和良好的纳税习惯,把是否严格履行纳税义务作为人们信誉评价体系的一个重要组成部分,就有利于税收征管效率的提高。企业信誉不仅影响着企业的形象,而且直接关系到企业的社会地位和发展前途。通过对企业纳税信誉的评估分级,可以促使企业自觉主动纳税,增强其依法纳税的意识。纳税意识的强弱决定了政府可以采取的征管手段、方法等,在社会成员有着较强纳税意识的条件下,对税收可以更多地采用自行纳税申报的方式;而在社会成员纳税意识不强、纳税自觉性不高的情况下,则需要采取源泉扣缴等有利于税款及时入库的征收方式。①

(二)树立正确的税收观

市场经济是法制经济,法制经济是讲究权利与义务的相对称。从权利与义务的角度来诠释征纳关系。在现实生活中存在着两类消费品,一类是具有竞争性和排他性的一般消费品即私人物品或服务;一类是具有非竞争性和非排他性的特殊消费品即公共物品或服务。前者可以直接从市场上得到满足,后者必须依赖政府以非市场方式提供。政府用于提供公共物品或服务所需的资金即来源于税收,或者说政府征税为的是提供公共物品或服务。反过来说,公民纳税为的是购买这种在市场上所买不到的但必需消费的公共物品或服务。从对应的原则来说,就是政府的征税权利与其提供公共物品或服务的义务相对应;公民的纳税义务与其享用公共物品或服务的权利相对应。

(三)建立纳税信用体系

信用(Credit)有广义和狭义之分。狭义的信用是指受信方向授信方在特定的时间内所作的付款或还款承诺的兑现能力(也包括对各类经济合同的履约能力);广义的信用即一般社会关系意义上的信用,则是指参与经济活动的当事人建立起来的以诚实守信为基础的践约能力,体现的是一种契约精神和契约观念。研究纳税信用,应以广义的信用为出发点和归宿。纳税信用是建立在税收法律关系中,表现和反映征纳双方相互之间信任程度的标的,

---

① 岳树民:《中国税制优化的理论分析》,中国人民大学出版社 2003 年版,第 80 页。

是由规矩、诚实、合作的征纳行为组成的一种税收道德规范。它产生于一个行为规范、诚实而合作的税收征纳群体之中,能够有效地提高征纳主体的素质,增强规则遵从意识,增进互信与合作,促进税收法规的贯彻和落实。建立我国税收信用体系应主要从以下几个方面着手:

1. 规范政府与纳税人的权利和义务,完善公共财政制度

政府与纳税人权利、义务不对等是致使税收失信的一个直接原因。还权于纳税人,强调政府应承担的义务,则是文明社会税收诚信主题的应有之义。倡导政府与纳税人权利和义务的对等性,承认征纳双方是两个平等的主体,要在宪法及相关税收法律中予以明确和规范。按照市场经济条件下的税收观念,分别规范纳税人、征税人和用税人的行为,将会为税收信用的确立打下一个良好的基础。纳税人履行纳税义务后,就拥有了"消费者主权",他不仅可以监督政府的征税行为,而且还将进一步关注政府对税款的使用,进而满足自己的公共需要。权利与义务在法律上和观念上的对等,使纳税人拥有了与政府平等的地位和对话机会,必将激发纳税人诚信纳税的自觉性,同时也增强了政府诚信征税、用税的约束力。

政府行使征税权利后,就要在纳税人监督下,合理使用税款,提供纳税人满意的公共产品。公众之所以愿意承担税负,是因为其相信自己缴纳的税款最终会以公共产品、公共服务的形式返还于自身。为了实现这一目标,税收的征纳与税款的使用应该是一个统一的过程,纳税人应有权获悉征收目的、税款流向、税款使用情况,尤其应有权对税款的使用予以监督。纳税人没有有效途径对税款的使用进行监督,就使得纳税人缺乏对税收的认同感,难以积极遵从税法。而且政府不合理的滥用税款必然导致纳税人的抵

触情绪,极易引发税法不遵从行为。应该设计一套机制使征税与用税相衔接,使税款的使用公开、透明,使纳税人的意见在税款的使用中起决定性作用。只有这样,才能使纳税人真正从心理上认同税收与税法,积极遵从税法。

政府要以着眼于规范政府收入行为及其机制的"费改税"为契机,尽快取消制度外政府收支,逐步将预算外政府收入纳入预算内管理,形成一个覆盖政府所有收支、不存在任何游离于预算之外的政府收支项目的完整统一的公共预算。健全国库集中收付制度和政府采购、招标制度,使政府的每一笔收支置于严密的监督制约之下,做到用税是符合民意的,税款的拨付是真实可信的,税款的使用是真实而有效的,为政府诚信征税、用税提供必要的制度约束。用税约束不能得到加强,最终会损害征税信用和纳税信用。我国公民的信用意识普遍薄弱,政府尤其要做好这方面的示范和带头作用,这样才能激发纳税人诚信纳税的积极性,加强自我约束。

2. 推行纳税人税收信用等级评议制度

税收信用等级评议制度,既包括对纳税人的纳税信用等级评议,也包括对征税机关的征税信用评议。纳税人的纳税信用评议主要内容是:要在全国范围内推行统一的纳税信用等级评议制度,建立与财政、工商、海关、审计、银行、保险等部门联网的、与 CTAIS(中国税收管理信息系统)有接口的,并依赖于 CTAIS 程序运行的纳税信用等级数据库及其应用程序,以纳税人依法按期申报情况、税款入库情况、欠税情况、稽查补税情况、违法违章情况等为主要指标,按照规定的范围、标准、程序和方法,进行纳税信用等级的自动审核评定,并将评定结果及相关数据作为纳税人纳税信用信息档案,进入社会资信平台,以便随时查询到纳税人履行纳税义务情况。在评定范围上,要对所有纳税人进行纳税信用评议,既包括各类工商企业,也包括个体工商业户。在评定方法上,要制定纳税人纳税的信用评定标准,可将纳税人划分为纳税信用达标和纳税信用不达标两类,再把纳税信用达标的纳税人信用状况分等级评定。要实行纳税人纳税信用等级动态管理,每年评定(复查)一次,并在新闻媒体上予以公示。对达到上一个信用等级条件的纳税人,可在税务机关评定复查前,报税务机关进行评定。对纳税人有偷、逃、骗税等重大违法违纪行为的,税务机关可随时取消其纳税信用等级达标资格。纳税信用等级评估制度一方面可以对信用等级高的纳税人实行税收方面的优待,提高其荣誉感,使纳税信用等级高的纳税人受到广泛的尊重而获得一种补偿,降低其社会交易成本,从而建立一种税收市场激励机制;另一方面可以用降低纳税信用等级的方法将不依法纳税者纳入重点监控范围,集中税务机关有限的物力、人力和财力对他们进行重点检查,加大对税收欺诈行为的惩罚力度。

3. 充分发挥税收信用激励机制和失信惩罚机制的双重功效

完善的税收信用激励机制需要对不同信用等级的纳税人实行分类管理、区别对待。国家税务总局可突破现有的税收法规的规定,制订一些灵活的政策,使纳税信用等级高的纳税人享受到全国范围内的尊重和税收优惠。例如,可以免于税务登记证年检和增值税一般纳税人资格年检;可以购买专用发票规定用量的两倍等等。对纳税信用一般的纳税人,在税收管理上可全部按照现行的常规管理办法来管理。对纳税信用较差的纳税人要严格监控,在纳税评估、税务稽查、发票供应、出口退税等方面进行重点管理。在进行纳税激励的同时,要根据失信的不同程度、性质,建立分级的惩罚约束机制,做到失信程度高的惩处力度大,失信程度低的惩处力度小。按照纳税人偷逃税行为的不同动机定性,确定不同的处罚标准和范围,加大纳税失信的成本和代价。可考虑将纳税信用记录作为共享信息,实行税务机关与其他政府部门协调联动的约束惩罚机制,让纳税人真切地体验到不诚信纳税的成本高于收益,从而促使其自觉依法诚信纳税。

4. 增强税法激励度

在税法设计过程中,应努力使税收法律具有激励相容机制,促使纳税人不仅仅是面对严厉的惩罚才有诚实纳税的积极性,也就是税收制度的设计应鼓励纳税人说实话,让诚信给纳税人带来的不是税负的加重,而是税后收益的增加。如果纳税人说假话,不提供真实涉税信息,则不仅得不偿失,甚至可能被追究法律责任。

另外,在立法时,还要注意按照民主立法原则广泛地征求社会各界的建议和意见。立法过程中公众参与度的高低是一个国家民主的重要衡量标准,它不仅有助于法律的制定,也有助于法律的实施,公众总是更愿意服从自己参与制定的法律。目前参与税收立法活动的主要是全国人大常委会、财政部、国家税务总局、海关总署等。从以上各部门的情况来看,全国人大常委会能相对更重视对外界意见的听取,但也存在重视专家意见大于普通公众意见和缺乏民主参与机制的制度性规定等问题。在我国,国务院各部门实际上承担着税法实施方案的具体制定任务。但对于税制改革的内容,国务院也是不公开的,有的甚至还属于秘密文件。立法的非民主性一方面造成公众对各种法规的不熟悉、不理解从而导致难以分清违法与守法的界限;另一方面也可能影响公众对自己未能充分参与制定的税法的信服。因此在立法起草前应当就某一立法项目征求纳税人的意见,方式可以是问卷调查、网上调查、听证,等等。通过不同的方式了解绝大部分纳税人对税收立法规划的想法、要求和建议。它将有利于税收立法的起草工作,使之建立在可靠的基础之上,以保障其科学性和可行性。在修改税法时要提前公示,给纳税人以一定的缓冲期,避免给他们正常的生产经营带来大的冲击。税收立法规划基本完成之后,税收立法规划编制机关应当及时公布该草案,以便于纳税人及时有效提出反馈建议和意见。在完成立法程序付诸实施时,必须公开发表、广泛宣传,以减少税收主体之间的信息不对称。

(四)坚持税务行政的公开、公正、公平,营造轻松办税环境

征纳双方是一对矛盾,且征税的一方始终处于矛盾的主要方面,而另一方则处于次要方面。研究表明,世界上许多国家在实际运作中十分注重税务行政的公开、公正、公平,重视保障纳税人的权益,防止税务当局滥用管理权限。如加拿大、英国制定了《纳税人章程》《纳税人权利》,印制成册免费发放;法国、美国则提供了征税过程中每个环节纳税人权利的详尽指南。税务部门及其人员应平等对待每个纳税人,不使纳税人因权利受到损害而失去对税收的信任与支持,提高税务行政的公开性和透明度,以消除征纳双方的对立心理,密切征纳关系,减少征税阻力,提高纳税遵从水平。

在提高办税效率的同时,积极营造轻松的纳税环境,充分体现对纳税人的尊重。可在申报大厅配备纳税人休息的设施、提供办税服务指南,以及税务人员的礼貌热情服务,改变以往办税服务厅气氛过于严肃、导致纳税人心情沉闷、压抑的情况,充分体现人性化服务的特征,拉近征纳双方的心理距离。

随着网络及各种信息技术的迅猛发展,税收领域如何改革原有征管手段,尽快提升税收信息化水平已成为税务部门面临的一项重要课题。"金税工程"就是在这方面做出的努力,虽然其中存在一定的问题,但随着技术的不断发展,将会更趋完善。用电算化

管理取代人工管理,不仅方便税务部门有效征管,而且便利了纳税人履行纳税义务,免去了人工操作中的很多不必要的麻烦,降低了纳税人履行纳税义务的心理成本,使纳税人在心理上更乐意接受,从而提高其税收遵从意识。①

(五)构架"三我"桥梁——发展社会化、综合性的税务代理服务

税务法律法规对于纳税人来说,有其一定的复杂性,如何构架一座沟通纳税人与税务机关二者之间的桥梁成为提高税务法律法规认可度和执行力的重要议题。税务代理制度,就是一种可以使征税机关、社会中介、纳税人之间的相互配合又相互制约的完整体制。

纳税人、税务中介、税务机关之间的关系正如同弗洛伊德的"三我"人格,税务中介相当于调和其余二者矛盾的"自我",他们既要满足税务机关依法征税的要求,又要满足纳税人税收最小化、利益最大化的要求。有了税务代理服务,纳税人的"自我"调节有了依托,必将更为理性,其遵从度也会自然提高。

四、健全社会心理

毋庸置疑,税法遵从意识的培养需要合理、有效的经济体制、社会管理模式以及完善的税收法规为基础。但实际上,两者是互动的,我们不能期待到后者至善至美之时再谈税法遵从等社会意识领域的问题,应力求从健全社会心理层面寻求税法遵从意识培

---

① 最起码,政府不应该像现在一些国家所做的那样,即使对那些愿意纳税的纳税人也造成不必要的困苦,例如需要排长队去申报所得或纳税,要求提取交大量不必要的所得文件、复印件,甚至首先对提供报告书收费。参见锡德里克·桑福德:《成功税制改革的经验与问题》第4卷,中国人民大学出版社2001年版,第189页。

养的途径：

第一，从法理角度对税法进行更深层次的研究，在强调税法财政功能的同时，突出其社会功能、社会价值。进一步揭示税法所蕴含的"公平"内涵，加大公民纳税义务与公共产品享有权利对应关系的理性宣传，使全体公民切实感受到税收以及由税款支持的政府活动所带来的公共产品、公共服务利益，从社会心理上将以往的对税法的被动"依从"转向自觉"遵从"。

对税法的自觉遵从实际上是建立在"法律信仰"理念基础之上的。我国著名的法学教授谢晖先生将社会成员对法律信仰的主观条件归结为由浅及深，紧密相关的三个层面，即："利益感受"（主体对法律满足其利益要求的心理体验）；"价值认同"（主体的价值追求与法律价值取向达成一致）；"法律信念"（主体内心对法律的诚服和坚信心理）。① 按照这种社会心理活动轨迹，要形成普遍的、自觉的税法遵从意识，就是要使公民深切感受税法的"利益"体现（包括其体现的公共产品物质利益和秩序维护的社会利益），达成对税法价值的认同（包括公平价值和效率价值），并最终转化为稳定的、内心诚服的税法信任理念。

第二，逐渐完善公民的"自我意识"。这是随着社会、经济现实的变革，对社会成员主体意识及人格重新构建的必然要求。所谓"完整的自我意识"，即是指作为社会主体的个人既有对自身利益追求的愿望，对自身权利保护的要求，同时也具有为履行自身应承担社会义务而得到社会承认的自我满足的心理需求。这是一种"自尊"，一种"自重"，是一种自我价值实现的需求，是维护现代社会市场经济秩序对社会主体人格的要求。

---

① 谢晖：《法律信仰的理念与基础》，山东人民出版社 1997 年版，第 78 页。

在西方社会,众多具有强烈"自我意识"的个人聚集在一起,却有良好的秩序,公民对纳税等社会义务的承担也感到顺理成章。这是建立在市场经济基础之上的,平等的人际关系之中的"完整的自我意识"的体现。社会心理学实证研究的结果表明:人们对利益、权利的追求具有自发性;而对义务、责任的自觉承担则是后天习得。显然,公民自我意识的完善需长期的劝导与教化。

在我们对各种涉税事件的宣传中,要加强对自觉遵从税法、履行纳税义务的纳税人的表彰。作为一种积极的信息传递,它既可以为纳税人提供仿效的样板,也可以防止"依法纳税的纳税人为偷税者分担纳税义务"的不公平的心理感受的产生。

第三,通过进一步明晰界定法律(包括税法)义务、责任主体边界,引导社会成员理性地对待个体的社会义务与责任,矫正偏颇的外部归因思维习惯。外部归因思维习惯实际上是我国几千年传统文化以及改革前体制形成的公民个人对帝王(或政府)权力的过分依赖,以及社会责任的严重弱化的具体表现,它具有深远的历史背景和文化背景,可以说是根深蒂固的。对这种思维习惯的矫正,与税法遵从意识的培养可以是互动的。一方面,内部归因的思维方式更有利于公民自觉遵从税法,履行法定纳税义务;另一方面,由于税法规定的纳税义务的利益界限非常清晰,纳税人更易于感受。因而,税法遵从意识培养的过程常常也会是客观的归因习惯形成的过程。

第八章　纳税信用激励机制研究

纳税信用激励机制是指作为激励主体的税收管理当局系统运用多种规范化的激励手段与作为激励客体的纳税人相互作用、相互制约的结构方式、关系及演变规律的总和。加强我国纳税信用激励机制建设,应该从两个方面入手:一方面要设计符合激励机制要求的税制;另一方面要加强税收征管为符合激励机制要求的税制的实施提供保障。这两个方面相辅相成缺一不可。

在我国目前税制设计方面更多地要考虑激励相容约束,鼓励纳税人主动地向税务机关提供自己真实的纳税信息并诚信纳税。在税收征管方面更多地要考虑参与约束,迫使纳税人选择诚信纳税。另外还要建立和完善税收法律体系,按照公共财政的要求规范政府收支行为,这也是纳税信用激励机制建设的一项重要内容。

第一节　激励机制及其必要性

一、激励机制

（一）激励

"激励"(motivation)是源于心理学的一个术语,指的是激发人的动机的心理过程。在组织行为学中,激励指激发人的动机,使人朝着组织期望的目标前进的心理活动过程。从一般意义上说,激励是通过影响人们的内在需求或动机,从而加强、引导或维持行为的活动或过程。

激励本质上是一个信息问题,它起源于两权分离后企业家职能的分解造成的信息不对称。根据委托——代理理论,企业由众多股东拥有,而由代理人负责经营。委托人(股东)的目标是公司利润最大化,而代理人(企业经营者)则追求自身效用最大化,代理人有可能为了自身的利益而损害委托人利益,由此产生了委托——代理问题。在委托——代理理论中,激励就是委托人拥有一个价值标准或一项社会福利目标,这些标准或目标可以是最小个人成本或社会成本约束下的最大预期效用,也可以是某种意义上的最优资源配置,或个人的理性配置集合。如果委托人希望能够达到这些标准或目标,那么,委托人应制定怎样的规则,使其他市场参加者(代理人)都能使利己行为的最后结果与委托人给出的标准或目标一致呢?换句话说,委托人怎样才能使代理人在达到自身效用最大化的同时,达到委托人规定的或希望达到的具体价值标准或目标。更进一步分析,激励就是委托人如何使代理人在选择与不选择委托人标准或目标时,从自身效用最大化出发,自愿或不得不选择与委托人标准或目标相一致的行动。

激励的一般原理表明,激励就是激发、诱导个体行为的发生,从而实现预期效果。其作用机理或途径可以分为外附激励和内滋激励。外附激励既包括赞许、奖赏等正激励,又包括压力、约束等负激励。正激励是指通过奖励来诱导个人对集体利益做出贡献,负激励则是指通过惩罚来对没有或不愿意承担集团行动成本的个人进行惩处或停止其权利。从内容来看,外附激励又可进一步分为功利性和符合性两类,前者是指以实物形式的给予作为激励手段,用来满足社会成员的物质需要;后者是指以授予某种象征意义的符号,或对社会成员的行为和价值观念的认可,用于满足成员的精神需要。内滋激励属于主体自身产生的,发自内心的自觉精神力量,包括认同感和义务感。由于认同感是个体承认、同意群体或组织的目标,进而产生一种肯定性的情感和积极态度,甚至是一种强烈的驱动力。因此,认同感是内滋激励的基础,义务感作为人们的一种内心要求也会对个人行为产生一种自觉的精神动力,使之甘愿付出一定的代价。

在税收管理中,激励问题变成为税务机关怎样才能使纳税人在达到自身利益最大化的同时,实现税收管理的目标。更进一步讲,就是税务机关如何使纳税人从自身利益最大化出发,自愿或不得不选择与税收管理目标相一致的行动。为实现这一激励目标,需要正激励和负激励两种手段并用。正激励是指采取积极的或正面的选择性刺激,如"税收定期减免"、"税收返还"等。负激励即指建立一套严密的征管机制,其中最重要的是建立惩罚约束机制,以使纳税人违反税法的成本大于遵从税法的付出,从而约束纳税人依法纳税,减少偷逃税款行为,抑制税收流失,提高征管效率。激励通过正、反刺激去鼓励纳税人依法纳税,使非法纳税人因不遵从税法受到惩罚而制止其不遵从行为,依法纳税人受到奖励刺激而使其"守法"行为长期化、制度化。① 另外,在目前我国的税收法律内滋激励实践中,义务感的灌输和教育要远远多于认同感,而认同感的不足已经成为一个重要的缺陷,有待于通过创新税收理论

---

① 在理想世界中,公民能够在正确的时期内准确缴纳税款,而税务机构的任务只是简单地帮助这种自愿支付的转移并说明其用途,税法将变成另一种方案,仅用于计算税收的贡献以及为征管制定规章。但在任何国家,所有的纳税人行为都表明了同理想结果相比,存在着不同程度的偏离,最终结果表明税务机构应该通过对纳税人的行为施加某种影响,从而在某种程度上使这种差距能够被缩小。参见锡德里克·桑福德:《成功税制改革的经验与问题》第4卷,中国人民大学出版社2001年版,第129页。

和消除公民税收意识中的误区加以解决。①

（二）激励机制

机制一词，原指机构的构造和原理，用于对有机体的研究，指有机体的构造、功能和相互关系。当它被用于经济管理的研究时，泛指一个复杂的工作系统。根据系统学的观点，所谓机制是指系统内各子系统、各要素之间相互作用、相互联系、相互制约的形式及其运动原理和内在的、本质的工作方式。这样我们可以把激励机制定义为在组织系统中，激励主体通过激励因素与激励对象（或称激励客体）之间相互作用的方式，或简单地说，在组织中用于调动其成员积极性的所有制度的总和。激励机制应包括以下五个方面的制度：

1. 诱导因素集合

诱导因素是指能满足一个人的某种需要，激发一个人的某种行为，诱导他去做出一定绩效的东西。个人的需要是多种多样的，是多层次的，且是发展变化的。其内容既有物质方面的，也有精神方面的；既有身外之物，也有内心体验。国外关于人类需要的理论很多，但都有一定的适用性。如马斯洛认为人的需要的发展是逐步升级的，阿尔德弗认为，若人的较高层次需要得不到满足的话，可能会降而求其次；赫兹伯格则指出，激励因素是以工作为中心的相关因素等。因此，对激励纳税人诚信纳税来说，运用这些诱导因素时要因时、因事、因地制宜。

2. 行为导向制度

它是指对激励对象所希望的努力方向和所倡导的价值观的规定。由于纳税人的纳税动机和个性不同，由诱导因素所激发的纳

① 李光辉：《对"悬赏协税"的经济学分析》，《税务研究》2003年第8期。

税人行为可能会朝着各种方向,不一定与所期望的目标行为模式同向,并且纳税人的价值判断也不一定相容于组织的价值观。这就要求在制定激励制度时明确所期望的行为方式和应秉承的价值观,使被激励对象的行为朝着明确的目标和方向。

3. 行为幅度制度

它是指由诱导因素所激发的行为强度的量的控制措施。这种量的规定通过一定奖酬与一定绩效的关联性起作用。期望理论告诉我们,激励力量取决于激励客体对奖酬的效价与期望值的乘积。因此,在制定激励制度时,可以通过不同的关联度和奖酬的效价将纳税人的纳税自觉性调整在一定的范围内,以防止激励依赖性和抗激励性的产生。

4. 行为时空制度

激励的行为时空制度是指诱导因素作用于激励对象在时间和空间上的规定。这种规定包括特定的外在奖酬与特定的绩效相关联的时间期限,激励对象与一定的工作结合的时间限制,以及有效行为的空间范围。这方面的规定可以防止激励客体的短期行为和地理无限性,从而使所希望的行为方式具有一定的持续性和在一定的时期和空间范围内发生。

5. 行为归化制度

行为归化是对激励客体违反行为规范的事前预防和事后处理。事前预防,是指事先告诉激励对象若不按规定行事可能带来的不愉快后果,对不规范行为事先起到抑制作用;事后处理是以惩罚和教育相结合的方式,一方面让当事人对不合要求的行为承担后果,另一方面则要通过教育培训的方式,加强激励对象行为规范的认识和提高行为能力。

以上五个方面的制度和规定都是激励因素,激励机制是五个方面制度的总和,其中诱导因素起到激发行为的作用,后四者起到规范行为和制约的作用。总之,激励机制是由激发行为和制约行为的两种性质的制度共同构成的。一个健全的激励机制应同时完整地包括以上五个方面的内容,只有这样才能形成良性的循环。

二、激励机制的必要性

机制的激励性在于:在所定机制条件下,每个人在追求个人目标、客观效果的同时也达到社会所要实现的目标。所以激励机制的设计就要求所给出的模型应是激励相容的(追求个人利益时,社会也达到既定的目标)。

作为微观经济主体之一的个人,总是在满足某种需要、追求某种利益的动力支配下产生种种经济行为的。这一动力构成个人的行为目标,个人目标是决定个人行为的重要动力。

毫无疑问,个人的行为目标首先而且在很大程度上是追求物质利益。但利益并非只有物质利益一种,它还包含非物质利益,追求非物质利益也可以成为个人主体的行为目标。非物质利益包括发展人际交往、同某一群体取得认同和归属、受人尊重、承担社会责任,等等。非物质利益有的是通过参加社会经济活动直接得到的,如荣获奖励和称号等。个人主体的行为目标是多元的,它们相互之间可以互相替代。在任何一种社会制度或经济体制下,个人对于行为目标都有程度不同的选择自由,每个人都为追求利益最大化而做出种种选择。我们要正视、承认、尊重个人对利益的追求。当然,这种追求与选择还取决于个人主观价值观和客观的社会因素制约。

为了使市场经济有效地运行,厂商和个人都必须获得信息并有对现有信息做出反应的激励。事实上,激励可以被视为处于经济学的核心。每个社会为了正常运行都必须有规则与制度。如果规则与制度过于严格,就会挫伤创新与创造性;如果规则与制度过于宽松,一些人就会践踏其他人的权利、并引起社会混乱。在认真建立起来的法律规则的环境中,人们可以预见到会出现的情况,也就会相当负责任地行事。对一个组织来说,良好的激励机制有助于组织机体的成熟和完善。

第二节 纳税信用激励机制的理论基础

一、委托——代理关系理论

(一)信息不对称理论

1. 对称信息与非对称信息

对称信息是指在某种相互对应的经济人关系中,对应的双方都掌握有对方所具备的信息,也就是说双方都了解对方所具有的知识和所处的环境。对称信息的例子很多,比如在商品市场上,买主了解卖主所掌握的有关商品的信息,卖主也掌握买主具有的知识和消费偏好等信息。

不对称信息理论(asymmetric information)是英国剑桥大学教授詹姆斯·莫里斯(James Mirleees)和美国哥伦比亚大学教授威廉·维克瑞(William Vickery)在信息经济学中提出的重要理论。他们分别在 20 世纪 60 年代和 70 年代,揭示了不对称信息对交易所带来的影响,并提出了相应对策。此后 30 多年来,不对称信息理论在经济活动中的作用越来越大。

不对称信息理论是信息经济学的核心概念之一,指在日常经济活动中,由于某些参与人拥有另一些参与人不拥有的信息,由此造成的不对称信息下交易关系和契约安排的经济理论。在信息经济学中,习惯把商品分为搜寻商品(search goods)和经验商品(experience goods)。一般来说,商品的有关特性可通过用户在购买时的触摸、掂量和观察来辨别的为搜寻商品,而那些需要在使用一段时期后才能辨别和了解其特性的称为经验商品。其中,汽车就是一种典型的经验商品。在经验商品的交易中,当交易的一方掌握有另一方所不知的信息时,交易便处在不对称信息结构中。显然,掌握信息的一方会利用对方的"无知",侵害对方的利益而谋求自己的利益。而处于信息劣势的一方,也并不一定轻易地被欺骗,他知道对方在乘机谋利,因此对任何交易持怀疑态度。这样,本来有利于双方的交易便难以达成,或者即使达成,效率也不高。这就是不对称信息对市场机制的破坏作用。

信息的不对称可以从两个角度划分:一是不对称信息发生的时间,二是不对称信息的内容。从不对称信息发生的时间看,不对称信息可能发生在当事人签约之前,也可能发生在签约之后,分别称为事前不对称和事后不对称。从不对称信息的内容看,不对称信息可能是指某些参与人的行动,也可能指某些参与人的知识和信息,分别称为隐藏行动和隐藏信息。

信息不对称是经济中的一种普遍现象,参与人双方不可能快捷、无成本地获取完全信息,信息的发布方和需求方拥有的信息量是不对称的,信息的发布方总会有意或无意地隐瞒或者省略一些对自己不利或对自己竞争有利的信息,信息的需求方在获取和证实这些信息是要花费成本的。那么为什么存在信息不对称呢? 首先,信息不对称是人们进行专业化分工的必然要求和结果。人类社会的生产力不断提高的一个重要方面就是分工的不断演进。然而,分工在提高了生产能力的同时,使得人们只能了解与自己从事的工作相关的较小范围的世界,对别的事件的了解往往只停留在使用上,和其生产者相比存在信息的不对称。此外,分工也使得人们之间的依赖性增强,依赖性增强使得交易的进行成功与否非常重要。第二,交易者的知识是有限的。交易者知识的有限性一方面是由其所拥有和能支配的信息资源的有限性所决定的,另一方面每个人又都是有限理性的,即计算能力、决策能力都是有限的。第三,信息的获得是有成本的。科斯最早指出利用价格机制是有成本的,这种成本归根到底是一种信息成本。发现价格和交易信息、发现交易对手和谈判缔约、监督契约的实施和完成,都是有成本的,因而构成了参与交易的人搜寻信息的成本障碍。最后,信息不对称还来自于信息优势方对于信息的垄断,显然,在交易中拥有的信息越多对自己越有利。因此,信息的优势方为了得到最大的经济利益就会隐藏信息或提供虚假信息。

研究事前非对称信息的博弈模型称为逆向选择模型(adverse selection),研究事后非对称信息的博弈模型称为道德风险模型(moral hazard)。

逆向选择指的是市场交易中的一方无法观察到另一方的重要外生特征时所发生的劣质品驱逐优质品的情形。道德风险是指市场交易的一方无法观察到另一方所控制和采取的行动时所发生的知情方故意不采取谨慎行为的情形,即经济代理人在使其自身效用最大化的同时,损害委托人或其他代理人效用的行为。在市场经济中道德风险是一种十分普遍的现象,它实际上是经济人针对自身的隐蔽信息而采取的理性反应。

2. 信息不对称理论在纳税信用中的表现

在纳税信用中也存在这种信息不对称的问题:所谓税收信息不对称,指的是税务机关掌握的经济税源信息存在差异。从质上说,纳税人掌握的信息要比税务机关真实;从量上讲,纳税人掌握的要比税务机关大。受利益的驱使,纳税人绝不可能将自己掌握的税源信息向税务机关全盘托出,税务机关也难以掌握真正的纳税人涉税信息。

按照"经济人"假说理论,纳税人都是理性的"经济人",它们会对是否遵守税收法律法规,是否缴纳税款进行成本收益分析,如果发现违反税法的收益大于它们因此受到处罚的成本,纳税人就会选择少缴或不缴税款。在税收征管活动中,纳税人处于信息源的优势地位,它掌握交易的全部真实信息,可以利用自己的信息优势做出"逆向选择"——不报告真实的交易情况,使征税机关不能掌握真实的应纳税额,以达到少缴税的目的。而税务机关处于交易过程之外,不能直接掌握这一信息,只能从纳税人那里获得,这就为厂商提供虚假信息,做出"逆向选择"创造了条件,于是纳税人偷逃税的潜意识转变为偷逃税的实际行动。如公民个人熟知自己的收入来源情况,拥有"信息优势",如果税法也相当透明易操作,纳税人对自己应该缴纳的税款数额是很清楚的,但这并不代表其一定就会照章纳税,他还要进行成本收益分析。如果税务机关拥有完全信息,那么只要依法征税,并对违法行为加以足够的处罚,纳税人就会遵从税法。可是税务机关由于受客观条件(如技术和装备)和主观条件(个人素质等)的限制无法掌握纳税人真实完备的信息,特别是纳税人的蓄意舞弊行为,更具有隐蔽性。由于税务机关在纳税人私有信息的掌握上处于"信息劣势",就会发生漏征或未能发现纳税人违法的现象,此时纳税人违反税法的成本极小而收益却较大,纳税人因此获得正收益。纳税人成功隐匿的信息或提供的不实信息越多,那么它对税务机关的"信息劣势"也就越大,获得的收益也就越多,这会进一步激励纳税人隐匿有关的纳税信息甚至向税务机关提供虚假信息,以获取更大利益,形成恶性循环。这就是信息不对称引起纳税人的逆向选择。在信息不对称情况下,税务机关不可能从纳税人那里获得真实信息,不管税务机关采取什么办法获取税收信息,纳税人都会想方设法隐瞒事实真相,达到少缴税的目的。

(二)委托——代理关系假设

只要在建立或签订合同前后,市场参加者双方掌握的信息不对称,这种经济关系都可以被认为属于委托——代理关系。掌握信息多(或具有相对信息优势)的市场参加者称为代理人,掌握信息少(或处于信息劣势)的市场参加者称为委托人。委托——代理关系的均衡合同是居于信息优势与处于信息劣势的市场参加者之间展开对策的结果。

在委托——代理关系中,代理人与委托人都面临市场的不确定性和风险,且他们两人之间掌握的信息处于非对称状态。委托人不能直接观察代理人的具体操作行为,代理人不能完全控制选择行为后的最终结果。委托人不能完全根据对代理行为的观察结果来判断代理人的成绩。

在税务当局与纳税人的委托——代理关系中,属于单个委托人与多个代理人(复合代理人)的对策模型。由于纳税人都掌握税务当局不了解的私人信息,税务当局不了解纳税人的实际经营情况,这样,税务当局与纳税人之间的讨价还价和相互退让,最后达成双方接受的合同,以及在这个合同约束下的行动,都可以看成是具有私人信息的局中人之间的对策及对策均衡的结果。委托人与代理人之间达成的合同称为均衡合同。

(三)委托——代理的均衡合同

信息经济学将达成委托——代理均衡合同的条件概括为两个:参与约束和激励相容。具体地说,第一,代理人以行动效用最大化原则选择具体操作行动,即所谓激励相容;第二,代理人履行合同责任后所获收益不能低于某个预定收益额,是为参与约束。如果说还有第三个条件的话,那就是在代理人执行该均衡合同后,委托人所获收益最大化,采用其他合同都不能使委托人收益超过或等于执行取得的效用,是为收益最大化条件。

参与约束条件说明代理人履行均衡合同后所获收益不能低于某个预定收益。如在真实申报应税所得与隐瞒申报之间,选择某一方案的预算收益不能低于其他方案的预期收益。如果隐瞒申报不能被发现或即使发现处罚较轻的情况下,纳税人就会选择不真实申报,因为这种选择的预期收益最大化。

激励相容约束条件说明,代理人以行动效用最大化原则选择具体的操作行动,代理人获得预期效用最大化的同时,也保证使委托人预期收益最大化。如增值税专用发票的设置,购销双方的利益链条形成购货方对销货方填制票据的自动监督机制,而无需税务当局再进行管理。

(四)委托——代理的信任

委托人——代理人之间的信任关系,构成市场经济的灵魂。阿罗曾强调,一个成功的经济体制的特征之一,是委托人与代理人之间的相互信任与信赖关系足以强烈到这样的地步,以至于即使进行欺骗是"理性的经济行为",代理人也不会实行欺诈。① 许多人指出,缺乏信任是经济落后的原因之一。阿罗又进一步指出,道德因素在不同程度上进入了每个合同,没有它,任何市场都不能正常运转。在每次交易中都包含有委托——代理的信任因素。更深入地看,在任何复杂的交易中,要拟定一个包含每种可能意外事件

---

① 肯尼思·阿罗:《信息经济学》,北京经济学院出版社 1989 年版。

的合同,其成本将十分高昂,某些方面必须留待需要的时候再作解释,这就隐含地表明即使缔约的一方有所损失,也将有可能同意合同的含义。

在市场经济发展中,委托——代理的信任体现在两个方面:一是对委托——代理合同的承诺或规则的承认和自觉遵守,二是所谓的"敬业精神"。一则笑话则很能说明问题:有位中国留学生与热恋中的美国姑娘上街过十字路口遇到红灯,小伙子见左右无车就迈步过街,但美国姑娘却等到绿灯亮后才过街。美国姑娘事后提出分手,小伙子不解,美国姑娘说:你连最起码的交通规则都不遵守,我能够相信你能一辈子遵守爱情规则吗? 小伙子得到了刻骨铭心的教训。回国之后又与另一位姑娘谈恋爱,当他与姑娘结伴上街遇红灯后,吸取在美国的教训,自觉地等到绿灯亮后再过街,而姑娘见左右无车早已迈步过街,结果,姑娘以小伙子"脑袋有毛病"为由使爱情告吹了。

上述例子可以说明,市场参加者遵守各种经济规则的水平,体现了市场经济发展的成熟程度。然而,遵守市场经济规则,不可能在其他参与者不遵守的情况下要求某些个别参与者严格遵守,即使个别参与者能够在一时严格遵守规则,但他们也没有动机长期遵守规则。因此在税收征管活动中,建立比较完善的税收惩罚机制、营造公平的税收执法环境则显得十分必要。如果某些纳税人的偷逃税款行为未得到相应的惩罚,会助长其他纳税人的仿效行为。

二、博弈论理论

博弈论(game theory),又称对策论,始于 19 世纪 20 年代,首倡于波雷尔(E. Borel),创建于冯·诺依曼(Von Neumann)。1944年冯·诺依曼和摩根斯特恩(Morgenstern)合作出版了《博弈论与经济行为》(The Theory of Games and Economic Behavior),开始将博弈论引入经济学,成为现代经济博弈论研究的开端。

博弈论是研究决策主体的行为发生直接的相互影响的决策以及这种决策的均衡问题,也就是决策者的选择受到其他人选择的影响,而且反过来影响到其他人的选择时的决策问题和均衡问题。换言之,当你做出某项决策时,必须对你之前(或之后)别人的决策有一个了解(或猜测),你的决策受你之前别人决策的影响,同时反过来影响你之后别人的行为。因此博弈论描述行为者在约束条件下不是做出独立于行为者的选择,而是对对手行为者选择的战略反应;反之亦然。在博弈论中,个人效用函数不仅仅依赖于他自己的选择,而且依赖于他人的选择;个人的最优选择是其他人选择的函数。从这个意义上讲,博弈论研究的是存在相互外部经济的条件下的个人选择问题。

博弈论是研究理性的不同利益主体之间冲突与合作的理论,重视不同利益主体行为特征和规律的分析,特别是不同利益主体之间的相互作用、利益冲突与一致、竞争与合作等方面的研究。现实生活中利益冲突与一致的普遍存在,几乎所有的行为决策过程都可以看作是博弈问题。

税收征纳之间的博弈关系可以从几个方面来看:首先,政府与纳税人都是具有自身利益的相对独立的行为主体,政府要取得多少税收收入,纳税人要缴纳多少税,都有各自具体的行为目标。其次,在税收征纳过程中,对政府来说,其策略是对什么征税、设置哪些税种、实行什么税率,以及采取什么征税方式和方法,以有效地获取税收收入和实现特定的调控目标。对纳税人来说,依法纳税、避税、欠税、偷税、逃税、骗税以及在法律规定范围内的节税都是可供选择的行为方式和策略。

税收博弈是非对称信息博弈,在税收博弈中纳税人拥有政府不拥有的信息,政府与纳税人在拥有涉税信息方面是不对称的。税收博弈也是一种重复博弈,即同样结构的博弈重复多次,前一阶段的博弈不改变后一阶段博弈的结构,所有参与人都观测到博弈的历史。

由于税收博弈的存在,对什么征税、征多少税、如何征税,就不仅仅取决于政府的选择,还取决于纳税人对此的反应和行为选择。

税收博弈既有政府与作为一个整体的纳税人之间的博弈,又有政府与众多纳税人中某一个纳税人之间的博弈。前者更多地体现为政府在税收制度设计、税收政策制定和征管方式、办法的选择上;后者更多地体现在具体的税收征管中的管理办法和措施的选择上。这两种情况的存在,就需要在税制的设计和税收政策的选择以及税收征管方式、方法的选择上,既要从纳税人的总体情况考虑,又要考虑到众多纳税人之间的差异。

在税收博弈中,政府通过法律的形式规定纳税人缴纳何种税、缴多少税、如何缴税,制定有关的税收政策,以达到政府预期的收入目标和政策目标。从一般意义上讲,纳税人应根据税法规定依法纳税,但是选择什么样的策略纳税,则是纳税人基于对税法的认识而独立做出的决策。每个纳税人的收入状况不同,税收负担率不同,纳税能力也不同,在纳税过程中会在充分考虑自身利益最大化的基础上,根据自身对税收法律的认识来选择能够使自身利益最大化的纳税方式和策略。对政府来说,税收是必须课征的,对纳税人来说,税收是必须缴纳的。税收博弈的结果就是能够达到一种征纳双方都能够接受的某种结局,即达到一种均衡。问题在于,如何进行税制设计和税收政策制定,能够使纳税人依法诚实纳税。

税收博弈作为一种非对称信息博弈,应在税制设计和政策制

定上,一方面要满足个人的"激励相容约束";另一方面要有强有
力的实施机制,使纳税中的违约成本高于违约收益,从而促使纳税
人依法诚实纳税。

第三节　偷税行为的原因探究①

按照经济学上成本收益原则进行选择的纳税人,是有倾向、有
条件进行非诚信纳税的行为的。如果没有对非诚信纳税行为进行
惩罚措施以减少非诚信纳税的好处,没有对诚信纳税行为进行奖
励以增加诚信纳税的收益,即非诚信纳税的收益超过了诚信纳税
的好处,纳税人必然会选择非诚信纳税。

一、诚信纳税的成本——效益分析

讲求效益、降低成本、防范风险已成为社会主义市场经济发展
的要求和主流。税收作为国家宏观调控经济的杠杆和政府职能的
重要组成部分,也应顺应市场经济需求,从理念上提升到经营的高
度讲成本、提效益、防风险。诚信纳税的成本表现在,有一部分人
不能诚信纳税、偷税逃税,必然减少政府的财政收入,影响到税负
公平,削弱税收的宏观调控效率。要解决这个问题,政府除了强化
税收征管力度,严厉打击偷逃税,从而加大整个社会的税收成本

---

① 锡德里克·桑福德认为,要找出纳税人偷税和避税的原因,必须考虑以
下几个方面的问题:(1)纳税人对下面几个问题的认识:税率;税制的公平度;政府
对纳税人缴纳的税收收入使用是否得当;纳税人对国家和法律的基本认识。(2)
集团对个人行为的影响。(3)税务审计、信息报告、预提税。(4)税务管理的类
型。(5)税务中介人员。(6)被查出偷税和漏税的可能性以及处罚程度。(7)对
纳税人服务。参见锡德里克·桑福德:《成功税制改革的经验与问题》第2卷,中
国人民大学出版社2001年版,第150页。

外,还会在构架税制时,把不诚信纳税、偷逃税的因素考虑在内而提高综合税率,我们称为诚信纳税构建成本。另外,由于纳税人采取了诚信、合作的态度而足额纳税,相对于非诚信者产生的成本,我们称为诚信纳税机会成本。诚信纳税的收益是指如果整个社会都做到了诚信纳税,用于税收征管的人力、物力就可以大大减少(这也减少了税收的用度),税收的征收率就会大大提高,用经济学的话表述,就是整个社会税收的交易成本降低了,税收的效率提高了。

(一)我国诚信纳税成本——效益分析的特点

成本——效益分析是一种经济决策的方法,主要通过比较各种预定备选项目的全部预期收益和全部预期成本的现值,来对这些项目进行评估。成本——效益分析是决策参考或依据的一种重要方法。我国诚信纳税活动中支出的各种经济成本,也要对其进行成本——效益分析,否则就会造成纳税资源的浪费与低效益,最终会影响征税能力与税收地位。但是,作为我国诚信纳税的成本——效益分析,有别于我国一般经济活动中的成本——效益分析,具体体现以下两个方面:

1. 不以经济收益极大化为目标。税收在我国经济建设和社会发展中具有极其重要的地位,诚信纳税不仅是纳税人的一项基本义务,也是企业和个人信用的具体表现。它既是一种社会公德,也体现了纳税对于我国振兴和富强所作的贡献。因此,其成本的支出,不可能像市场经济活动那样以利润为目标,在注重诚信纳税成本效益时,必然将国家的根本利益放在第一位,其诚信纳税成本支出的原则应是效率优先、兼顾公平,即我国税务机关必须依法征税,严格、公正、文明执法,保证税收应收尽收。其次,我国要推进依法治税,规范税收执法,营造规范、严谨、诚信、公平的税收环境,促进依法诚信纳税,实现帕累托优化。①

2. 部分成本不能直接用市场价格来评估。经济活动中的投入产出,是可以直接用市场价格来估计的,即可以直接用货币来测定和评估,称之为"钱衡效益"。我国诚信纳税成本的支出是一种经济活动,但它与以盈利为目的的经济活动毕竟是有区别的。其中,部分项目是可用直接市场价格来评估,如为了防止偷逃税款而实际投入征管的人力、物力、财力。但也有不少项目是不能直接用市场价格来评估的。这是因为:一是与我国诚信纳税成本支出项目相联系的市场价格不存在。因为我国诚信纳税成本支出的不少项目属于公共品的供给,这种公共品的供给不是在市场上交易的,不存在市场价格。二是因为存在着市场失灵现象。许多项目即使能用市场价格来测评,也不能反映我国诚信纳税成本支出的真实边际成本或社会边际收益。如在我国资本市场运作不理想、不规范的情况下,用市场利率作为评估我国诚信纳税成本支出项目效益率的指标,就没有实际意义。

(二)我国诚信纳税成本决策中可运用的成本——效益分析方法

我国诚信纳税成本投入决策和运行科学,要借助成本——效益分析方法。这些方法主要有:

1. 考察效益净值率。我国诚信纳税成本及收益,如以货币形式来发生和表现,对其可用直接货币形式来测定和评估,称之为"钱衡效益"。"钱衡效益"从经济学角度来考察,有一个基本原则,即诚信纳税的成本支出获得收益的最低限度,应与支出的成本

---

① 按照帕累托最优准则,任何经济活动只有在至少增加了一部分社会成员的福利又不损及任何其他社会成员的利益才是有效率的。

相等。这是我国诚信纳税成本支出的起点。诚信纳税成本大于收益,诚信纳税为负效益;小于收益,为正效益。如设我国诚信纳税构建成本为 A_1,诚信纳税机会成本为 A_2,所获收益为 B,那么,只有当 $B-(A_1+A_2)>0$ 时,我国诚信纳税成本才能产生正效益。我国诚信纳税成本的效益净值(Present Value,可缩写成 PV)为 PVB,效益净值率为:

$$RPV = PVB - PVA_{1,2}/(A_1 + A_2) \times 100\%$$

我国诚信纳税成本的"钱衡效益"测评可设定多种指标,但效益净值率是最基本、最主要的指标,是其他指标的基础。

2. 核算我国国内生产总值比率,它反映的是我国诚信纳税成本占我国国内生产总值的比例。此项指标主要考察的是:(1)我国诚信纳税成本占国内生产总值的比例到什么水平是合理的。过低,削弱征税能力;过高,则超越了我国国民经济的负担能力,会威胁征税的合法性。(2)要使我国诚信纳税成本的支出起到减轻我国国民经济负担和促进国民收入增加的理想效果。在国民收入是一个定量的前提下,我国诚信纳税成本要尽可能降低。我国诚信纳税成本的增长幅度随着国民收入的增加而增长,但我国诚信纳税成本的增长幅度要力求低于国民收入的增长幅度。(3)我国诚信纳税成本与国民收入的反方向运动,有两种结果:一是我国诚信纳税成本增加而国民收入减少;二是我国诚信纳税成本减少而国民收入增加。我国诚信纳税成本的运作,要力求避免第一种结果而争取第二种结果。

3. 我国成本效果分析。20 世纪 60 年代成本效果分析法在西方国家开始运用在政府经济行为的分析上,现可借鉴用于对我国诚信纳税成本的成本——效益分析上来。这是因为:(1)我国诚信纳税成本的成本——效益分析,一部分可用"钱衡效益"来评估,但也有的是不可以用货币来衡量估算的。(2)我国诚信纳税未来的成本、收益往往有着不确实性,比较难以估计。而成本效果分析的方法是对同一目标的各种备选项目,以成本最低为选择标准。这种分析方法的特点是所有方案必须有共同的目标,只考虑确定目标不同方案所需付出的代价,而不考虑这些方案的经济效益。客观地讲,目前我国税收征纳成本是相当高的。从全国范围来讲,平均征收成本率为 4.66%。以云南省为例,因为云南是一个农业省份,2004 年云南的农业占 GDP 比重达到 20.4%①,而国内发达地区农业只占 10% 左右。云南省第二产业所占 GDP 比重比较低,2005 年只有 41.6% 左右,全国平均水平已经达到了 52%—53%,云南省税收总额还不高,税收成本相对较高,当然省内各地区的征收成本也差异较大,南部、西部有些地区甚至超过了 15%。2005 年全省撤销了 200 多个税务所,其中有 50 多个税务所税收成本超过了 100%,这样的税务所按照最小征收率原则,全部撤销。而美国等经济发达国家征收成本还不到 1%,因此,降低税收成本、提高征收效率已成为我国税务机关当前非常重要的工作任务之一。国家税务总局最近给国务院承诺如果开通金税工程三期,2007 年后税收成本将会降低到 3.5% 以下。金税工程三期国家要投入 70 多亿元,国家税务总局算了一个投入产出比,一是要节约支出费用,第二个就是堵塞偷漏税漏洞,承诺税收征收率从 63% 提高到 74%。如果征收率提高 11 个点,以 2004 年全国的税收 2 万 5 千亿计算,可增加了几千亿的财政收入,对国家来说这个

---

① 《云南统计分析与研究》,云南省统计网 http://www.yn.chinanews.com.cn/,2005 年 1 月 25 日

投入产出比是非常大的,也是很划算的。①

二、我国偷税行为的原因探究

(一)利益驱动是产生偷税的内在动力

1. 追求经济利益最大化是纳税人进行偷税的根本动力

《管子·禁藏》中说:"商人通贾,倍道兼行,夜以继日,千里而不远者,利在前也。渔人之入海,海深万仞,就彼逆流,乘危百里,宿夜不出者,利在水也。故利之所在,虽千仞之山,无所不上;深源之下,无所不入焉。"趋利避害是人的本性,想挣钱、想发财,这是无可厚非的。现代经济学对人的行为的考察也是构建在"经济人"的假定之上的。该理论认为,各种经济主体都具有"利己心",其行为的目的在于追求自身利益的最大化。即使其所做出的助人为乐的举动,也是出于利己的动机,是为了提高自己幸福(满足)的水平。在市场经济条件下,作为市场主体的企业和个人,其一切行为的出发点和归宿都是为了追求经济利益的最大化,但是由于税收所具有的强制性、无偿性和固定性,使得纳税人手中的部分利润被强制和无偿地转移到了国家手中。这样,税收与其所追求的利益变成了一种对立的关系,税缴的越多,其利润就越少。

马克思曾经说过:"一旦有适当的利润,资本就胆大起来。如果有 10%的利润,它就被到处使用;有 20%的利润,它就活跃起来;有 50%的利润,它就铤而走险;为了 100%的利润,它就敢践踏一切人间法律;有 300%的利润,它就敢犯任何罪行,甚至冒绞首

---

① 季建林:《执政成本的成本——效益分析》,《中共天津市委党校学报》2005 年第 2 期。

的危险。"①在这种逐利的强大动力的驱使下纳税人就会千方百计地企图通过偷税来尽可能多地增加其税后利润,这必然导致纳税人与国家之间的矛盾和冲突。当这种矛盾不可调和时,纳税人就会突破法律规范的约束,实施各种税收违法犯罪活动来使纳税最少,利润最大,将属于国家的税款放入自己的口袋,以图通过偷税降低企业的生产成本,扩大企业的竞争优势,同时也可满足一己私欲。

在第二部分的博弈模型中我们得出:"检查概率越高,偷税比率越低;罚款额(或罚款率)越高,偷税比率越低。"在 2004 年的《中国税务年鉴》有这么一组数据,2003 年全国税务稽查队伍检查了 150.5 万户纳税人,检查率只有 5.5%,税收检查率远低于40%,也就是说按 2003 年的检查率,纳税人要等到至少 18 年才会被检查到一次;同年的查补总额为 359.1 亿元(其中补税:292.7亿元、滞纳金及没收非法所得:18.1 亿元、罚款:48.3 亿元),罚款率为 16.5%,远低于《税务征管法》规定的 50% 的处罚下限。再看刑事惩罚方面,当年移送司法机关的涉税案件为 7600 件,占检查户数的 5‰,这与实际相差太远。如此偏轻的惩罚对偷税者来说是不痛不痒,实际上很难起到对违法犯罪行为应有的威慑和制裁作用,又怎么可能让偷税者望而生畏呢?"纳税人的遵从程度受利益刺激的影响,如果纳税人的不遵从行为被及时发现的可能性很小,而且这种不遵从行为并不会受到严厉的处罚,那么纳税人往往趋向于选择不遵从行为。"②在查处概率和处罚都非常低的情况下,根本无法对偷税产生足够的威慑,造成了偷税的违约成本大

① 《马克思恩格斯全集》第一卷,第 82 页。
② 黄新华:《公共部门经济学》,福建人民出版社 2003 年版,第 355 页。

为降低，一些纳税人正是在对违约成本与偷税收益做出一番考虑后，在逐利的强大动力的驱使下进行偷税活动的。

2. 税务人员对自身利益最大化的追求助长了偷税

"当官不发财，请我都不来。"这是某位贪官的名言。作为手握权力的税务人员，处在经济前沿阵地，在执法时会经常受到各种利益引诱，有时经不住诱惑，与偷税者同流合污。在现实生活中，对税务人员违法行为的监督主要取决于税务部门内部的监督机构，如监察室，外部的监督主要来自纳税人。税务部门内部的监督机构主要受理来自纳税人检举，若无纳税人的检举，监督机构自然是无案可查。而纳税人（假定偷税）与受贿的税务人员作为利益的共同体，一同分享税款这块蛋糕，当然是不会主动检举"帮助"其偷税的税务人员。结合这两方面的因素考虑，查处率是非常低的。受贿的税务人员被处以的处罚程度，在我国的《刑法》中第三百八十三条、第三百八十五条、第三百八十六条、第四百零四条及第四百零五条都有相应的规定，最高刑罚是死刑，处罚不可谓不严厉，但其前提条件是能够查处。在 2004 年的《中国税务年鉴》有这么一组数据，2003 年全国税务纪检监察部门受理了群众信访举报 6977 件，立案 561 件，查处了 795 人（其中，移送司法机关刑事处理 92 人），被查处的人员只占总人数的 0.93‰①。可见，在查处率非常低的情况下，处罚就如同虚设了，起不到应有的作用。最后考虑薪水的因素，提高税务人员的薪水，也就是提高了税务人员收受贿赂的"门槛"，这在国外法制健全、监督严厉的条件下确实有效，它能使税务人员提高对自己的职业的满意度，显然有利于减少税务人员收受贿赂；但在我国法制尚不健全、缺乏有效监督的情况

---

① 《中国税务年鉴》(2004 年)，中国税务出版社 2004 年版，第 171 页。

下就另当别论了,也就是说"高薪并不养廉"。虽然我们也曾在传媒中见到诸如"金华税案"、"潮汕 8·07 税案"之类的有关涉案税务人员被惩处的报道,但这只是不良税务人员的"冰山一角"。综上分析,可以知道,由于税务人员腐败的成本相当小,并且其对自身利益最大化的追求与偷税是同方向的,自然就助长了偷税。

（二）普遍的国民纳税意识低下是偷税的社会温床

我国经历了几千年封建吏制的人治社会,苛捐杂税是统治阶级剥削广大人民的工具,对此先贤孟子发出了"苛政猛于虎"的感慨,这一历史原因造成了人们对税收的抵触心理。在我国的建国初期,国家对社会主义无税思想的大力宣传,客观上也给广大公民的无税思想添加了催化剂。改革开放以来,尽管我们的社会主义税收逐步恢复了它在经济生活中应有的地位和作用,但"厌税"情绪的阴影在人们的心目中依然存在。究其原因,一方面是因为顽固的传统观念势力所致,另一方面是由于社会上还存在着有利于"厌税"情绪滋长的土壤。其一是越来越严重地收入分配不公的现象。人们希望税收在调节分配不公上有所作为,但迄今为止,由于诸多的原因,税收并没有起到多大的作用,人们对此有失望之感。其二是政府支出的透明度不高,执行财政预算的严肃性欠缺,以及由于决策失误导致财政资金损失等问题的存在,使得纳税人在权利与义务之间产生了不平衡的感觉,降低了纳税的自觉性和光荣感。其三是在税费不分的情况下,纳税人出于对沉重负担的反感,导致了"厌税"情绪的产生。其四是社会上还存在着令人痛恨的不正之风和腐败现象。越来越多的纳税人已经清楚,一些政府部门的铺张浪费,一些干部的挥霍享受、大吃大喝所耗费的都是纳税人上缴的税款。他们把对社会不良现象的不满情绪发泄到了税收上,从而复发了"厌税"心态。

目前,在我国"厌税"情绪既是导致偷税行为产生的社会心理基础,也是扭曲社会舆论对偷税行为做出正确评价和认识的一股重要力量。我国的税收宣传月活动已经连续搞了十四年,但由于重形式轻内容,所以尽管每年为此花费不少,但收效甚微,全社会依法纳税的意识仍然偏低。以致民间至今流传着这样一些顺口溜:"要想肥,靠偷税。"偷税竟被很多人视为是"勇敢者的行为",偷税似乎无法与可耻联系上。同时由于现在我国人口文化素质不高,相当一部分的纳税人,尤其是私营业主和个体工商户是文盲和法盲的统一体,可想而知,想要其照章纳税难度是多么大。而西方发达国家公民一般认为人生有两件事不可避免:"死亡和纳税。"偷税者被称为"国家的敌人",偷税是比偷窃国家财产还恶劣的行为。

正常的社会生活环境中,如果纳税人偷税,这种行为不仅本身违法,一般也会受到社会道德和其他社会成员的谴责。因此,这对于税收违法者,在心理上会有一种负罪感和内疚心理,此即税收违法的社会心理成本。由此而产生的心理成本也会在纳税人进行税收违法行为的决策时,影响纳税人的选择。如果整个社会对税收违法行为和挖政府税收墙角的人形成"过街老鼠,人人喊打"的声讨声势,那么,势必加重税收违法者的社会心理负担,迫使其出于舆论的压力减少偷税等活动,从而对税收流失起遏制作用。相反,若处在一种极不正常的社会环境下,社会舆论和社会公众对税收违法行为的态度不是谴责而是同情或赞许,违法者对自己的违法行为不以为耻,反以为荣,从而会大大刺激纳税人的偷税欲望,加剧税收流失。可见,如何形成一种良好的纳税氛围,建立起群众性的协税护税组织和网络,对于遏制偷税是多么重要。

(三)地区间不规范的税收竞争催生偷税违法行为

我国地区间的税收竞争以越权减免税或变相的越权减免税为实质内容。虽然从名义上看,地方政府没有税式支出确定权和税种开征权,其可运用的税收管理权限很小,缺乏税收竞争的必备手段。但是在目前地方政府行为不规范的情况下,地方政府事实上运用的财政权力远远大于它本来所拥有的权力。如在税法与税收政策的实际执行中,地方政府实际上拥有广泛的自由决定权,尤其是在减免税方面更是如此。因此,政府的这种行为本身就是一种税收违法行为,这是不规范的税收竞争催生税收违法行为的第一种表现形式。

再者,如果上述税收竞争仅仅就其行为本身而言是非法和无序的话,那还不足以催生纳税人的税收违法行为。但是,由于地方官员任用机制中一个重要的指标就是任期内当地 GDP 的增长情况,在财政收入本就难以支撑"吃饭财政"的基层政府,投资带动 GDP 增长就成为最为简单和快捷的途径。由此,这种带有浓厚功利色彩的地方官员任用机制使得通过税收竞争而进行招商引资的行为更加盲目。为了 GDP 的增长而标榜政绩,地方政府尤其是一些经济欠发达地区的地方政府,往往强令其各部门为所谓的投资者迅速办理各种手续,并将这种做法作为高效政府的一种形象工程。在这种情况下,相关政府部门放松了对注册人资质的审查,一些中介机构则通过不正当的方法为这些注册人办理各种手续,典型的方法就是在注册人没有资金的情况下,为注册人代为注册资金。政府部门对注册企业缺乏有效审查与中介机构不正当的行为相互作用,催生了一大批使用虚假资料注册的企业。而这些企业之所以使用虚假资料注册,其根本目的就在注册成功后从事虚开增值税专用发票进行偷税的税收违法犯罪行为。所以说,非法和无序的税收竞争在现行地方官员任用机制的作用下催生了以虚开增值税专用发票为主要手段的偷税行为。

更为可怕的是,由于政府与中介机构的参与,这种以增值税为主要侵犯对象的偷税行为,不仅不易被税务机关所发现,即使发现,查处的难度也相当大。例如浙江长兴"1·09"虚开增值税专用发票案,犯罪分子是被当地政府以红地毯的规格"请"去的,自2001年以来,他们通过各种虚假手段,在长兴注册了多家纺织有限公司,在没有进行任何生产和货物交易的情况下,以伪造的增值税专用发票、伪造的海关完税凭证以及大量虚开的增值税专用发票抵扣进项税款,套取真实增值税专用发票后大肆进行虚开,虽然给当地"创造"了5.13亿元的GDP,却造成了国家税收损失8722万元。案件的发现仅由于一次偶然检查,为了案件的查处,仅福建国税就调用了近百名税务人员耗时三个多月才得以告破,可见查处难度之大。

如上所述,我国目前地区之间的税收竞争,往往与地方政府的税收违法行为如影相随。这种地方政府的税收违法行为带来了两个恶果:一是对其政府部门和纳税人产生了不良的示范作用,既然地方政府可以无视中央政府的税收法律,纳税人对税法的抵触也就有了榜样,政府部门也就没有可能按照税法要求协助税收执法;二是盲目的招商引资直接催生了恶性税收违法行为。这两个方面的恶果无疑助长了偷税行为的滋生蔓延。

(四)税收制度的不完善为偷税创造了客观条件

不完善的税收制度一般来说更易于产生税收负担不公平分配的问题。正如亚当·斯密在其《国民财富的性质和原因的研究》中所述的那样,平等原则,平等地对待相同纳税条件的人。古人云:"不患贫而患不均。"如果公众认为税收制度不公平,势必刺激社会上偷税的动机,并且使这些行为变得容易为社会所接受。而随着偷税的盛行,税收流失情况必将进一步恶化。另据美国的一项调查表明,偷税与税负不公之间存在明显的正相关性。尽管1994年的税制改革取得了很大成功,但却明显具有阶段性、过渡性的特点。新税制由于在税种设置上缺乏通盘考虑,部分税种在系统性、协调性、适用性和可操作性上"先天不足",尤其是增值税、企业所得税、个人所得税等主体税种的设计存在较大缺陷。

首先,从增值税税制设计上看,增值税税制明显超越我国社会发展水平。增值税不仅征管难度大,征管成本高,而且极易成为违法分子偷税的目标,鄂尔多斯子公司偷税案就印证了这一点。增值税制存在的缺陷和弊端,归结起来,主要有以下几个方面:第一,扣除项目规定上的缺陷。我们不允许扣除购进固定资产时的已纳税款和折旧,阻碍了资本投入及技术更新,加重了资本密集型企业的税负。而收入型或消费型增值税制度都允许将这两部分费用分次或一次扣除,这有利于鼓励投资和技术更新。第二,我国增值税作用的行业范围不全面。目前仅局限于工业和商业领域,并且停留在生产、批发、零售环节,尚未推广到农业和服务业,增值税链条中断导致其功能发挥不够全面,影响其对资源配置、收入分配、地区和产业经济平衡发展的调节作用。第三,我国在增值税的税率和征管方面也存在一定问题。税率方面表现为正常征收率(17%)和简易征收率(6%或4%),导致两类纳税人税负的不公平;征管方式实行"以票管税",对大量的偷税和骗税行为的监督约束力度不够。第四,税制中还存在理论与实践相脱节现象。一些规定理论看似合理的,但实践中却难以执行,从而造成偷税。如,对一般纳税人认定,划分标准有二:一是销售额标准,二是会计核算标准。前者有明确定量规定,商业销售额达到180万(工业为100万),才能取得一般纳税人资格,但在很多经济欠发达的地区,按销售额标准衡量,其一般纳税人的数量占不到当地企业的10%,因此,很多地方税务局放宽了标准,有的地方只要纳税人销售额有50万、30万就可以成为一般纳税人。后者是定性规定,执行中更难把握,更容易导致放宽一般纳税人认定标准,使一些账证不全,达不到一般纳税人标准的企业和个人也混入一般纳税人队伍。从实践看,这些纳税人往往是增值税专用发票管理的薄弱环节,他们利用增值税专用发票进行偷税及"零税负"申报的比率很高,税收流失相当严重。

其次,从企业所得税税制设计上看,现行企业所得税税制也存在许多弊端。在税率等方面设计不公平、不合理,造成纳税人心理失衡,甚至产生抵触心理。例如,内资企业与外资企业实行两种企业所得税制,虽然内外资企业所得税名义税率都为33%,但由于对外资企业普遍优惠,造成内外资企业实际税负差别大,外资企业的所得税实际负担不及内资企业的一半,差异如此悬殊的税收负担使得内资企业无法与外资企业在同一起跑线上展开公平竞争,削弱了内资企业的市场竞争力,这导致部分内资企业通过各种偷税手段给自己创造一个"公平"的竞争环境。另一方面,实际税率的"双轨制"诱使一些内资企业搞假合资偷税,致使国家税款大量流失。

据悉,2006年中国个人所得税收入2452亿元,比上年增长17.1%,65%来源于工薪阶层①,而真正高收入群体的纳税并不是很多,由此,在纳税人心中也产生了"劫贫济富"的不公平感。而且目前我国个人所得税征收实行的是代扣代缴和个人申报制,其中,个人所得税分项有11项,适用9级超额累进税率,这样的计算

---

① http://www.xinhuanet.cn/2007年01月24日11:21新华网。

方法非常繁琐,既不合理,也不科学。由于对各项所得确定的税率不一致,纳税人可以通过分解收入、多扣费用达到偷税的目的。现行个人所得税法也没有考虑到住房、教育、医疗等各项改革因素,个人所得税制度的缺陷日益凸现。例如利息税,无论纳税人的收入水平和真实纳税能力如何,均按利息额的 20% 征税,显然有失公平。此外,税制设计跟不上经济结构、税源结构不断变化的新形势,出现所谓税收"真空"。如在面临企业改制、产权转移以及生产经营方式发生转变的情况下,部分纳税人利用税制设计的缺陷和税收政策及管理的相对滞后,大肆偷逃国家税收,有些企业利用网上交易偷税就是一例。再有,税制中存在太多太滥优惠、减免,有对地区的优惠,对行业的(如福利企业)优惠,对产品的(如国产设备配件产品)有不同税种的名目繁多优惠,使实际税率与法定名义税率严重背离,减少了国家税收,也为不法分子偷税提供有利条件。

(五)税务部门执法偏差纵容了偷税

在我国,对税务部门的考核主要是以税收收入任务指标为主,下达给税务部门的收入任务指标往往是以其上年度实际征收入库数为基数来核定的。如果当年的实际征收入库数越多,那么下一年的税收收入任务就可能越重,这使得不少基层税务部门在完成税收收入任务后,就不思进取,不愿意再继续加强对偷税案件的查处,以免由于今年收入的增加而使来年的收入任务加重,给自己来年的工作增加压力。这样的结果是降低了纳税人偷税行为被查处的几率,导致了企业违法纳税行为得不到及时、有效的遏制和惩处,没有做到应收尽收的工作职责,也为纳税人偷税预留了投机空间,从另一个反面刺激了纳税人继续进行偷税行为。

再者,实际工作中往往由于缺乏办案经费导致办案能力不足,对一些偷税案件的查处难以取得进展而不得不中途放弃,另一些偷税案件则因为办案经费有限而无力顾及,成为漏网之鱼。随着检查概率的提高,查处难度的增加,办案经费也应该相应增加,这样才能切合稽查办案的实际情况。否则,由于经费有限,稽查部门人员就要再三计算衡量,避重就轻,选择容易取证结案的来查,对那些检查难度大、资金消耗多的违法案件不敢也不想去查,免得最后由于经费不足而无法继续进行,从而浪费了人力、物力、财力,或者由于突破预算带来一连串新的财政问题。还有,税务部门在对偷税进行处罚时,也往往会受到当地政府某些部门的"关照",出于对单位利益的考虑,只能就轻处罚,很多时候连滞纳金都没收。像这些税务部门执法不严的情况,新《税收征管法》对其处罚的规定太含糊,缺乏可执行性,当然也就缺乏对税务机关的威慑力。

(六)税务人员素质参差不齐无法有效遏制偷税

据国家税务总局人事司统计,2003 年全国国税、地税税务人员总计 851871 人,具体人员构成情况如下表①:

表 8—1　2003 年全国税务系统人员统计表

人员总计	文化程度							政治面貌			
	博士	硕士	本科	大专	中专	高中技校职高	初中以下	共产党员	共青团员	民主党派	群众
851871	80	6436	176816	406204	116388	105292	40655	430059	81858	2096	337858

我国近几年来,税收收入每年以 5000 多亿的速度增长就是靠这样一支税务队伍征收起来的,税收工作新局面的开创离不开这支队伍的辛勤和无私的奉献。但我们也应看到不足之处,那就是

---

① 《中国税务年鉴》(2004 年),中国税务出版社 2004 年版,第 685 页。

税务人员整体参差不齐,还有近31%税务人员的文化程度在中专以下。因为税务人员素质因素无法有效遏制偷税主要表现在以下两方面:

1. 税务人员的有限理性与查获率

人的能力不足以认识所有的事物,人的理性是有限。在现实生活中,偷税的手段穷出不尽,税务人员对纳税人偷税行为的认识与其自身的工作经验、学识水平,即业务素质有密切关系。从上表我们可以看出,目前整个税务队伍的文化程度不高。相当大一部分税务人员只熟悉自己经常工作的业务,不熟悉甚至完全不懂自己不经常干的业务,国税局的人不懂地税局的业务,地税局的人不懂国税局的业务,从事流转税工作的不懂所得税的业务,从事所得税工作的又对流转税业务生疏。不少的税务人员不懂得会计核算,看不懂会计账目,只会干核定税额的活,看不出被查单位的问题之所在,也不知道违反了哪个税收法规的哪个条款,对纳税人提出的问题躲躲闪闪,模棱两可,甚至出现被检查者向税务人员"倒灌政策"的现象,那么检查的情况是可想而知,更不用说提高对偷税的查获率了。这种外行查内行的现象,虽不是很多,却也不少。还有一些税务人员则是不能正确地理解税法及其相关法律的精神,对涉税违法犯罪行为不能正确区分,把涉嫌犯罪的行为当成一般的行政违法行为来处理,把此罪当成彼罪,把重罪当成轻罪,姑息养奸,错失打击良机。

2. 职业道德的缺失以致漠视偷税行为

税务职业道德是指税务人员在税收工作中形成的道德观念、行为规范和道德品质的总和,是调节税务人员与他人、集体、纳税人以及其他社会关系的行为准则,是对税收职业行为的基本要求。税务职业道德的具体要求是"爱岗敬业,公正执法,诚信服务,廉洁奉公"。在市场经济条件下,社会利益出现了主体的多元化、关系的复杂化态势,税务人员的思想和利益关系也不可避免地出现了复杂化倾向,产生了多种多样的道德意识和观念。在多种道德观念并存的条件下,容易产生道德困惑,发生道德冲突,甚至引发一些税务人员道德行为失范。例如,在沿海经济发达地区,有一些税务人员自己经商或者与他人合伙经商,利用税务人员的公共地位,提高自己或者合伙者的身份,将本应用在工作中的努力、精力及权力用在组织外,为自己谋利。还有一些税务人员不注重品德修养,放松警惕,经不住纳税人利益引诱,执法偏松,对纳税人违法违纪行为睁一只眼闭一只眼,从而造成税收流失,更有甚者与纳税人同流合污,直接参与操作偷税的违法行为。前些年发生的"金华税案"、"厦门远华特大走私案"、"南宫税案"、"潮汕8·07税案"等都有一些税务人员直接参与其中,使国家税收遭到严重的流失。

(七)税源信息不对称为偷税提供了可能性

从税源信息的来源主体上看,税源信息无非来自三个方面:一是纳税人自己申报提供的信息;二是税务部门专项调查获得的信息;三是纳税人、税务部门以外的第三方提供的信息。偷税的一个现实的原因就是纳税人和税务部门之间存在的信息不对称。所谓税源信息不对称,就是指税务部门掌握的税源信息和纳税人自身所掌握的税源信息存在差异。从质上说,后者掌握的信息要比前者真实;从量上讲,后者掌握的数额要比前者多。这一真一假,一大一小之间存在着不对称,税务部门很难完全、准确地掌握纳税人的经营情况,这些为偷税行为的发生提供了可能性。

现实的社会环境条件使我们无法做到翔实地掌握所有经济税源信息。比如,现实中存在的企业在银行多头开户、大量的现金交易、商业零售企业不开票销售以及为数不少的公款私存等现象，都使税务机关既无法真正了解一般纳税人的销售收入并据以核定税基的大小，更无法掌握大量的小规模纳税人的应纳税额，以至于税务机关在确定小规模纳税人的应纳税额时，不得不迁就纳税人，很大程度上依据纳税人自己提供的、扭曲了的税源信息来确定。要解决经济税源信息不对称的问题，单靠税务机关的积极努力是远远不够的，还必须依靠包括金融（银行、证券、保险）、工商、海关、不动产和动产管理部门（土地、房产、车船管理部门）、司法和社会各界等第三方共同组成协税护税网络来实现。一些西方发达国家已经做到了这一点，由于种种原因，目前，我国的协税护税网络非常脆弱，运转无力，对解决经济税源信息不对称问题所起的作用并不很大。

当然，我国偷税行为的产生远不止上述七个方面的原因，是诸多因素共同作用下的混合体。但根据我国的实际，分析为上述七个方面，还是比较科学的。

第四节　纳税信用激励机制模型的建立及对策研究

一、纳税信用激励机制的制度设计

制度的激励机制在于机制的设计者（委托人）诱使拥有私人信息的代理人，从自身利益出发做出的行为的目标与设计者的目标一致。纳税信用制度激励机制的必要性是与信息不对称紧密联系在一起的，主要是代理人知道委托人的全部相关信息，而委托人只有代理人的不完全信息；通过纳税信用激励机制，委托人可以诱使代理人向其透露私人信息。

设计纳税信用激励机制的目的在于最大化地实现自己的利益

目标,这需要满足两个条件:一是个人理性约束。如果让一个理性的纳税人愿意接受税务机关设计的机制,参与博弈,应使纳税人在该机制下得到的期望效用,必须不小于他在不接受这个机制时得到的最大期望效用。这就是个人理性约束,它保证所针对的行为者愿意参与这种机制。二是激励相容约束。机制的设计应使纳税人真实地公布自己的私人信息,要保证纳税人在说实话时的收益不小于说假话时的收益,按要求做比不按要求做好。激励相容约束保证机制能达到设计者所期望的目标,避免出现所不希望出现的结果。

满足个人理性约束的机制称为可行机制,满足激励相容约束的机制称为可实施机制。如果一个机制同时满足个人理性和激励相容约束,这个机制就是可行的可实施机制。

(一)纳税信用激励机制的目标

委托人设计纳税信用激励机制的目标分别是:首先,针对代理人隐蔽信息而面临的不利选择地位,激励的目标是如何使代理人"自觉地"显示他们的私人信息或真实偏好,即所谓的"如何让人说真话";其次,针对代理人隐蔽行动而可能面临的风险问题,激励的目标就是如何使代理人"自觉自动地"尽最大努力,诱使代理人不采取道德风险行动,即所谓的"如何让人不偷懒"。见表8—2。

表8—2 激励机制的对象与目标

对策行动	机制	激励目标
隐蔽信息(不利选择)	激励机制	如何让人说真话
隐蔽行动(道德风险)		如何让人不偷懒

信息经济学"让人说真话"和"让人不偷懒"的原理在于：如果"说真话"与"说假话"的成本相等，多数人会选择"做老实人，办老实事"，当"说假话"的成本大于"说真话"的成本时，绝大多数人都会选择说真话。同样，当"偷懒"的成本大于"不偷懒"，作为一种集体选择行动的结果都是"不偷懒"。因此，只有使偷税者的机会成本高于其真实纳税的成本，才会杜绝偷税行为。

对于税务机关来说，只有使纳税人行动效用最大化，才有可能获得其自身效用最大化的收益。然而，要使纳税人采取效用最大化行为，必须对纳税人进行有效的刺激。这样，税务机关与纳税人之间的利益协调问题，转化为信息激励机制的设计问题。

（二）纳税信用激励机制框架

纳税信用激励机制框架如图 8—1 所示。信息激励机制的设计思路为，委托人设计一套信息激励机制，能够在决策时参考原有的信息，这种信息能够使代理人不会因为隐瞒私人信息或显示虚假（或错误）信息，或隐瞒私人行动而获利，甚至有损失，从而保证代理人无论是否隐瞒信息或是否采取"信息欺骗"行为，代理人所获的收益都是一样的。因而代理人没有必要隐瞒私人信息和采取"信息欺骗"行为，结果，最终也保证了委托人的利益，即达到委托人与代理人之间的激励相容。在非对称信息约束下，即代理人的情况对于委托人来说是不可观察的，委托人至多只能观察到代理人状况的某些信号，这样，激励机制的设计首先是信息的获得问题。

二、纳税人涉税信息的获取

由于税务机关与纳税人之间信息分布的非对称，纳税人可以利用两种方式取得对税务机关的对策优势地位：一是利用税务机关难以观察到的私人信息(如纳税人是否存在应税行为、应税收入到底为多少等)而获得信息优势,使税务机关处于不利的战略选择地位。二是纳税人利用税务机关难以观察到的私人行动(如纳税人是否正确申报纳税)而获得信息优势地位。因此税务机关要改变信息劣势地位,有效地获取纳税人的涉税信息,以便在征纳双方的税收博弈中处于主动地位。

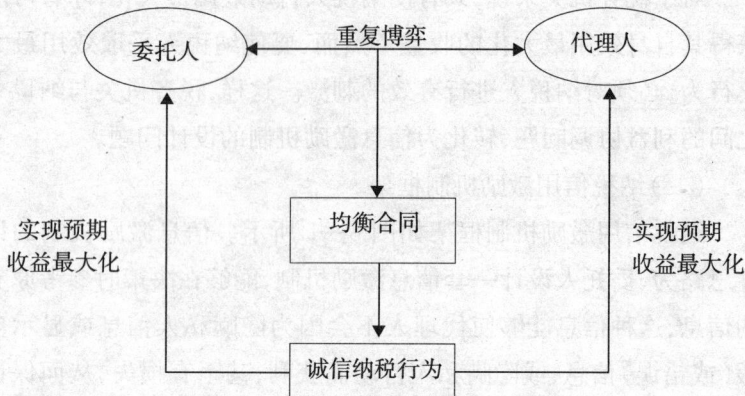

图8—1 纳税信用激励机制框架图

所谓税收信息不对称,即指征税人与纳税人之间、税务机关内部机构和岗位之间、税务系统内部部门上下左右之间、税务部门和其他有关部门之间拥有的税收信息量不一致,某些参与人拥有的税收信息,但另一些参与人不拥有。

由于税务机关没有建立起一套与纳税人双向沟通的信息网络,税收信息公开性、透明性和法制性程度较低,加之部分纳税人不如实申报纳税,少报、瞒报甚至不报,造成税收原始信息流失和征税人与纳税人之间税收信息不对称。纳税人的部分信息,税务机关没有拥有,税务机关拥有的部分信息,纳税人也不拥有。在税务机关内部，一些地方片面强调"征、管、查"三分离，税收信息的采集、运行和使用采取了封闭运行的方式，机关内部部门之间、岗位之间各自掌握的信息不完整、不吻合，出现了税收信息不对称，甚至税收信息混乱。在国税与地税之间，由于机构分设，国税与地税税收征管又有交叉，造成了信息不对称。

税务部门与其他有关部门之间，也存在信息不对称问题。银行掌握纳税人的资金账户，税务部门不掌握纳税人的资金信息。税务部门与海关、工商、检察院、法院、公安局等部门之间也存在纳税人生产经营、违法违规等税收信息不对称问题。

（一）信息资源

继物质、能量之后，信息日益成为保障经济发展和社会进步的重要资源。它的开发、管理和利用，关系到个人、企业、国家乃至整个世界的成败或兴衰。人们发现：信息是不充分的，获取的信息是存在成本的，信息的分布始终是非对称的。因此，信息的交流和共享对于节约开支、增进社会福利就有空前的重要意义。

早在20世纪20年代，美国经济学家奈特，就已把信息与市场竞争、不确定性、风险联系起来，研究了企业为获取完备的信息必须进行投入的重要性。他在1921年出版的《风险、不确定性和利润》一书中，发现了"信息是一种主要的商品"[1]，并注意到各种组织都参与信息活动且有大量投资用于信息活动。

在税收博弈中，某一参与人对其他参与人的信息了解和掌握得越多，越有利于自己策略行为的选择。如果准确地知道了对方选择什么样的策略，主动权就完全掌握在自己的手中，在不能完全掌握对方信息的情况下，也应知道对方可能采取的策略集合及各

---

[1] 富兰克·H.奈特：《风险、不确定性和利润》，商务印书馆2006年版。

种策略的结果。因此,需要在大量掌握参与人的信息情报资料的基础上,建立起博弈模型,以分析纳税人的行为选择。税收政策的制定,需要广泛了解和掌握纳税人的涉税信息,了解和掌握纳税人会采取哪些对策,采取这些对策的后果。对于我国当前的情况来说,加快信息化建设,完善税收信息的获取方式,建立起有效的涉税信息获取机制是一项紧迫而重要的任务。①

信息是宝贵的资源,被誉为软资源,其作用在于改进管理和决策,使物质和能量之类的硬资源得以更有效地利用。信息系统、信息网络都是信息资源的组织形式,其建设与运行需要昂贵的经费支持,同时却可取得很大的经济效益和社会效益。它们所获得的间接效益往往远大于直接效益。以尽可能少的费用来建立与完善效益尽可能好的信息系统或信息网络,是必须贯彻执行的重要原则。

(二)税收信息化

所谓信息化,是指在经济管理和社会活动中,通过普遍采用信息技术和网络技术,有效开发和利用信息资源,以影响和促进经济发展和社会进步的发展过程。信息化是一项包括信息理念、信息资源、信息技术、信息网络、信息开发和利用、信息管理、信息人才和信息教育在内的系统工程。

税收信息化是指通过互联网、内联网和外联网技术,实现税收

---

① 联系税务机构与纳税人或纳税代理人之间基本关系的纽带就是介于他们之间的信息流与资金流。相应的信息与资金在税收评估及征管的过程中流入税务机构,而后税务机构又会反馈一定的信息。整个过程通过多种渠道与途径运作,而渠道或途径的不通畅很可能会影响税收征管的效率。参见锡德里克·桑福德:《成功税制改革的经验与问题》第2卷,中国人民大学出版社2001年版,第162页。

管理职能的电子化处理,为各级税务机关和纳税人提供税源管理、征收管理和稽查管理服务,为有关部门和社会各界提供税收信息处理、税收信息咨询和涉税指南服务。

税收信息化的核心问题是有效利用信息资源。只有广泛采集和积累信息,迅速加工和处理信息,有效利用和增生信息,才能通过信息资源开发,提高税收管理规划、协调、服务和监控效能。如美国计算机征管网络形成了 10 个税务管理计算中心,接受和分析处理纳税人的电子申报数据,并同时在全国形成联网,与银行、保险、海关等部门进行信息交换以便实施交叉稽核。美国有 2 亿多纳税人,其中 90% 是个人纳税义务人,10% 是公司纳税义务人,纳税人非常分散,纳税人的身份和收入来源也极为复杂,但通过完善的计算机网络,税务机关基本上能掌握其所属纳税人的纳税情况。世界发达国家的税收征管实践表明:税收征管的信息化程度越高,其征管过程中的物质消耗越呈递减态势,税收组织的收缩幅度就越大,征管就越接近扁平化和集约化的目标。

目前随着国家税务总局提出的税收征管改革中"以纳税申报和优化服务为基础,计算机网络为依托,集中征收,重点稽查"的目标模式,以及金税等电子政务工程的相继启动,进一步加快了税收信息化的建设步伐。但是我国的税收信息化建设在实践中依然存在不少问题,主要表现在:

第一,税收征管内部系统信息化程度较低。虽然国家税务总局提出了运用现代信息技术科技治税的思想,但最大的问题是缺乏整体规划。表现为业务规范、技术标准、软件开发不统一,软件多头开发、重复开发,不仅浪费了大量资源,而且不同部门过分强调信息的独享性和设备的专用性,造成各类管理软件不能共享,许多硬件设备不兼容,产生了大量的信息鸿沟和信息孤岛。最为典型的是,目前用于税收征管和税源监控的 CTAIS 和防伪税控两大系统,由于开发内核不一致,数据库不同,税源信息采集的口径不一、渠道不一,难以实现跨平台共享应用,信息化的整体效能没有在税源监控中得到应有的发挥。此外,在税收征管内部信息化建设中存在的另一问题就是重设备的建设而轻综合开发利用。目前税务系统的办税服务厅基本上按税务登记、纳税申报、发票管理、防伪税控认证、抄报税等职能分工设置窗口,各系统之间税源信息难以进行适实的分析与对比,信息化成为传统手工操作在计算机上的模拟。对纳税人的税源信息多头采集、分散存储,容易产生垃圾信息占用系统资源,而且税源信息以纵向层级间流动为主,普遍缺乏横向的部门间沟通。比如,国税部门无法从地税部门获得完整真实的交通运输行业的税源信息;国、地税的稽查部门只负责自己管辖的税种范围,对查出的偷漏税信息互不通报,等等。由于税源信息缺乏有效的综合开发利用,纳税评估等强化税源监控的重要手段作用十分有限。

第二,税务部门与其他部门的信息共享程度较低。长期以来,由于缺乏长远性的、社会协作性的综合治税的战略观念,我国的税收法律中一直没有要求相关部门参与税收管理的条款,更不要说一套完整的规范性的规章制度,往往是出现问题后才临时地协调配合,一事一议。直到 2001 年 5 月出台新的征管法以及其后新颁布的实施细则中才确定了有关部门参与税收管理的权利与义务,为税务部门取得其他部门的配合与支持提供了法律保障。但这些条款只是规定了工商、银行、公安、司法、海关等几个有限部门的配合责任,未穷尽税源监控工作所涉及的全部机构,比如质检、统计、房管部门、土地部门、社会保障部门等等,没有建立起全方位的税务合作体系。另外,即使新征管法中规定的要求部门配合的条款也是原则性的,可操作性较差。比如新征管法规定:"工商行政管理机关应当将办理登记注册、核发营业执照的情况,定期向税务机关通报","应当在从事生产、经营的纳税人的账户中登录税务登记证件号码,并在税务登记证件中登录从事生产、经营的纳税人的账户账号。"只是规定了"应当怎样做",而不这样做的相应的法律责任是什么、定期通报的时限有多长、采取何种方式进行通报,都未有更详细的说明;而且银行和其他金融机构怎样登录税务登记证件号码和银行账号,何时登录也没有明确规定,很容易造成相互推诿扯皮,从而使得条款不能落到实处。

目前税收征管信息系统比较混乱,各地在软件、硬件开发上存在着各自为政互不衔接的问题,不符合税收信息一体化建设的总体要求。信息资源相对封闭,缺乏同外界沟通交流的桥梁,无法实现信息输入输出的单向流动和双向对流。因此必须加快信息资源整合、实现一体化的进程。

(三)最优信息系统的实现

最优信息系统不一定是信息量最大的信息集合,而是为取得必要信息所支付的总值减去预期成本后能得到的净值为最大的那种信息系统,即所获效用与所需费用之间的差额为最大的系统。寻找最优信息系统的途径有两个:一是信息搜寻。由于信息分布的离散性,经济活动参与者的信息差别在扩大,使信息搜寻既有必要也有可能。调查是信息搜寻的一种典型方式,信息越离散,搜寻越有价值。搜寻成本与搜寻次数成反比,搜寻的预期收益等于搜寻的预期成本时的搜寻次数为最优搜寻次数。二是系统选择。在一定环境下对信息系统的某种选择会产生不同的结果,这与选择者的决策规则、系统所处的环境状态、实际事件出现的概率都有关系,判断和比较信息系统的优劣需以收益与成本相抵后的预期效用为准。①

1. 信息搜寻原理

由于信息分布的离散,信息搜寻者的搜寻是多种多样的,信息搜寻也存在着规模经济,但难以找到可以出售搜寻信息的有效市场。信息搜寻是一个成本递增的过程。按照斯蒂格勒(G. J. Stigler)的观点,信息搜寻成本应包括时间和"鞋底"(shoe)两个部分,前者指信息搜寻所耗费的时间,后者则是指交通成本和其他查寻费用。由于成本因素的制约,当事件所涉及的预期收益或风险损失很小时,行为者通常不会在信息搜寻方面做太多的努力;而当不确定性所涉及的经济利益较大时,则必须进行信息搜寻,以降低风险、减少损失,但搜寻的规模则要控制在一定的限度内。因为无限度的信息搜寻尽管会减少风险损失,但由此而引起的信息成本激增可能会使搜寻活动得不偿失,所以,信息的搜寻只能是适度的,以确保信息成本控制在可接受的限度内。

2. 最佳搜寻次数的确定

随着搜寻次数的增加,每次搜寻的边际效用增加值都在相应减少。最佳搜寻次数由搜寻成本和搜寻的预期收益之间的相互关系来确定,即最佳搜寻次数就是搜寻的边际成本等于预期的边际收益时的搜寻次数。如图 8—2 所示。CC' 代表搜寻成本曲线,DD' 代表搜寻收益曲线,n' 代表最佳搜寻次数。当 N≤n' 时,搜寻

---

① 影响征税的重要因素是信息。税收管理部门如果拥有纳税人的完全信息,就很容易确立纳税人的税负;若税收管理部门对纳税人所知甚少,就很难增加税收收入。但是,收集信息要花费大量时间,并且成本极高。所以,管理部门要在收集更多信息所付的成本和预期边际税收收入间进行权衡。这种高成本可能导致两个重要的结果,即:(1)税收管理部门要确立其所收集信息的限额;(2)税收管理部门收集信息方法的运作。参见锡德里克·桑福德:《成功税制改革的经验与问题》第 4 卷,中国人民大学出版社 2001 年版,第 69 页。

都是经济的,称当 N≤n' 时的搜寻为经济搜寻;当 N>n' 时,搜寻都是不经济的,称当 N>n' 时的搜寻为非经济搜寻。

3. 信息搜寻的一般化数学模型

设某一组纳税人 M 中对某一税种 Q 的正常申报数额为 p,且 M 中部分存在未真实申报数额 d 的行为。假设真实申报的纳税人的比例为 q,且 q<1,那么,未真实申报的纳税人的比例则为(1-q)。现以函数 u 表示效用,税务机关查寻纳税人的成本为 c,这样,税务机关每次搜寻都承担 u(-c)<0 的负效用。

税务机关查寻纳税人可能出现两种结果:第一,税务当局可能未查出不纳税人真实行为,在这种情况下,税务当局将承担 u(-c)的负效用。第二,税务当局可能查出纳税人未真实申报的行为,这时,税务当局的总效用为:u(-c)+u(d)。那么,税务当局对 m 个纳税人搜寻信息的总效用为:mu(-c)+(1-q)mu(d)。

由上述搜寻效用模型得知:第一,未真实申报纳税人所占比例越大,搜寻的预期总效用就越大。第二,未真实申报数额越大,就越值得进行搜寻。

4. 建立有效的纳税人信息搜寻机制

(1)加大信息采集范围。取消税务专管员制以后,税务机关与纳税人的接触仅仅局限于在税收征管大厅。目前,各级税务机关采集的税收信息,基本上都是纳税人纳税申报表上提供的信息,纳税人和企业的生产经营状况、销售状况、利润状况、投资状况、主要产品价格状况等信息和数据却无法收集,而这些恰恰是税务机关把握税源、把握纳税人是否诚信纳税的重要依据。如目前运行的 CTAIS 系统,由于企业财务信息没有完整录入,普通发票的涉税信息仍游离于 CTAIS 之外,加之金税工程信息尚未与 CTAIS 兼容,影响了信息的质量及信息作用的发挥。为此,要扩大税收征管

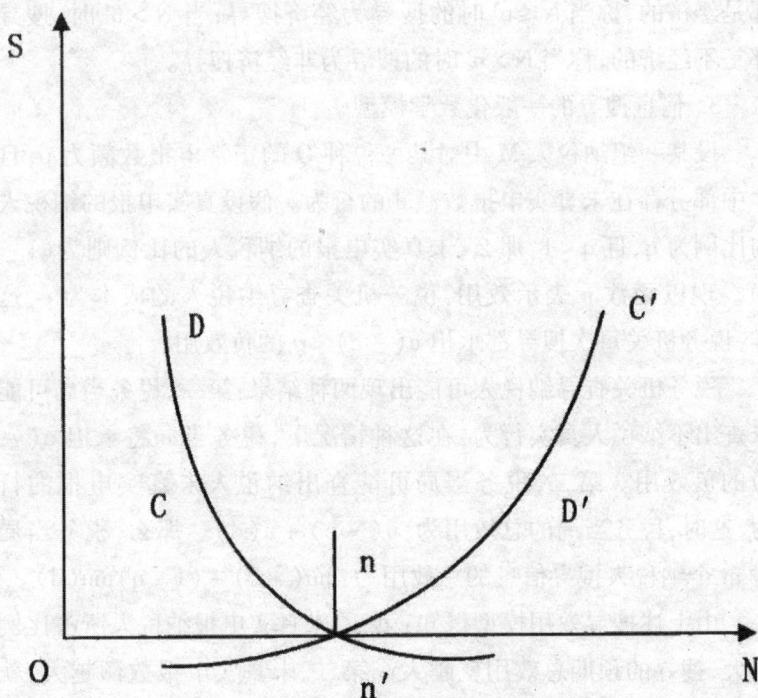

图8—2　最佳搜寻次数

信息的采集来源,通过信息化系统对从各个方面获取的有关信息进行加工、整理,为税务机关提供一整套辅助分析和决策的指标体系。必须用软件和数据平台,把分散在税务机关各应用系统中的信息和来自纳税人、各级税务机关、税务系统外有关部门的涉税经济信息,统一纳入数据库管理,集中起来加工、整理、分析和应用。

(2)实行"管事"与"管户"相结合。"管事"是指将纳税人有关的各项涉税事项按职能分解开来,由不同的税务人员分别管理专项性的涉税事项。"管户"是指税务人员专人负责对纳税户实行各项涉税事项全面统管的税收征管制度。如果不分税务机关所处的层次,将"管事"与"管户"决然分离,就会人为地割断征收、管理、稽查各个环节、各项职能工作的内在联系,造成信息传递不畅,相互掣肘,影响纳税人信息获得的质量和获得的成本。因此应辩证地看待"管事"与"管户",应根据管理者所处的管理层次和管理者负责的管理对象、管理职责内容、管理工作的侧重点进行选择。即处在较高层次的税务管理机关应该侧重"管事"更科学,而处于直接处理纳税人涉税事务的基层税务机关应该侧重"管户"更恰当。

(3)建立重点税源管理制度。税源是税收的来源或税收的源泉,是来自国民经济各部门所创造的价值的一部分。由于少数大中型企业的税源和税收收入占据着举足轻重的地位,所以应该在分类管理的基础上,专门设立大型企业管理部门,集中管理所有重点企业税源,提高管理专业性和针对性。要选拔高素质的税务人员,担任这些大型企业的税收管理员,以专人或管理小组进厂管理的方式专门负责对重点税源的监管和服务,以全面获取纳税人的有关涉税信息。

一是监控企业静态信息。静态信息主要是指与企业生产经营和纳税密切相关,并且在一定时间内相对不变的信息,如企业生产基本情况、生产工艺、主要产品(商品)劳务、原材料、财务资金状况等。通过对静态信息的采集,掌握企业生产经营基本情况,为重点税源宏观分析提供必要的信息资料。

二是监控企业动态信息。动态信息主要是指企业当期(月)出现变化的信息,如当期产量、销量、成品库存量、销售价格、销售收入、销项税额、购进原材料数量、购进原材料价格、进项税额、当月实现应纳税额、应收账款、应付账款、实现利润等。通过对动态信息的采集利用,分析销售收入、销项税金、进项税金等增减变化因素。

三是开展专题调查。专题调查主要指对客观经济发展变化、国家各项经济政策变化对重点税源企业税收收入影响进行调查，进而分析各种增减变化因素。

西方发达国家尤为重视重点税源的管理。荷兰把纳税人分为个人、中小公司、大公司，把对大公司的税源管理放在特别重要的位置。在美国，对大公司的审计通常采取驻户稽查，由大区税务局或实力较强的分区税务局派小组驻户常年检查。在德国，征管分局负责联邦、州、地区及行政机构的税收征管工作，并负责管辖范围内中小企业的日常稽查，而稽查分局则负责大型企业的稽查工作。为了便于税务机构监督管理，法国把工商业分为大、中、小型三种，实行分级管理。大型企业一般指年营业额在 6000 万法郎以上的，法国税务部门在巴黎设有专门的管理机构对其进行管理；中型企业一般指年营业额在 200 万法郎至 6000 万法郎之间的企业，由大区税务局进行管理；小型企业指年营业额在 200 万法郎以下的，一般由省税务局进行管理。

(4)以信息的采集比对为切入点强化中小企业管理。对中小企业主要是采取纳税人自行申报与测算销售额相比对的办法，根据比对结果做出相应的监控处理。首先，根据某一纳税人的特点，确定其适用的销售额测算方法和需要采集的信息，根据采集的信息与销售额之间的内在逻辑关系，建立测算销售额的数学模型，将采集的信息套入对应的数学模型中测算出销售额。其次，比较测算销售额与纳税人的日常申报信息，将实际申报销售额低于测算销售额的企业列入预警提醒清单，按户制作《预警提醒通知书》，送达纳税人。要求纳税人在规定的期限内对预警提醒的问题进行核实，并督促纳税人及时反馈核实情况。最后，根据纳税人反馈情况，制作《预警提醒反馈情况处理单》，视不同情况分别做出处理：对经自查本期申报销售额确有正当理由低于测算销售额的企业，作监控终结处理;对接受预警提醒,经自查达到或超过测算销售额的企业,要求纳税人在规定时间内自行申报;对拒不接受预警提醒,不进行自查,或自查结果达不到测算销售额,且无正当理由的企业,按照《中华人民共和国税收征收管理法》第三十五条的规定核定其应纳税额,限期缴纳;对确属有偷税嫌疑的,制作《移交稽查通知书》转交稽查部门处理,稽查处理结果反馈主管税务机关。

三、建立符合激励要求的税收征管机制

(一)税制设计

促使纳税人依法纳税的税收制度的建立,在于税制设计中应形成激励机制。税制的设计和调整不仅要充分考虑政府的税收政策目标,还要充分考虑纳税人的利益目标。考虑到纳税人在税制实施中有可能采取的减少税收负担的各种对策选择,以及这些对策选择对税制实施带来的影响,从而事先选择应对的策略。以政府的政策目标作为税制及税收政策选择的唯一依据,不考虑纳税人的利益目标,必然会忽略纳税人的行为选择,其后果是不言自明的。不能为了政府的某种目标而对现实的征管水平加以过高的估计,不能将税制的缺陷指望通过税收征管来弥补。事实说明,如果过高地估计现实的征管水平,那么面对纳税人的相应策略往往处于被动状态,导致既定的收入目标和调控目标难以实现。

税收博弈是非对称信息博弈,政府对纳税人应税行为的了解和掌握往往是不全面的,而且通常情况下某些纳税人会隐藏其信息或行动。这样,在税制设计中,政府应通过建立有效的信息获取机制尽可能多地获取纳税人涉税行为的信息;其次,政府在税制设计中,征税客体应选择可获信息的客体作为课税依据,征税方式、方法应以可获信息为依托;再次,政府的税制及征管方式选择上应设计成

这样一种机制,即这种机制满足个人"激励相容",使纳税人在追求自身利益最大化过程中的行为选择符合政府的政策目标和利益取向。

另外,税制应力求简洁、明确。一是便于普通公民准确理解,增强其纳税的主动性和积极性;另一方面可大大增强税收的透明度,有效减少税务人员包括寻租在内的各种腐败行为,有效地减少偷逃税现象的发生。

(二)管理制度设计

要建立满足个人理性与激励相容约束相一致的管理制度,就必须设立一套比较严密的激励措施,以激励纳税人依法纳税,减少税收流失,降低税收成本,提高征管效率。

1. 加大税收违法成本

纳税人追求自身利益最大化是不会改变的,只要有条件总会有纳税人选择少纳税或不纳税。所以,要使纳税人诚实地依法纳税,就在于税收制度的设计必须使纳税人在税收博弈中按照税法规定依法纳税,如果其不按照税法的规定纳税,不仅不会使其利益增加,反而会使其既得利益减少。现实中的管理制度设计就是要对现行管理机制进行必要的调整,在机制设计中形成一种使纳税人在现行机制下只有选择依法纳税这一策略,没有条件进行策略选择,去采用偷税或其他违法手段减少自己的应税数额。

(1)实施严厉的税收惩罚措施,并使税收惩罚成为可置信威胁。使纳税人不依法纳税的成本极高,即博弈的违约成本极高。纳税人不纳税或少纳税时的收益要小于其纳税时的收益,使纳税人感到任何偷税行为都是不划算的。从自身利益最大化的角度,理性的纳税人不会选择偷税,而是选择依法纳税。这里的问题在于如何有效地实施对税收违法的惩罚,使税收惩罚成为可置性威胁。在纳税人与政府的税收博弈中,纳税人是否依法纳税在一定程度上取决于政府对不依法纳税是否给予处罚和处罚力度。

假设，逃税被查出的概率 P 与罚款率 π 与申报的收入之间存在着确定的关系，若提高 P 或 π，则申报的收入会上升，从而减少逃税。所以，针对逃税的最为基本政策建议就是加强税务审计，提高逃税被查出的可能性或加大处罚力度。

假定纳税人不作道德判断，回避风险，追求预期效用最大化，并给定被审计的概率，不变的所得税税率和针对每单位逃税收入的一个固定比率的罚款。在这一情况下，理性的个人将只有在预期的每单位逃税收入的处罚小于所得税税率，即 $P\pi < \theta$（θ 代表所得税税率）时才会选择逃税。

基于这一关系，最优的 P 和 π 要能够令 $P\pi < \theta$ 才行，图 8—3 中，横轴和纵轴分别为 π 和 P，图中的曲线表示 $P\pi = \theta$。因此，最优的 P 和 π 应落在图中所围区域，这时可以完全消除逃税行为。考虑到 P 和 π 的执行政策成本，可以考虑不同政策组合。

第一，如图 8—3 所示，P 和 π 的多种组合都可以达到同样的消除逃税行为的效果，而且两种政策是可以相互替代的。即提高 P 到一定水平，则 π 可以考虑保持在较低的水平；或者提高 π 到一定水平，则可以使 P 保持在较低的水平，而对于政策后果不产生影响。[1]

第二，针对不同的纳税人规定不同的审计概率。比如，在累进

---

[1]　考虑到提高 P 需要追加预算支出，将会有更多的资源消耗在税务审计的过程中，而提高 π 则基本上不需支付什么成本，并且 P 和 π 又是可以互相替代的政策工具。所以很自然地对于 P 和 π 最优组合的一个建议是：令 P 尽可能地小，而同时令 π 尽可能地大，则可以兼有零成本与有效消除逃税的双重好处。如果令 P＝0，即逃税被查出的可能性极小。那么一方面会使对逃税的严厉惩罚成为不可置信的威胁。另一方面，会使被查出的逃税者与未被查出的逃税者之间的待遇差别过大，这会导致收入分配产生进一步的不公平。

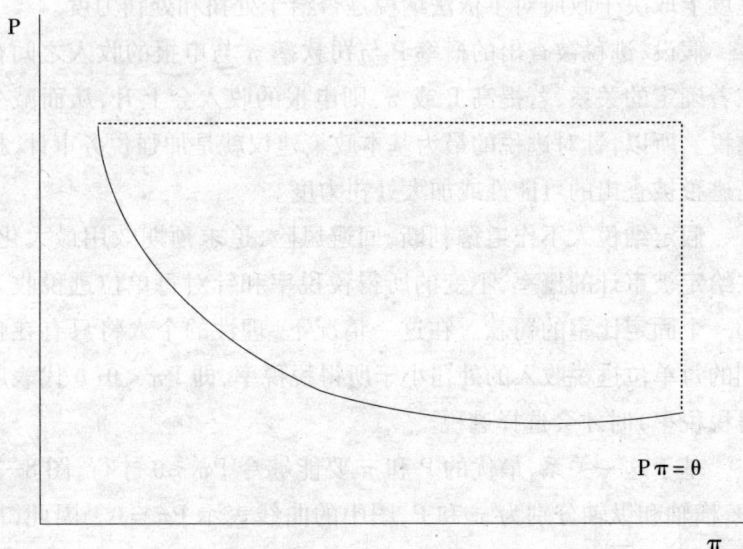

图 8—3　针对逃税的政府政策:P 和 π 的选择

所得税下,对富人提高审计率,对穷人仍维持较低的审计率,从而避免过高制定对穷人的审计率造成浪费,也避免过低制定对富人的审计率造成逃税活动不能得到充分抑制。①

　　(2)提高税务稽查质量。运用现代信息技术推行审计式的稽查,从政策指导、案例示范、对象筛选、重点分析、方法控制、底稿记录、工作时效、审理验收、考核监督等方面确立全方位、立体化管理机制,以严密、科学、规范的管理,全面促进稽查工作质量的提高。一是要建立税收政策库和稽查案例库,为稽查工作提供政策指导和经验借鉴;二是要运用信息技术,科学制订稽查计划,使稽查质

---

　　① 刘宇飞:《当代西方财政学》,北京大学出版社 2003 年版,第 354—355 页。

量管理有据可循;三是要建立环环相扣、互相制约的稽查运行机制;四是要设定稽查的时限,从时间上保证稽查质量;五是要建立稽查人员等级制,作为稽查激励机制,促进稽查质量的迅速提高。

2. 建立依法纳税人的奖励机制

建立纳税人的奖励机制是采用非正式约束手段的正激励措施。给具有良好守法纪录的纳税人合法地单独享有某些税收优惠,并在税收管理上简化对该类纳税人的要求,如减少纳税检查次数,给予更宽松的延期申报条件,同等条件下优先批准延期纳税等。这对于树立纳税人良好的企业和个人形象,是十分重要的。随着社会的法制化、信用化程度越来越高,这笔无形资产的价值也会越来越大,对纳税人的吸引力必定越来越强;同时,守法纳税人还可以因守法而额外得到税收优惠,对纳税人守法的利益诱导力量大大增强。

另外,加强对诚信纳税人的舆论报道和宣传,弘扬为国家做出重大贡献的纳税人,赋予其荣誉称号,增进其"依法诚信纳税"的光荣感,激励纳税人依法纳税,营造依法诚信纳税的社会环境。

3. 减少隐瞒收入的机会

(1)有效实施税源监控。经济决定税收,但是经济并不直接决定税收,经济直接决定税源。从收入角度上看,税收征管过程即是税源转化为实际入库税收的过程。在其他条件一定的情况下,税源监控对最终税收收入具有决定性的影响。只有掌握了税源的规模与分布,税务部门才有可能做到应收尽收,没有税源的有效监控,必然造成税款流失。

税源监控是指税务部门为确保税收的应收尽收而运用一系列的方法与措施,通过对税收与经济之间的关系进行监督和控制,掌握税基的规模与分布,分析预测税源发展变化趋势,并贯穿于税收征管全过程的、综合性的税收征管活动。税源监控是税收管理的基础,是增强征管主动性、提高征管效率的关键。它为纳税申报、税务稽查和税收工作考核提供了科学有效的信息资料,同时,税源监控可以及时发现和掌握税收征管工作中的薄弱环节,据此不断完善征管措施和方法,以保证税收征管质量的不断改进和提高。

根据信息不对称理论,纳税人(信息的发布方)和税务机关(信息的需求方)拥有的信息是不对称的,信息的发布方由于利益驱使总会有意无意地隐瞒或者省略一些对自己不利的信息,需求的信息方在获取和证实这些信息时要花费成本的。税务机关要更多地掌握纳税人的相关信息,需付出相应的成本与代价,要么在事后进行稽查,要么在事前进行税源监控。税源监控作为事前防范手段。与事后稽查相比,纳税人更易于接受。因此,应进一步完善现行的税源监控手段,建立有效的管理制度,减少纳税人隐瞒收入的机会。

第一,推行统一的税务代码制度,加强对纳税人税务登记的管理。这项制度可以缩小潜在纳税人与注册纳税人之间的差异。一个纳税人终生只有一个税务代码,用来办理一切纳税事宜。个人用身份证号码作代码,以便交叉核对纳税人的各种信息,监督其照章纳税。对于公司而言,一家公司只能有一个代码,分支机构不能有与总公司不同的代码。如意大利规定年满 16 岁的公民均须到当地税务机关登记并领取税务代码卡,纳税人取得收入的各种活动都要与该代码相联系。美国人一出生就可以获得这一代码,外国人到美国工作也要申请一个代码,不管人到哪里,代码都是终身唯一不变的。澳大利亚的纳税人到银行存款、购买股权、进行股票交易以及从事雇员工作都得提供和使用纳税号,以便实行源泉扣缴所得税。若纳税人不提供纳税号,则按最高税率扣缴所得税。

税务机关利用纳税号检查核对纳税人申报的应税所得额与其银行存款利息、股息、红利、工薪收入是否相符。如申报不实,则对纳税人进行处罚。由于每个纳税人终身只有一个纳税号,所以任何人任何时候都逃脱不了拖欠的税款。

借鉴世界各国的经验,我国应通过税法或者其他相关法律规定,强制建立统一的纳税人识别号码制度。为此,一是国家税务局和地方税务局编发的税务识别码(税务登记号)应予统一,以便掌握纳税人全部纳税情况。二是总公司与其分支机构使用统一的税务识别码。三是应尽早依法将纳税人识别码制度拓展到每一个有收入的公民,每个人终身只能有一个税号。以此为基础设立完整、准确的纳税人档案,对纳税人的收入和与其纳税程序有关的各种信息进行收集和整理。同时纳税人识别码还应强制用于储蓄存款、社会保障、股票交易、购买房地产等事项,并可广泛用于生活的各个领域。此外,还要建立定期的税务登记换证制度,定期清理空挂户和漏管户,使税户资料更趋真实。在与工商联网的基础上,税务部门可开发税务登记户计算机自动核查系统,使税务登记与工商登记户能够进行自动核对,发现工商登记系统与税务登记系统不一致时,能够预警提示。

第二,建立税源信息报告制度。建立此项制度,就是要求所有支付款项给纳税人的单位都要定期向税务机关报送有关信息。如在美国,根据税法规定,利息和股息的支付除了代扣预提税之外,还要用磁盘向税务机关报送"税源信息报告表"。现在报告表已从利息、股息扩大到股权交易、不动产销售、特许权使用费、失业补偿、合伙企业权益转让、赠与财产转让等。美国联邦税务局(IRS)每年收到的"税源信息报告表"达13亿份之多,其下属的征收中心通过计算机程序将支付人报送的"信息表"同收款人的纳税申报表进行核对,如有差异,则向收款人发出"所得税核对通知书",处理报表的时间往往要 18 到 24 个月。此外,政府各部门,特别是经济部门,每年都向联邦税务局提供多种信息,如货币收付报告、国外银行账户、不动产转让、租赁公证等。

第三,加快相关立法,完善信息共享机制,更为广泛地获取税源信息。税务机关实施有效的税源监控,关键是最大限度地实现信息对称。从税务部门看,要按照税收法律、行政法规的规定,完善纳税申报制度,对需要纳税人申报的内容、申报的格式加以规范、明确,提高纳税人申报信息的完整性、准确性、可靠性。从外部信息来看,要借鉴国外的成功做法,实现计算机联网,从各个相关部门获得税源信息,真正实现相关部门之间的信息交换和共享。

一般情况下,企业资金流的大小、方向,在金融机构都应有相应的原始记录。如果控制了纳税人的资金流,控制了企业的经济往来情况,相应就控制了税基。为此,要全面推行收支票据制。借鉴国外的成功做法,通过立法严格控制现金结算的范围和数量,禁止大额现金流通,限制小额现金流通,超过一定数额的存款须问明其合法来源。在全社会建立健全货币监督与控制机制,从而减少现金收支的现象。其次,加大对现有金融法律法规以及新征管法的执法力度。金融机构与企业之间利益高度正相关,在利益驱动机制下,金融机构与企业存在合谋抵制税法的行为,如阻碍税收保全和税收强制措施的执行等。因此要加大对现有金融银行法律法规的执法力度,如果出现违规行为,要追究直接责任人员及其领导的责任;要加强对纳税人开户和现金使用的管理,严格执行《银行法》、《现金使用管理办法》等金融法规制度,严格控制现金交易的额度。另外,为加强银行与税务系统的联系与配合,应尽快出台税务部门与银行等金融机构之间就纳税人、扣缴义务人存款的开户、查询等若干问题的具体配合办法,为税务机关获取信息提供有效的制度保证。

第四,设立专门的税源管理机构,建立税源管理的网络体系。为适应新征管模式的需要,切实解决疏于管理、淡化责任的问题。突出税源管理在税收管理中的重要地位,建议在市一级税务机构成立专门的税源信息与管理中心。税源信息与管理中心既是一个大的税源信息数据库又是一个具体负责税源管理的机构。它的主要职责,一是负责各处室及各基层税源管理规程的建立,明确各部门的税源管理职责。二是负责建立税源信息数据平台,对外负责同政府有关部门建立有效的联系,采集税源管理所需的外部数据,对内负责各个基层局税源管理数据采集的监控指导,同时对采集的数据信息进行汇总、处理和分析,从而得出各部门依据各自目的所需的各种分类信息并反馈给各部门,实现信息的高度共享。三是负责考核各部门、各基层局税源数据信息采集的准确性、真实性、及时性和稳定性,负责考核各部门税源管理职责的执行情况,保证税源管理系统的稳步运行并适时进行完善。四是税源信息与管理中心还应与工商、民政、教育机构、银行等机构联网,目前在没有实现联网的情况下,要与它们建立密切的联系,定期互通信息。五是利用现代计算机技术做好对税源信息的分析,对税源的发展变化做出科学的预测。

(2)实行源泉扣缴。税收遵从率取决于很多因素,其中包括是否实行源泉扣缴。表 8—3 表明,美国工薪所得遵从度是最高的,因为对工薪所得实行的是从源泉扣缴。对利息所得征收的遵从度居于第二位,利息所得不实行从源泉扣缴,但须向有关部门提供信息。而非正式所得的遵从度是最低的,这主要是因为这种所得既不实行扣缴,也无需提供信息汇报。

表 8—3　美国 1981 年和 1987 年不同类型所得的遵从度①

（单位：%）

项目	1981 年	1987 年
工资和薪金	94	97
利息	86	80
资本所得	58	85
非正式所得	20	11

四、营造依法纳税的管理环境

严密的制度设计是保证纳税人依法纳税的硬环境，而管理环境（包括管理理念、管理方式等）则是保证纳税人依法纳税的软环境。由于税务管理的对象是人，人性的多重性要求管理者需要从人性的各个方面去考虑。税收处罚机制的设计是从人性"自利"的角度进行的。而管理环境的营造则是从人的"社会性"、"负责性"、"善良性"、"复杂性"的角度来考虑的。

（一）改变管理理念

根据人性假设的 X 理论、人性假设的 Y 理论及人性假设的权变理论，人是具有多重性的。管理者往往以他们对人的性质的假设为依据，然后用不同的方式来组织、领导、控制、激励人们。接受一种人性假设的管理者会用一种方式来管理，而接受另一种人性假设的管理人员会趋向于用另一种方式来管理。

例如，管理者强烈地深信，纳税人不会自觉地去诚实纳税。那

---

① Income Tax Comliance Research：Estimates For 1973 - 1981，Internal Revenue Service，US Government Publishing Service，Washington，Table Ⅲ，July 1983；and Income Tax Comliance Research：Supporting Appendices to Publication 7285，Publication 1415，US Government Publishing Service，Washington，Table D 16，July 1988.

么。有这种想法的管理者必然会建立严密控制的手段，以保证纳税人诚实纳税，并受到密切的监控。相反，如果管理者深信，纳税人会自觉地去诚实纳税，因为他们有高度的社会责任感和纳税意识。那么，带着这种想法的管理者必然十分重视民主与参与管理制度，鼓励纳税人自我约束、自我管理，而不是对他们实行严密的监控。十六届三中全会提出的以人为本的科学发展观要求在税收管理工作中提倡和强调以人为本思想，充分尊重纳税人的权益。①

（二）明确纳税人的权利

纳税人的权利是指纳税人在依法履行纳税义务时，得到的或应当得到的法律确认、保障与承诺。从宏观上看，纳税人权利是指在纳税人与国家的税收分配关系中，纳税人应享有的法定权利，即纳税人在承担纳税义务的同时，有权享受政府提供的公共产品和服务，这是与纳税义务相对应的基本权利，即在征纳过程中与税务机关的义务相对应的各种权利。

1. 更新税收理念

以市场化为取向的中国经济体制改革，相继打破了农副产品统购统销制度、政府统管城市职工工资制度、计划价格制度和财政统收统支管理体制。原有的税收收入机制的基础不复存在了，税收开始广泛地介入经济社会生活，同人们的切身利益日益密切地挂起钩来。在这一形势下，税收理念开始宣称"应尽义务说"，依法纳税是每个公民应尽的光荣义务。在义务论理念指导下，征纳双方处于不平等地位，纳税人纳税是在向国家尽义务。在计划经

① 从短期来看，对纳税人的严密监控有利于减少偷税和避税；然而，从长期来看，相对轻松的合作式的税务管理有利于提高效率。参见锡德里克·桑德福：《成功税制改革的经验与问题》第2卷，中国人民大学出版社2001年版，第131页。

济体制下,各经济主体之间的利益边界不明晰,人们可以不讲成本、不计报酬而无偿奉献。然而,在市场经济体制下,各经济主体之间的利益边界越来越明晰,作为理性的经济人,自然会受本身利益的驱使,尽量逃避纳税义务。只讲义务不讲权利或者只有付出没有回报,便不能再为人们所认同。

对政府部门来说,"应尽义务说"的另一面是政府拥有征税的权力。对政府为什么拥有这样的权力或这样的权力伴随以怎样的义务,"应尽义务说"本身并没有提供明确的答案。在市场经济环境下,政府只讲征税的权力、不讲征税之后的义务,不仅不能为纳税人所认同,甚至会造成纳税人的逆反心理,而且在相当大的程度上会妨碍征纳双方之间的关系,征税人以权力方而自居,以至于在执法过程中产生非法行政、服务不到位的现象。

迄今为止,我们通常把纳税人作为纳税义务主体对待,不作为纳税权利主体对待。市场经济的通行准则是权利与义务相对称,依法明确纳税人不仅是纳税义务主体,同时也是纳税权利主体,并赋予其在税收法律关系中应有的法律地位与资格,不仅事关征税人即税收法律关系中应有的法律地位与资格,而且从根本上确立了纳税人的地位,特别是在国家税收征纳活动中切实保护纳税人纳税权益的法律依据。

在加大税法宣传教育的深度和广度,继续提高纳税人义务感的同时,有针对性地提高对税收的认同感,从总体上提高内滋激励的水平。在税收用途方面,强调税收与财政支出之间的联系,提高纳税人对税收"整体有偿性"的认识。在现代市场经济条件下,政府实际上是提供公共产品或服务的一个特殊的产业部门。广大企业和居民则是公共产品或服务的消费者和受益者。纳税人只要依法缴纳了税收,便拥有了向政府部门索取公共产品或服务的权利。

政府只要依法取得了税收,便负有向纳税人提供公共产品和服务的义务。纳税人之所以要纳税,就在于换取公共产品或服务的消费和受益权。政府部门用于提供公共产品或服务的资金就来源于纳税人所缴纳的税收。纳税人的纳税义务与其纳税之后所消费公共产品或服务的权利是一种对称关系。政府的征税权力与其征税之后所负有的提供公共产品或服务的义务也是一种对称关系。

2. 积极培养纳税人的权利保护意识

随着我国经济体制的转变,企业具有越来越多的自主权,企业对保障纳税人权利的要求日渐强烈;我国对个人的课税制度日趋完善,个人在切实履行纳税义务的同时,也要求权利和义务的对等。因此,政府机构应充分尊重和满足纳税人的这种内在要求,借助各种传媒工具,通过开展形式多样、内容丰富的宣传活动,如税法公告会、以案说权等,向全体纳税人、向社会公众广泛宣传纳税人的权利,帮助纳税人及时了解自己的权利,知晓怎样主张和保护自己的权利,逐步提高纳税人的权利意识。纳税人在享用权利的同时,能逐渐树立主人公精神,增强纳税的责任感、光荣感和自豪感,自觉履行纳税义务。依法行使纳税人权利还能监督和促进征税人严格执法,确保税收工作有序开展。

3. 完善税收立法,健全纳税人权利保护的法律基础

我国关于纳税人权利的规定目前还没有专门的权利法案,而是分散在各个单行法律之中,凌乱而不全面。规定纳税人权利内容最多且法律效力最高的法律是 2001 年新修订的《中华人民共和国税收征收管理法》。由于没有专门的纳税人权利法案,不利于征税人和纳税人清楚了解纳税人的权利,不利于在税收工作中加强对纳税人权利的保护。因此,纳税权利必须有一定的法律规定作为其法律基础,完善立法是对纳税人权利最深层次的保护。有

了法律的依据,纳税人可以在合法范围内最大化的实现自己的效用。

4. 提高公共产品和服务支出效率

公共产品和服务,是指政府向公民提供的各种设施和服务的总称。对纳税人来讲,税收是政府为他提供的商品和服务的"价格"或"成本"。政府通过征税对社会资源进行再分配,把税收以公共产品的形式服务于社会。一些发达国家的政府通过让纳税人了解、参与和监督政府预算和决算等手段,使纳税人对税款的用途和用法心中有数。政府不懈的宣传,使公民树立了"我是纳税人,我有权享有政府提供的公共产品和公共服务,我有权知晓政府财政支出的用途"的权利观。

要提高公共产品和公共的支出效率,就要求政府部门具有正确的"用税人观念"。所谓"用税人观念"包含以下含义:(1)税收来源于企业和居民已实现的收入,凝结着广大人民群众的血汗。(2)政府部门提供公共物品或公共服务的活动,有接受纳税人监督的义务和必要。税款的安排与使用过程,应当也必须置于各级人民代表大会和广大人民群众的监督之下。(3)税收取之于民,用之于民,这是政府工作的重要职责。必须慎重地安排,使用好每一分钱,把所有的钱都用到关系纳税人切身利益的公共物品和公共服务上。

公共产品和公共服务的提供,是纳税人权利的具体体现。"税"收上来以后,就转化为财政资金。政府只有通过有效率地提供公共产品和公共服务,才能取信于民,增强纳税人自觉纳税的信念,才能激励纳税人在充分享用纳税人权利过程中,树立"我享用了政府提供的公共产品和公共服务,我必须依法纳税,为国家税收作贡献"的义务观,主动承担纳税义务。

（三）完善税收服务体系

1. 纳税服务的概念

纳税服务是税务机关根据国家法律和自身职责的规定，以国家税法为依据，以完成税收任务为前提，通过规范的征管手段，科学的管理方法，帮助纳税人掌握税法，引导纳税人正确、及时地履行纳税义务，维护纳税人合法权益的一项综合性工作。[①] 国际货币基金组织的专家把税收征管体系比作一座"金字塔"，那么为纳税人服务是整个"金字塔"的基础。可见，纳税服务是整个征管体系的首要环节，具有重要地位。纳税服务作为公共部门提供的一项公共产品，具有很强的正外部性，能够有效强化征纳双方的合作关系。优化纳税服务，可以提高纳税人的地位，在全社会范围内形成对纳税人的尊重与关怀的氛围。这样，纳税人履行纳税义务就不再是简单的被动纳税行为，更重要的是体现其社会地位和价值，使纳税人产生一种社会责任感和使命感，在谋求自身发展的同时更注重国家和社会利益的实现与维护。因此，优化纳税服务，可以缓和征纳双方之间的矛盾，改变纳税人对缴纳税款的抵触情绪，增强其自觉纳税的意识，从而减少税收征纳过程的逃税、偷税现象。

"法治、公平、文明、效率"是现代税收文明的四大价值理念，它要求向纳税人提供优质的纳税服务，在税收制度和税收管理中体现人文关怀，使征税成为人性化的公共服务，使纳税成为现代社会的文明生活方式。完善的税收服务体系可以使纳税人在纳税过

[①]　纳税服务从其形式看，可分为有形服务和无形服务。有形服务是指纳税服务主体通过一定的方式向服务对象提供有关纳税帮助；无形服务则是税务管理部门通过端正工作态度和提高管理效率，通过严格执法和廉洁公正向纳税人提供的一种服务。这种服务一般寓于管理之中，其结果能够使纳税人享受到一种宽松和谐的税收环境，并在一定程度上实现纳税服务的目标。

程中享受到各种优质服务,降低纳税成本,也就是相应提高纳税人效用。良好的纳税服务可以避免纳税人偷、逃税动机的产生,因为纳税成本的降低会加大偷、逃税风险,并且在纳税服务中体现的民主和法制思想,也会从情感和理性上感化纳税人,激发纳税人的义务感和社会责任感,从而自觉地诚信纳税。

我国"为纳税人服务"的口号是在 1993 年 12 月召开的全国税制改革工作会议上提出的,在 1999 年 7 月全面税收改革工作上得以确立。在传统体制下,税务机关仅仅是国家组织财政收入的渠道和工具,扮演的更多是监督者、控制者的角色,纳税人被视为管制的客体,为社会和纳税人提供公共服务的职能常常被淡化。发达国家与发展中国家的税务部门处在机构变革的不同阶段,最明显的标志是前者税务管理的指导思想发生了根本性的变化,即由强调执行转变为强调为纳税人提供服务来提高税收遵从程度。①

在西方国家,为纳税人服务已成为税收征管的重要内容,甚至将其作为税收管理的核心。目前西方主要发达国家为纳税人服务的内容主要包括建立税收服务机构和规范税收服务制度。政府把纳税人看作是"客户"和服务对象。在税收征管中为纳税人服务就是为纳税人履行纳税义务提供一切便利条件和周到细致的服务,包括帮助纳税人准确地了解和掌握税制的具体规定,知晓其应履行哪些纳税义务,知晓具体操作纳税程序和方法,准确计算应纳税额,明确和维护纳税人在纳税过程中及纳税后应当享有的权益,促使纳税人能够依法纳税。在纳税人缺乏纳税意识,不了解税法

① 平晓峰:《从组织管理学角度分析税务管理的组织结构》,《税务研究》2002 年第 2 期。

规定,以及税制和纳税程序复杂的情况下,加强纳税意识教育和税法宣传,普及税收法律知识固然重要,但这种情况下更加需要做好为纳税人服务的工作。

美国、加拿大、澳大利亚①各级联邦税务局都设置了专门为纳税人服务的部门,免费为纳税人提供税法法律咨询、税务鉴定、申报辅导等服务。设有专门人员定点解答纳税人的电话、书面咨询,对直接到税务机关咨询的人员也给予热情接待。同时,印刷大量纳税辅导资料和详细的税务公报,放置于公众场合,提供给纳税人随时索取,无偿使用。在法国,纳税人每年都会收到由税务部门寄来的纳税辅导材料,辅导材料详细地告诉纳税人如何计算扣除各种费用项目、税收抵免和应纳税额以及如何填写纳税申报表、如何申报等。一些国家还设立专门监察机构或公共关系部门,负责与社会团体、新闻机构联系,接受纳税人对税务工作人员工作态度、工作质量、工作效率、廉洁公正等方面的不满投诉。同时,税务部门普遍将服务水平量化为技术指标,全面纳入内部机构和工作人员年度考核目标,奖勤罚劣,改组优化税务机构,严惩那些滥用权力、损害纳税人利益的税务人员,不断提高服务质量。

2. 税收服务体系的完善措施

税收服务是新时期税务征管工作的重要领域。与发达国家的情况相比,我国的纳税服务还显得十分落后,主要表现为税收信息

---

① 澳大利亚税务当局主要以纳税人为中心,寻求途径帮助纳税人正确纳税。主要方法是实行自我估税制度,即根据纳税申报表填报的税额来征税,以后再根据审计的结果进行调整。为促进纳税人自觉纳税,澳大利亚采取的措施有:简化纳税申报表;发布用简洁的语言撰写的税收指南和信息手册;成立税务咨询机构;成立帮助纳税人解决困难的机构。确立为纳税人解决困难和纳税人求助的主要目标;与自愿服务机构合作;增设税收文献资料;加强与社会团体的接触;加强税务代理服务。

服务方面的种类太少,对象太狭窄,效果低微,缺乏必要的制度和组织保证;在程序性服务方面,办税程序不够简便,容易造成欠税或银行占款;在纳税申报过程中,国地税两套申报系统不能兼容归并,给纳税人造成不便。从目前征纳双方的关系来看,虽然一再强调为纳税人服务,可施行结果却不尽如人意。从 1994 年国、地税机构分设以后,一个纳税人往往要面对两个税务所。无论从税务登记、发票领购,还是每月的纳税申报,纳税人都要花费大量的时间两头跑。而现在两套税务所的设置处于自身经费的考虑,又常常设于交通不便地带,每月的纳税申报都变成了纳税人的一大负担。纳税如此不便,一是增加了纳税人的纳税成本;二是严重挫伤了纳税人的积极性,使纳税人产生消极对抗心理。再者,1994 年的税制改革由于比较仓促,在实施过程中遇到了许多新情况和新问题,财政部、国家税务总局又陆续下发许多补充规定,再加上现行征管体制下信息渠道不畅,宣传力度不够,产生时间滞后效应,纳税人对此也颇有微词。这极大影响了纳税遵从行为的积极性,因此应重建我国税收服务体系,提高税收服务质量。

税收服务的核心是 TPS(Tax Payer Satisfaction),意思是"纳税人满意"或"纳税人满意度"。所谓 TPS 规划,其基本指导思想是在纳税人依法纳税的基础,重视纳税人的权利,提倡为纳税人服务。税务机关和税务人员提供的服务要以纳税人的满意度为衡量指针。从纳税人的角度,了解纳税人的心态,了解纳税人希望得到的服务,跟踪调查纳税人对服务的评价和接受服务后的满意度,分析服务对纳税人纳税的影响。通过进一步改进服务方式,增加服务手段,提高纳税人满意度,从而改善税收征纳的关系。

一是纳税服务法制化。随着纳税人对于维护自身权益的愿望日益强烈,对纳税服务的要求也越来越高,应该用法律的形式把对纳税人服务的要求固定下来,取代当前各种临时性、应景式、不规范、形式主义的做法。因此,应在充分酝酿和广泛征求意见的基础上,适时制定出如《纳税人权利法》等法律,建立健全纳税服务法律体系,使纳税服务真正从职业道德和思想政治工作的范畴变为税务机关应尽的法律义务和法律行为,实现纳税服务的制度化。

二是转变理念,树立服务意识。在计划经济体制下,传统的税收管理理念认为纳税人都不可能如实申报纳税,人人都想少缴税,最好不缴税。因此,税务人员必须像"警察"对付"小偷"一样,对纳税人实行"上对下"式的强制型管理关系。而事实情况是,税收收入是国家财政的基础,每一个依法纳税的纳税人都应受到尊重并享受优质的服务,新型的征纳关系应该是一种鱼水关系,在这种以客观利益为基础和以法律为原则建立起的关系中,服务起着催化、润滑的轴心作用。因此税务部门应该把为纳税人服务作为天职,进入服务角色,提高服务意识。税务人员要从观念上进行转变,牢牢地树立起"服务"意识,有了这种意识,才可能在制度上、行动上有所改变,才能有助于纳税人消除抵触情绪,进而形成征收环节的良性循环。增强对纳税人权益保护的服务,转变税收立法的指导思想,由强调行政管理转向以服务为基本的思想,为纳税人提供多样化、个性化的服务。

三是在全国范围内建立和推行税法公告制度。在委托——代理关系普遍存在的社会里,纳税人作为纳税信息的代理人,同时也是税收支配、税收政策信息的委托人,了解我国税收政策、法规的途径主要有以下几个:订阅税务报刊、参加税务机关举办的税务知识培训班以及税务机关以各种形式所做的税法宣传。必须看到,这些途径只是临时性的,要让纳税人了解税法,必须建立起一种固定的、有制度约束力的渠道——税法公告制度。这样做才有利于提高纳税人的依法纳税的意识,促进征、纳双方依法办事,保护纳税人的合法权益,监督税务机关依法执政。

从宏观角度看,除国家税务总局以公告形式及时公布各项税收法律、税务行政规章及其规范性文件外,省级税务机关也要建立税收法规信息库,及时准确地向基层税务机关和纳税人提供税收法规信息。从微观角度讲,每一个征收单位均可在集中征收的办税场所设置供纳税人自行查询有关税务信息的计算机。供查询的内容可包括本征收单位的职责范围、岗位设置、岗位责任目标、办税流程、现行税收法律、法规政策、纳税人申报纳税情况等。对那些纳税人比较容易模糊或征收机关的一些新的规定,也可印成资料,供纳税人查询索取。税法公告的内容应当包括所有税收法律、法规、规章、规范性文件以及向纳税人通告的征管纳税事项等,采取国家新闻出版部门正式批准出版的税法刊物形式,面向社会公开发行。税法公告应具有公开性、权威性和及时性,让所有公民、所有纳税人都能最大限度、最为便捷地掌握税法。同时纳税人也可以凭公告直接作为监督税务机关执法和解决税务纠纷的法律依据。税收公告制度的推行,可以促使纳税人自行检查和纠正纳税过程中所遇到的问题,有意识地提高税收遵从程度。

四是为纳税人提供全面服务、优质服务。对纳税人的服务应是全方位的服务。在缴纳人缴税前,税务机关应实施纳税辅导,搞好税前服务。纳税人自办理税务登记开始,即成为税务机关的服务对象。税务机关要指导和帮助纳税人建立健全财务管理制度,针对纳税人生产经营性质、范围和项目,指出应缴纳的税种、具体规定及纳税会计处理等。纳税辅导一方面能减少纳税错误,促进征管;另一方面能提高纳税人财务管理水平和办税水平,是密切税收征纳关系的一项重要措施。通过纳税申报,了解和掌握纳税人生产经营状况,针对存在的问题,提出改进意见和措施,以改善纳税人生产经营状况。在税法允许的范围内,为纳税人提供减免税优惠指导,简化申报、纳税、缴款等过程中的办税手续,打破各个环节上不合理的人为的部门界限和岗位分割,改进和简化纳税人报送的各种报表,以免重复报送,实行"一站式服务"和"一窗式服务"。

五是在为纳税人提供全面服务的基础上,推行税务承诺服务制度。所谓税务承诺服务制,是指税务机关以税收服务经济为出发点,以贯彻落实"法治、公平、文明、效率"的新时期治税思想为目标,按照其自身职能,把预定的承诺服务内容向税务管理的相对人即纳税人公开做出承诺,在纳税人及社会的监督下组织实施,违背承诺应承担税务行政自律责罚的相应责任的一种约定性服务机制。其具体内容包括以下几个方面:(1)公正执法承诺。税务人员必须以法律为准绳,正确执行税收法律法规,在税款征收、税款解缴、发票配售、违章处理、退税等方面做到对纳税人一视同仁,为纳税人创造一个平等竞争的税收环境。(2)高效管理承诺。对"政策咨询、税务登记、增值税一般纳税人认定、受理纳税申报、配售发票、审批税款缓缴、受理举报投诉"等办税流程做出明确受理或办结时限及质量的说明,向社会公开做出承诺。(3)违诺责任承诺。向社会公开税务人员违背税务承诺服务制应承担的责任,即纳税人对执法不公、违诺延时办理纳税事项可通过举报投诉提请税务机关严肃处理,税务机关对税务人员违背承诺制应区别不同情况给予批评教育,扣发奖金甚至给予行政处分。

推行税务承诺制,既是深化税收征管改革,建立税务机关内部良好的执法服务机制的重要途径,也是严肃税务机关工作、纪律,提高办事效率和办事质量的有效措施。实施税务承诺制,可建立办事高效、行为规范的税收管理体系,提高为纳税人服务的水平和质量。

六是规范社会中介机构,完善社会服务化服务体系。所谓社会化服务是指发挥除税务机关以外的社会中介机构的服务作用。积极稳妥地推进社会化税务代理,是提高纳税服务的有效途径之一。国外非常重视社会中介组织所发挥的纳税服务功能,纷纷建立组织严密的税务中介服务机构,为纳税人提供公正、周到的税收服务。由于税务代理制度完善,从业人员大多数是税务、财会方面的专家,具有较高的素质,因此可以帮助纳税人准确履行纳税义务,最大限度地保障纳税人的利益。在这方面,日本的经验值得借鉴。日本的税理士制度是税务代理比较成功的模式,集中体现在:(1)有专门约束税理士的《税理士法》;(2)有严格的资格考试制度;(3)有明确的业务范围和使命;(4)有收、免费标准和惩戒税理士规定;(5)有健全的组织和众多的从业人员。税理士组织由最高层的税理士联合会、中层的税理士会及基层的税理士支部组成,各组织之间不是统辖和被辖的关系,而是指导、监督与联络的关系。我国应当借鉴日本经验,采取有效措施,积极扶持税务代理业,出台专门约束、规范税务代理行为的《税务代理法》,引导税务代理健康发展,并且加强监督管理,确保我国税务代理市场有序运行。

国家税务总局早在1994年就要求各地积极稳妥地推进税务代理工作,并进行试点。经过几年的探索和实践,税务代理工作已初具规模,代理行为也得到了较大的加强和规范。税务代理机构作为独立的社会中介服务机构,具有独立客观的社会属性。它既不受控于征税者一方,也不受控于纳税人一方,站在公正的立场上依法开展税务代理活动。一方面可监督纳税人履行纳税义务,另一方面可促使税务机关依法行政。税务代理能避免征纳双方过多的直接接触所带来的矛盾和利益冲突,作为一种缓冲体,有助于改善税收征纳关系。规范代理行为,维护代理秩序,促使代理机构更好地为纳税人服务的主要措施有:(1)提供充分有效的制度供给。主要是完善立法,让税务代理沿着有章可循的轨道运作。确立税务代理的法律地位,是税务代理发展中的重要一环,也是税务代理业务开拓的前提。如果税务代理本身权责不分,委托人和税务部门的经济关系不明,将导致税务代理行为的混乱。因此为了让我国税务代理沿着有章可循的法制轨道运作,必须建立健全税务代理法规体系。(2)健全税务代理工作机制。健全税务代理工作机制是实现独立、客观、公正地为委托人服务的必要条件。一方面,要健全税务代理主体竞争行为,要完全站在中介、公正的立场上,按照国家的税收法律、行政法规的规定,代理纳税人、扣缴义务人办理涉税事宜;另一方面,要严格遵守自愿有偿的行为规则,税务代理行为发生的前提,必须是代理双方自觉自愿,两者是双向选择的合同契约关系。(3)加强注册税务师队伍的建设,提高税务代理人员素质。首先要加强职业道德的建设,其次要提高注册税务师的政策水平。

五、营造符合纳税信用激励机制要求的社会环境

纳税人的偷逃税动机除了考虑以上经济因素外,社会因素对纳税人也起着重要作用。一是社会道德因素。如果纳税人素质较高,纳税观念深入人心,懂得依法纳税是每个公民应尽的义务,否则便会受到社会舆论的谴责,面临着信誉受损,这是一项不可精确计量的社会经济成本。二是心理因素。如果纳税人的权利义务不对等,就会产生抵触心理。

　　另外,纳税人对纳税公平的看法也会影响纳税人的态度,因为税收作为一个重要的经济杠杆,其公平与否,直接影响到纳税人的竞争能力。这种公平一是指税制的设计是否公平。如果税制本身设置不合理,没有更好地体现纵向公平和横向公平,纳税人就会因为与自己条件相同的纳税人比自己少交税而感到受到了不公平的对待,他可能就会通过逃税来弥补这种不公平的待遇。二是指税收执法的公平。如果偷逃税款的人没有被查处,就会助长他人的仿效行为。

结　语

纳税信用体系作为社会信用体系不可分割的一部分,健全的纳税信用体系能够向纳税信用信息的需求者提供所需要的经济主体的信用状况,减少交易的风险。推进我国纳税信用体系离不开其他参与社会信用体系建设各个部门的支持和配合。税务部门要加强与工商、公安、银行、财政、海关、劳动、城建、交通、外汇管理、技术监督等部门的配合,积极拓宽与相关部门的数据交换和互联互通,提高纳税信用评定管理的工作水平和监控能力。另一方面,扩大社会影响,积极争取各有关部门的支持与配合,使纳税信用体系成为社会信用体系建设的重要内容,把纳税信用等级作为评价企业与个人资信的重要参数,使之成为纳税人一种重要的经济资源和从事经济活动交往的宝贵商誉。

当前,我们在总结实践经验的基础上,可进一步修订《纳税信用等级评定管理试行办法》,制定出客观统一、公开合理的评定标准,规范细化、可操作性强的评定措施,区别待遇、管理严格的奖惩制度,公平公正、动态调整的监管机制。国、地税应该联合进行评定管理工作,将纳税信用等级评定管理工作在全国范围全面开展。同时要营造良好的纳税信用法制环境,在修改相关法律法规和起草相关文件时,可考虑将纳税信用评定管理工作融入其中。条件成熟时,可将《纳税信用等级评定管理试行办法》上升为法律法规。通过加快制度建设,推进纳税信用等级评定管理工作。

从目前国际化形势来看,政府监管和市场运作是纳税信用体系建设两个不可分割的部分,我国的税收信用体系建设必须发挥好这两个方面的作用,目前开展纳税信用等级管理工作,属于初级阶段,要政府来推动,主要由各级税务部门来运作。但从趋势上看,按市场化的发展要求,纳税信用等级评定管理工作可逐步移交给税务代理等社会中介机构来完成。这样可充分发挥市场机制的调节作用,有效地促进纳税人依法纳税和税务机关依法行政。因此,税务部门要逐步创造条件,通过规范市场准入、退出等监管机制,培植纳税信用中介机构有序发展,逐步将一些业务移交给中介机构来完成。

本书从信用问题研究入手,主要研究我国纳税信用缺失的原因及对策,如何制定和完善纳税信用等级评定系统、纳税信用评估机制、透视税收遵从意识的培养、守信奖励机制和失信警示及惩罚制约机制等,并借鉴西方成功经验,通过国外纳税信用体系的比较,形成我国相关法律体系。

纳税信用体系建设是一个系统工程,涉及经济及社会的各个领域。纳税信用等级管理信息的公开和共享,是建立纳税信用体系的重要基础之一。国家应进一步加大整顿和规范税收秩序的力度,对影响恶劣的偷、逃、骗税等违法违规的纳税失信行为,税务部门及司法机关要密切配合,重拳出击,重点治理,加强重点稽查、税收专项检查工作,营造良好的税收投资环境,营造公平的竞争环境。还应着手运用现代信息化科技手段,整合税务部门及其他部门的信息资源,制定措施支持社会信用服务中介机构收集和汇总有关信用信息,按照信息共享的原则和信息特点,细化分类,将各类分别采集、分散采用的征管数据信息通过信息化手段进行整合,充分利用已有的网络信息数据,建立纳税信用数据库,将纳税人的纳税信用指标纳入计算机考核,进行定期比对,发现纳税违规行为及时记录备案,为纳税信用考核提供依据,增强纳税信用管理的科学性和公正性。充分利用计算机和网络等先进技术和现代化工具,在法律框架内,逐步建立信息发布,信息共享和网络化的信用体系,加强纳税信用体系建设的各个部门、组织的日常联系,实现企业信用资料的查询、交流及共享的社会化,以提高纳税信用体系管理的效率和水平。

参 考 文 献

[1]王景涛:《诚信纳税激励机制研究》,《经济研究参考》,2004 年第 80 期。

[2]季建林:《执政成本的成本——效益分析》,《中共天津市委党校学报》,2005 年第 2 期。

[3]高培勇:《在收与支的联系中构建依法诚信纳税格局》,《涉外税务》,2005 年第 6 期。

[4]黄桦:《论法律信用与我国税收信用体系建设》,《税务研究》,2006 年第 6 期。

[5]陈新:《云南民营企业诚信纳税指标体系研究》,《当代经济》,2005 年第 11 期。

[6]张维迎:《博弈论与信息经济学》,上海人民出版社 2004 年版。

[7][美]西蒙·詹姆斯:《税收经济学》,中国财政经济出版社 2002 年版。

[8]韩曙:《对实施纳税信用等级的若干问题的探讨》,《上海综合经济》,2002 年第 8 期。

[9]闫建廷:《税收信用体系建设亟待加强》,《经济师》,2004 年第 2 期。

[10]张美中:《纳税信用评估研究》,《中央财经大学学报》,

2003 年第 5 期。

[11]王乔等:《税收理论与现行税制》,山西经济出版社 1994 年版。

[12]安体富等:《税收负担研究》,中国财政经济出版社 1999 年版。

[13]贾绍华:《中国税收流失问题研究》,中国财政经济出版社 2002 年版。

[14]李大明:《税务管理学》,人民出版社 2002 年版。

[15]陈振明:《公共政策分析》,中国人民大学出版社 2003 年版。

[16]谭跃进:《定量分析方法》,中国人民大学出版社 2002 年版。

[17]卓越:《比较政府与政治》,中国人民大学出版社 2004 年版。

[18]梁朋:《税收流失经济分析》,中国人民大学出版社 2000 年版。

[19]岳树民:《中国税制优化的理论分析》,中国人民大学出版社 2003 年版。

[20]王则柯:《新编博弈论平话》,中信出版社 2003 年版。

[21]《中国税务年鉴》编辑委员会:《中国税务年鉴》,中国税务出版社 2000 年版。

[22]《中国税务年鉴》编辑委员会:《中国税务年鉴》,中国税务出版社 2001 年版。

[23]《中国税务年鉴》编辑委员会:《中国税务年鉴》,中国税务出版社 2002 年版。

[24]《中国税务年鉴》编辑委员会:《中国税务年鉴》,中国税

务出版社 2003 年版。

[25]《中国税务年鉴》编辑委员会:《中国税务年鉴》,中国税务出版社 2004 年版。

[26]《中国税务年鉴》编辑委员会:《中国税务年鉴》,中国税务出版社 2005 年版。

[27][美]特里·L.库珀:《行政伦理学》,中国人民大学出版社 2001 年版。

[28][美]乔·B.史蒂文斯:《集体选择经济学》,上海人民出版社 1999 年版。

[29]黄新华:《公共部门经济学》,福建人民出版社 2003 年版。

[30]许善达:《国家税收》,中国税务出版社 1999 年版。

[31]中国社会科学院财政与贸易经济研究所:《中国:启动新一轮税制改革》,中国财政经济出版社 2003 年版。

[32]刘楚汉:《现行国税税收优惠政策汇编》,中国税务出版社 2003 年版。

[33]财政部税政司:《流转税的改革和政策选择》,中国财政经济出版社 2002 年版。

[34]杨春学:《经济人与社会秩序分析》,上海人民出版社 1998 年版。

[35]金人庆:《领导干部税收知识读本》,中国财政经济出版社 1999 年版。

[36]刘溶沧、赵志耘:《税制改革的国际比较研究》,中国财政经济出版社 2002 年版。

[37][英]桑福德:《成功税制改革的经验与问题》,中国人民大学出版社 2001 年版。

[38]张柏林:《中华人民共和国公务员法释义》,中国人事出版社 2005 年版。

[39]周开君等:《税务检查实务与案例分析》,中国税务出版社 2003 年版。

[40][法]勒庞:《乌合之众:大众心理研究》,中央编译出版社 2004 年版。

[41][美]弗雷德里克森:《公共行政的精神》,中国人民大学出版社 2003 年版。

[42][美]布坎南:《宪政经济学》,中国社会科学出版社 2004 年版。

[43]曹雪琴:《税收制度的国际比较》,学林出版社 1998 年版。

[44]国家税务局税收科学研究所:《偷税与避税》,中国财政经济出版社 1992 年版。

[45]梁俊娇:《税收征收管理效率研究》,中国财政经济出版社 2006 年版。

[46]袁振宇:《税收经济学》,中国人民大学出版社 1995 年版。

[47]梁朋:《税收流失经济分析》,中国人民大学出版社 2000 年版。

[48]胡鞍钢:《分税制:评价与建议》,《中国软科学》,1996 年第 8 期。

[49]李林木:《美国国税局审计选案系统的发展评述》,《税务研究》,2004 年第 9 期。

[50]李平:《美国国内收入局"协同检查计划"介绍》,《税务研究》,2004 年第 10 期。

[51]刘国庆:《从征税人的博弈分析看依法治税》,《税务研究》,2004 年第 11 期。

[52] Feb. 2004 Lynn W. Ellis, Fellow. "The Effect of an investment Tax Credit on R&D Spending. "IEEE Trans. Eng. Manage. vol. 41,pp. 208—210,1994.

[53] Ivan Futo. "e-Services in the Hungarian Tax and Financial Control Administration" 24th Int. Conf. Information Technology Interfaces IT1 2002,June 24—27,2002,Cavtat,Croatia.

[54] Futo I. "Digital signature, electronic tax declaration, basic notions. "Adovilag 2001/19 p. 2—5 old.

[55] D. Fatouros, G. Salkin, N. Christofides. "Heuristic Techniques in Tax Structuring for Multinationals" Centre for Quantitative Finance Imperial College London SW7 2BX United Kingdom February 19,1996.

[56] LINYI ~ I. "Third Round of Tax Reforms Launched" China International Business pp. 30—31. May 2004.

[57] Schumpeter Tamada. "Empirical Study on Effectiveness of Research and Experiment Tax Credit"

[58] Ozlem Uzuner, Lee McKnight. "Sales Taxes on the Internet: When and How to Tax? "Proceedings of the 34th Hawaii International Conference on System Sciences 2001.

[59] Alan J. Auerbach Taxpayer Behavior and Government Policy NBER Reporter Winter 2003/2004.

[60] Altman E. I. ,The importance and subtlety of credit rating Migration,Journal of Banking & Finance 22 (1998).

[61] Altman E. I. ,Saunders A. ,Credit risk measurement: De-

velopments over the last 20 years, Journal of Banking&Finance 21 (1998).

[62] Ahn H. , Khadem V. , and Wilmott P A New Approach for Credit Risk working paper 1996.

[63] Carey M. , Hrycay M. , Parameterizing credit risk models with rating Data, Journal of Banking&Finance 25 (2001).

[64] James Alm "Uncertain Tax Policies, Individual Behavior and Welfare"The American Economic Review 1988/03.

[65] Jarrow R. A. , Turnbull S. M. , The intersection of market and credit risk, Journal of Banking&Finance 24. (2000).

后　记

　　本书是在我已结题的云南省哲学社会科学基金项目《推进云南纳税信用体系建设研究》的基础上修改而成的。自从 1989 年以来,我一直从事财政、税收方面的教学工作,并对纳税信用的有关问题进行了长时期的思考和探索。自认为凭借自己多年的积累可能会得心应手,但在实际写作过程中,才深深感到该题目的博大而浩瀚以及自己驾驭这一主题的力不从心,频频感到自己知识的不足以致使自己的自信和自尊几乎消失殆尽。因此当停笔掩卷之时,仍有言而未尽之感觉。虽几易其稿,增删无数,仍感仓促与遗憾。只好寄希望于今后的时光中能继续对这一问题再做深入的研究和探讨,以弥补本书的不足。

　　在这里,我要感谢我的导师杨先明教授。在杨老师身边三年的学习,使我在学业、做人等诸多方面收益颇多,尤其是杨老师博大精深的学业修养,孜孜不倦的治学态度,奋发向上的工作热情,宽厚待人的坦荡胸怀,将使我终生受益。在这几年期间,我在导师的精心指导下做了许多课题的研究,并取得了一些成果。我的进步,凝聚着导师的奉献与心血。在此,谨向导师致以我最真、最深的谢意!

　　在课题的写作和验收阶段,曹骑豹教授、伏润民教授、罗美娟教授以及丁文丽教授给予了我无私的帮助并提出了许多宝贵的意见，使我拓宽了思路，对这一题目有了更深的理解和更清晰的认识，在此向各位老师表示衷心感谢！另外，本书出版得到人民出版社的支持，陈鹏鸣、王萍等众位老师为此付出了辛勤的劳动，我由衷地表示感谢！

最后，我还要感谢读研究生期间给我上过课的每一位老师，感谢专著写作中给予我参考指导的各位文献作者。感谢我的夫人谢红及我的女儿陈月依，是她们的支持和鼓励使我顺利地完成了本书的写作。在读研究生的时间里，我对家庭付出较少，在此我向她们表示我深深的歉意。

陈　新

2007 年 6 月于昆明